胡邦炜 赵文●著

# 神殿揭秘

品读《周易》

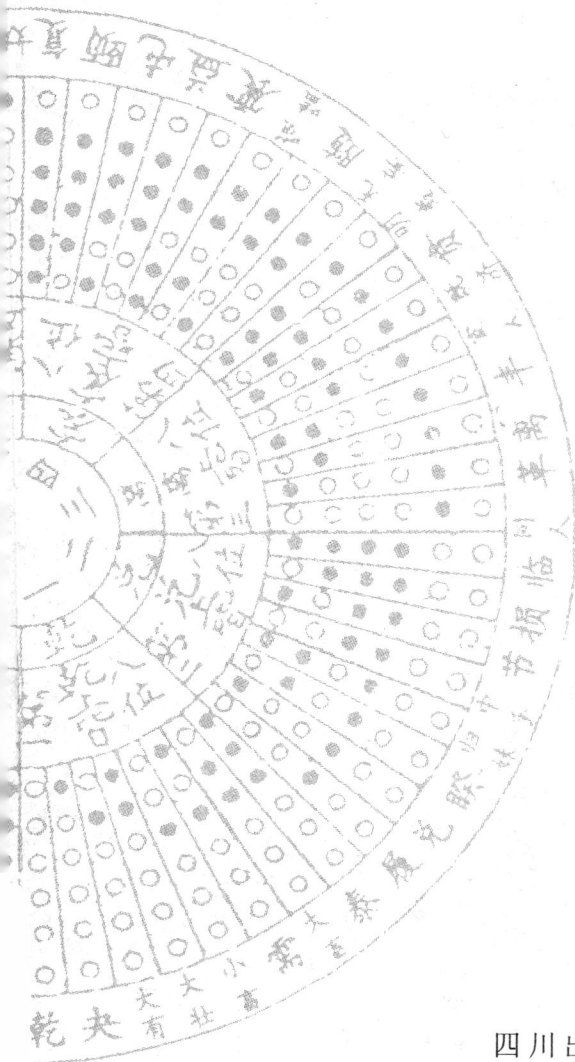

四川出版集团
四川教育出版社
·成都·

**图书在版编目（CIP）数据**

神殿探秘——品读《周易》/ 胡邦炜，赵文著.—成都：
四川教育出版社，2010.12
ISBN 978-7-5408-5392-1

Ⅰ.①神⋯　Ⅱ.①胡⋯　②赵⋯　Ⅲ.①周易-研究
Ⅳ.①B221.5

中国版本图书馆 CIP 数据核字（2010）第 219329 号


责任编辑　陈蜀蓉
封面设计　四人梦幻组
版式设计　王　凌
责任校对　喻小红
责任印制　黄　萍
出版发行　四川出版集团　四川教育出版社
　　地　　址　成都市槐树街2号
　　邮政编码　610031
　　网　　址　www.chuanjiaoshe.com
印　　刷　四川科彩印务有限责任公司
制　　作　四川胜翔数码印务设计有限公司
版　　次　2010 年 12 月第 1 版
印　　次　2010 年 12 月第 1 次印刷
成品规格　168mm×240mm
印　　张　14.5
字　　数　232 千
定　　价　29.00 元

如发现印装质量问题，请与本社调换。电话：（028）86259359
营销电话：（028）86259477　邮购电话：（028）86259694
编辑部电话：（028）86259381

# 前　言

　　本书是一个修订本，是在《〈周易〉之谜》的基础上增删修订完成的。《〈周易〉之谜》原系《"四书五经"文化风云》丛书中的一本，2000 年 10 月由四川教育出版社出版，后来又重印过一次，但印数都很少，完全不能满足广大读者的需要。

　　此次修订再版，是在"国学热"方兴未艾的背景之下实现的，其意义自然毋庸讳言。"国学热"产生的历史背景及其重要意义，近年来学术界有较多的讨论，也形成了一定的共识。"国学热"的出现不是偶然的，从国际方面看，由于现代科技的飞速发展产生了某些不容忽视的消极作用，为了解决科技发展出现的负面影响，人文主义思潮再度兴起，而中国传统文化中的人本思想则引起国际学术界的高度重视。人们试图从古老的东方智慧和东方哲学中去寻求人类心灵的完整和安宁，寻求人生的价值和意义。孔子学院在国外如雨后春笋般建立，便是适应了这种思潮的内在要求。

　　从国内方面看，由于中国国际地位的提升，民族意识的复兴，对自己的传统文化自然更加重视。更重要的是由于市场经济大潮的冲击，广大民众特别是青少年一代的道德修养、价值目标都出现了大量不容忽视的问题。这就需要人们从民族传统文化的精华中去寻求精神的土壤和心灵的家园，从传统文化中去寻求解决问题的内容和方法。因此"国学热"的出现自有其历史的必然性。

　　《周易》作为中国传统文化中最重要的著作，一直被称做"群经之首"，在中国两千多年的经学时代居于极其重要的位置，受到读书人的高度重视。毫无疑问，它是中国文化的源头之一，对中华民族精神某些方面内容作了经典概括。诚如任继愈先生所言："五千年间，易学思想有形无形地影响着中华民族的社会生活、政治生活和人生哲学。"（《易学智慧丛书·序》）这

个评价充分肯定了《周易》的价值和意义。我们此次修订，一方面是将其作为"国学"的重要典籍向广大读者介绍，另一方面也对它的价值和意义作了较为深入的探讨和阐释。

我们当然也不否认，《周易》在古代是一部用于占筮的书，它带有一定的神秘色彩和古奥难解的文字内容——正如20世纪文化泰斗郭沫若在他的第一部研究我国古代社会结构和意识形态的专著《中国古代社会研究》中所说的那样："《周易》是一座神秘的殿堂。因为它自己是一些神秘的砖块——八卦——所砌成，同时又加以后人三圣四圣的几尊偶像的塑造，于是这座殿堂一直到20世纪的现代都还发着神秘的幽光。"

无可否认，《周易》的这种神秘性至今还对人们有较强的吸引力——不少人认为它就是卜卦算命的书，因而对其顶礼膜拜。社会上也有一些江湖术士打着《周易》《易经》的幌子进行算命看相、预卜未来，欺骗民众。因此，以一种认真严肃的科学态度去学习、研究它，尽可能弄清其中的一些问题，并且深入浅出地加以解释说明，就显得十分必要了。

本书既是我们学习、研读《周易》的心得体会，也是我们试图将这些心得和体会告诉更多《周易》爱好者的一个尝试。国内出版的关于《周易》的著作汗牛充栋，也有许多不乏真知灼见，但是不少著述显得高深典雅，广大读者读起来感到费解吃力。我们则试图将《周易》的基本内容、大体结构及其价值意义，尽量用明白晓畅的语言加以介绍和叙述。至于是否能达到预期的效果，只有请读者来评判了。

许多关于《周易》的著作都含糊其辞或回避了一个广大读者十分关心的问题：《周易》是否能用于预测，其预测的准确性有多高？而我们认为对此问题不作正面回答显然不行，所以在此书中，我们专门用了一章的篇幅，以我们的研究心得作了正面回答。至于是对是错，还是请读者来评判吧！

本书的写作参考了国内易学界的大量著述，虽然我们都注明了出处，但也要在此向广大同人表示衷心的谢意。

著者

2010 年春

# 目　录

005

# 第一章
# 民族文化的源头，民族精神的概括
## ——《周易》是一部什么样的书

《周易》是一部什么样的书？

如果让人们来回答这个问题，可能大部分或者绝大部分人会回答：《周易》是算命、看相的书。当然，这其中也有少部分人会回答：《周易》是卜卦决疑，预测未来的书。

以上这个回答对不对呢？

应当说有相当部分是对的。2000 年，我们写过一本《〈周易〉之谜》（本书就是该书的修订本），在该书的开篇我们就有这样的表述：

《周易》是中华民族最古老的一部书，也是最难理解的一部书。《周易》之所以难以理解，除了它本身文字相当古奥以外，还由于《周易》历来与占卜等事相联系，在秦始皇焚书坑儒时，《周易》就是因其被列为卜筮之书，而逃脱了被大火焚烧的厄运。

由此可知，在遥远的古代，在科学文化还不昌明的时期，它的的确确就是一部用来占卜决疑的书。正如张立文教授所言："中国古代之所以有《周易》的出现，同占卜有很大的关系。'占卜'拿现代的话说就是算卦（着重点为笔者所加——下同）。……《周易》对社会政治影响非常大。中国上古时期，或称为青铜时代——殷周时期可称青铜时代，这一时期国家的重要事情都是通过占卜决定的。"

"古人为什么要占卜？因为人的心理状态是，在做一件事之前，总希望知道其结果的吉凶好坏，所以在当时科技比较落后的情况下，所有的国家大事都只能通过占卜来预测做事的结果。"①

但是我们又必须指出，仅仅将《周易》看做一本占卜的书又是不完全正确的，特别是在现代社会中，它的价值和意义远远超出了占卜预测的范畴。因为它虽然是产生于蒙昧时代的占卜术，但是它当中的确具有惊人而合理的朴素辩证法的哲学思想，是古代先民所构建的一个认识和解释宇宙的宏大模型。从某种意义上讲，它不仅是我们中华民族文化的源头，而且对我们中华民族精神某些方面内容作了经典概括。诚如已故的国学大师任继愈先生在《易学智慧丛书·序》中所言："五千年间，易学思想有形无形地影响着中华民族的社会生活、政治生活和人生哲学。"因此《周易》一直被称做"群经之首"，在中国两千多年的经学时代居于极其重要的位置，受到读书人的高度重视。从某种意义上讲，它可以说是中华民族文化的源头之一。我们之所以肯定这一点，主要有如下原因：

## 《周易》是中国哲学思维的萌芽

对于人类来说，思想的最高层次就是哲学。

黑格尔曾经说过："一个国家没有哲学，就像一座雄伟壮观的庙中没有神像一样，空空荡荡，徒有其表，因为它没有可信仰的东西，可尊敬的东西。"

中华民族是一个有着悠久哲学传统，并长于哲学思辨的民族，我们民族的哲学思辨无疑是从《周易》开始的，也可以说，《周易》是中华民族哲学思维的萌芽。从《周易》开始，其后的《论语》《孟子》《庄子》《老子》，董仲舒的著述直至程朱理学，都可以看出我们民族对人类与自然、自然规律以及人的命运的深刻思考。

《周易》从表面上看确乎是"周代的占筮之书"，其构成单位亦与一般

---

① 张立文：《中国高端讲座·〈周易〉对中国社会的影响》，海南出版社 2006 年版，第 168 页。

典籍不同——不是由篇或章组成，其构成单位是"卦"（全书共六十四卦）。其文字虽然幽微简约，但仔细分析，仍可看出其中包含着先民对自然、社会现象的深刻观察和对人生命运的深刻思考，具有某些哲学思想的萌芽。如认为自然现象与社会现象具有同一性（或者说同构性），所谓"推天道而明人事"。在自然现象的变化与人事之间寻找同一性，直接影响到后来中国哲学"天人合一"这样一个充满古老东方智慧的命题。把人与自然结合对应起来，认为人是自然界的一部分，不能与大自然相对立，不能违背自然规律，这些无疑都是正确的。

再如强调事物的发展变化，强调对立面的相互转化，也是十分深刻的辩证思维。司马迁说过："《易》长于变。"它启迪人们去探索自然、社会、人生的变易（变化）：如何变易、是什么原因促使变易以及变易的趋势和规律性。"一阴一阳之谓道"，认为所有的变易都是阴阳这两个对立面的此消彼长、发展运动造成的。它孕育了中华民族"日新之谓盛德，生生之谓易"的精神。

《周易·系辞》说："变动不居，周流六虚，上下无常，刚柔相易，不可为典要，唯变所适。"就是说任何事物都处在不断发展变化的过程中，静止不变的事物是不存在的，所以不能死守教条，而应当适应事物阴阳刚柔的变易，来调整自己的思想和行动。

《周易》不但讲"变"，而且讲"通"。《周易》说："《易》穷则变，变则通，通则久。"意思就是，事物发展到一定的限度，即达到顶点、极点，就一定会发生变化。无论是从自然还是从社会来看都是如此。夏天热到了极点，天气就会慢慢凉下来；冬天冷到了极点，天气就会慢慢暖起来。白天到了正午，天就要慢慢黑下来；夜晚到了午夜，天就要慢慢亮起来……变就会通，通才能维持长久。"物极必反，相反相成"，这个现象、这个道理是任何人都无法否认的。

其次，《周易》中具备了逻辑思维和辩证思维的萌芽。《周易》有两个基本的符号：阴爻（--）和阳爻（—），阴和阳也是《周易》的基本概念，可以说《周易》的整个宏大构架就是建立在阴阳这两个符号（概念）基础上的。那么阴、阳是什么意思呢？20世纪30年代我国学术界的泰斗郭沫若先生在他的名著《中国古代社会研究》中曾做过这样的阐释：

八卦的根柢我们很鲜明地可以看出是古代生殖器崇拜的孑遗。画一以像男根，分而为二以像女阴，所以由此而演出男女、父母、阴阳、刚柔、天地的观念。①

尽管学者们对阴爻和阳爻有各种不同的理解和解释，我们还是比较赞同郭沫若先生的说法，因为生殖器崇拜是古代任何民族都存在过的一种共同的文化心理，而且由此演绎出男女、父母、刚柔、天地……也是很自然的。

由简单的阴爻（－－）和阳爻（—）两种符号经过三重就可得出八种卦象，八卦的两两相重又可得出六十四种卦象。这体现出排列组合的数学思维方式，其构成便是逻辑演绎的结果。因此郭沫若先生认为，"八卦就这样得着二重的秘密性：一重是生殖器的秘密，二重是数学的秘密。"②

在这里我们必须补充说明的是：阴、阳这两个概念的提出，是我们祖先高度智慧的体现——因为在遥远的古代，人们的抽象思维还很不发达的时候，他们就发现了万事万物都是对立统一的：有日，便有月；有白天，便有黑夜；有天，便有地；有男人，便有女人……此外，像上下、大小、水火、冷热、高低……这些生活中的基本常识，经过他们长期反复的仔细观察和思考，终于认识到宇宙间这个最普遍的现象，于是便使用"阴"和"阳"这两个高度抽象的概念来加以概括和表述。这说明古代的中国人已经认识到宇宙的对称性结构和这种结构的对立统一。这无疑是一种极高明的哲学思维。在几千年前能够达到这样的认识高度，不能不令人佩服惊叹！

至于《周易》中的辩证思维，在"一阴一阳之谓道，生生之谓易"这个命题中，更是表达得非常充分和完美。这种阴阳对立统一和转化发展的思想，对于中国的哲学乃至整个文化体系的构建，都有极大的影响。特别是《周易》中包含的朴素认识论和系统论观点，对我们今天也有一定的启迪作用。

---

① 郭沫若：《中国古代社会研究》，科学出版社 1964 年版，第 23 页。
② 郭沫若：《中国古代社会研究》，科学出版社 1964 年版，第 24 页。

# 《周易》是中国文化的源头

一个民族的文化传统必定有一个思想根源。一般而言，这个根源应当追溯到该民族学术思想第一次巨大发展的时代。在中国，毫无疑问应追溯到先秦的春秋战国时期。那时候百花齐放，百家争鸣，思想活跃，学派林立。这一时期产生的诸子百家的学说，对中国后世文化的发展产生了极其深远的影响，奠定了中华民族文化的基本框架和基本模式，并一直延续到今天。我们中华民族的整个文化心理结构也是在那时形成并基本稳定下来的。

虽然先秦时期的学派林立（司马谈总结为六家，班固总结为十家），但是《周易》却远远早于它们。也就是说，《周易》在先秦各家学派如儒家、道家、墨家……形成之前就已存在了。它不仅存在，而且深深地影响了各家学派的思想。众所周知的孔子读《易》"韦编三绝"，根据《周易》的思想来阐发他的思想就是一个有力的证明。说《周易》开启了儒、墨、道、法……各家的思想学说，是一点也不过分的。

古代的《易》并不只有《周易》。据《周礼·春官》记载："太卜掌三易之法，一曰《连山》，二曰《归藏》，三曰《周易》，其经卦皆八，其别皆六十有四。"这三部书汉代都存在，后来《连山》《归藏》失传。其中，《周易》开启了儒家，以乾卦为首卦。所以儒家遵循"天行健，君子以自强不息"的精神，刚健有为，积极向上，经世自强，关注社会民生，追求建功立业。道家则以坤卦为首卦，遵循"地势坤，君子以厚德载物"的精神，柔顺处下，淡泊宁静，以避世而全身，亲近大自然，和谐包容，对人类和自然界都能友好相处。《连山》开启了墨家，以艮卦为首卦，兼爱反战，身体力行……由此可知，中国古代各家主要的学派，追溯其文化思想的源头，都可以在《易经》那里找到。

因此，我们很赞同张立文教授对《周易》的这段评价："《周易》是中国文化的活水，是中国文化的根源之一。如果对《周易》不了解，对中国文化就不能透彻理解。《周易》对中国文化、中国社会的影响非常深刻。它是中国历史从蒙昧走向文明的文献遗存，是中国文化从迷信走向科学的逻

辑缩影，是中国哲学从巫术神话走到太极和合的符号象征，是中国思维从形象走入理论思辨的历程。"① 以上这段文字对《周易》在中国文化史上的地位和影响的评价，是完全符合事实的。

也就是说，虽然中华民族的文化传统或者说文化基因形成于先秦诸子百家的时代，然而它萌发的根源却远在更早期的《周易》那里。《周易》不仅影响了儒、墨、道三家思想的形成，还为民族文化提供了更为丰富的思想资源。例如变通日新、生生不息的精神，《周易·系辞》讲"日新之谓盛德"，就是告诉人们要不断求新求变，努力创新，发展进步，不能停留在原地止步不前。我们中华民族之所以能屹立于世界东方 5000 多年，我们的文明之所以能成为世界四大古文明中唯一没有中断而延续至今的文明，我们这个古老的民族之所以能不断地焕发青春……是与《周易》这种"日新之谓盛德"的思想密切相关的。这种"日新而日日新"的精神，使得我们的民族文化充满了求新求变的基因，从而永葆朝气蓬勃的面貌。

《周易》又强调保合太和的和合精神，《乾·象》讲："乾道变化，各正性命，保合太和，乃利贞。首出庶物，万国咸宁。"乾为天，"乾道变化"就是天道的变化，打破了原有的次序、规则，这就需要按各种事物的本性来发展。"保合太和"就是讲和衷共济、和谐共生。在人与自然的关系上要讲"天人合一"。用今天的话来说就是人与自然和谐相处，要把人看做自然界的一部分，要顺应自然规律，而不是把人与自然对立起来，搞什么"征服自然"、"改造自然"。在人与人的关系上，要"仁者爱人"、"推己及人"，在不同文明不同国家的关系上，讲"和而不同"、"和平共处"……这种思想观念使得中华民族成为一个热爱和平的民族，成为一个能吸纳其他文明优秀成果（如对佛教的吸收和消化）来充实自己的民族，成为一个具有包容精神、胸怀博大的民族。

正是由于中华文化的包容性和宽容性，所以在中华民族的历史上没有发生过宗教战争，没有出现过极端的种族歧视和种族屠杀。对此，我们可举出一个有力的例证：犹太人是全世界最固守自己宗教信仰和文化传统的民族，他们虽然很早就失去了自己的国土而分散流落到世界各地，但都能

---

① 张立文：《中国高端讲座·〈周易〉对中国社会的影响》，海南出版社 2006 年版，第 170 页。

将自己民族的宗教和文化保存下来。因此尽管他们的国籍不尽相同，但在民族认同上都认为自己是犹太人。北宋时期，有一支犹太人进入中国，到达当时宋朝的国都开封。他们没有受到任何歧视和伤害，被宽容的中华民族接纳下来。几百年过去了，他们完全融入当地的居民之中，除了有"一赐乐业"的教堂之外，他们的文化习俗、语言文字乃至体质外貌，都与当地的中国人没有多大的区别。这一事实被全世界认为是一个奇迹。这件事被我国著名学者潘光旦先生写入他的专著《中国境内犹太人的若干历史问题——开封的中国犹太人》一书中，曾引起国际学术界的高度关注。这一历史事实充分证明了中国文化的和合性、包容性和中华民族善良、宽厚、包容的文化性格。

而我们民族文化的这些优良传统的形成，毫无疑问都可以追溯到《周易》那里。所以我们说，《周易》是中国文化的根源。

## 《周易》对民族精神的概括

前一节中我们简略地介绍了《周易》与我们民族文化的关系，而一种民族文化深入到民族思想意识的层面，就必然培育成某一民族的民族精神。民族精神就是该民族在其历史发展过程中起主导作用的基本精神，它是该民族延续发展的思想基础和内在动力。

世界上一些主要的国家和民族（特别是文明相对悠久的民族）都有一种民族精神——如古希腊文明表现了希腊精神，法国人民强调法兰西精神，德国人民强调日耳曼精神，俄罗斯人民强调俄罗斯精神或俄罗斯性格，东方的日本也宣扬大和精神……

我们中华民族作为一个延续了5000余年文明的伟大民族也有一个占主导地位的思想意识，这就是"中华精神"。张岱年教授认为，"中华精神集中表现于《周易大传》中的两个命题上，这就是：'天行健，君子以自强不息'；'地势坤，君子以厚德载物'。"[1] 我们都知道，在《周易》中，排在前面的就是乾卦和坤卦，这两卦是《周易》的总纲，是统摄后面62卦的。天

---

[1] 张岱年：《中国传统文化简论》，浙江人民出版社1989年版，第54页。

和地是人们心目中最高、最大的物象，在中国人的心目中，天和地是最受尊崇、最被顶礼膜拜的对象。古代中国人最敬仰、信仰的不是上帝，也不是神祇，而是"天、地、君、亲、师"。"天、地"在"君、亲、师"之前，更显示了其至高无上的地位。人生在天地之间，应该"与天地合其德"，应当遵循天地的德性。"天"的德性是运行不已，日月星辰在天上运行，从不停息。人们也应当仿效它，刚健有为，"自强不息"。"地"的德性是承载万物，以博大的胸怀哺育万物。人们也应当仿效它，兼容并包，"厚德载物"。因此，张岱年教授从中归纳总结出："'自强不息'就是永远努力向上，绝不停止，这表现了中华民族的奋斗精神，表现了一种不向恶劣环境屈服的顽强的生命力。'厚德载物'就是要有淳厚的德性，要能够包容万物，这表现了中华民族的兼容并包精神。一个'自强不息'，一个'厚德载物'，这两点体现了中华民族的精神和气度。正因为有这样的精神和气度，中华民族的科学和文化才能够在世界历史上一度处于领先地位。中华民族在历史上有过许多磨难，也有过落后挨打的屈辱时代，但中华民族从来不甘于落后，不自暴自弃，而是始终以一种坚韧不拔的精神，争取独立与自主，努力向上，使自己立于世界民族之林。"[①] 在今天，也是这种"自强不息，厚德载物"的民族精神，使我们重新崛起，赢得了全世界的羡慕与尊重，赢来了我们民族的伟大复兴。

儒家以乾卦为首卦，最鲜明地体现"天行健，君子以自强不息"的民族精神。儒家重视刚健有为，积极入世，敢于承担，这在儒家的典籍和孔、孟等儒家代表人物以及他们的后世继承者的言行中得到了充分的体现和完美的展示。那种对自身人格修养的自省自律，那种报效国家民族的强烈的使命意识，至今还令我们感动不已！

孔子说："三军可夺帅也，匹夫不可夺志也。"孟子说："富贵不能淫，贫贱不能移，威武不能屈。"屈原的"路漫漫其修远兮，吾将上下而求索"，"亦余心之所善兮，虽九死其犹未悔"，直至诸葛亮的"鞠躬尽瘁，死而后已"，范仲淹的"先天下之忧而忧，后天下之乐而乐"……无不体现了自强不息、刚健有为、追求真理、宁死不屈的伟大的民族精神。这种精神培育了一代又一代的仁人志士，激励着他们去建功立业，报效祖国。这种精神

---

① 张岱年：《中国传统文化简论》，浙江人民出版社 1989 年版，第 55 页。

可以说一直延续到近现代：从民族英雄林则徐的"苟利国家生死已，岂因祸福避趋之"，鲁迅的"灵台无计逃神矢，风雨如磐黯故园，寄意寒星荃不察，我以我血荐轩辕"的诗句中，都可以鲜明地看到这种民族精神的延续和发扬光大。这种精神在今天仍在激励着所有的中华儿女发愤图强，不断进取，为中华民族的伟大复兴而奋斗。

中华民族的民族精神除"自强不息"外，还有"厚德载物"。"自强不息"来自《周易》的乾卦，"厚德载物"则来自于《周易》的坤卦。如果说乾卦强调的是刚健有为，自强不息，那么坤卦强调的则是博大宽厚、包容万物。乾代表天，坤则代表地，大地的德性是博大宽厚，承载和包容万物，也生养万物（包括人），因此人应当效法大地，不仅对于人类，对于与自己不同国家、不同民族的人要容纳宽厚，对大自然的一切，花草树木、鸟鱼虫兽都要以友善的态度对待，和谐相处。这种精神无疑是一种朴素的人道主义精神。深得《周易》精髓的儒家就强调"仁者爱人"、"仁者无敌"。这种思想培育了中华民族善良、平和的民族性。

"厚德载物"的精神还使中华民族成为一个善于学习，不走极端，不排斥其他民族文化的民族。众所周知，佛教是产生于印度的一个重要的宗教，在东汉时期传入中国后，很快被中国文化吸收消化，形成具有中国特色的禅宗教派。佛教的传入对中国的哲学、文学、艺术、建筑、雕刻……都产生了很大的影响，从而成为中国文化的一个有机组成部分。此外如拜火教、基督教、摩尼教、伊斯兰教等外来宗教在唐代陆续传到中国，也得到唐朝政府的允许。这种宽容接纳异族宗教的态度，在世界上是绝无仅有的。佛教产生于印度，由于婆罗门教不容其存在而在印度本土衰落乃至消亡。在中国却不存在这些问题，其他民族的宗教传入中国，都被容许——只要不危害中国的主权，适应中国的社会习俗。

在中国历史上没有出现过宗教战争，没有因为宗教信仰的差异而出现对"异教徒"的屠杀驱逐。相反，中华民族与异国的民众，与本国的少数民族和邻国都能友好相处。明代郑和下西洋，大小船舰上千艘，随行的军队上万人，却不是去从事开疆拓土的殖民侵略活动，而是带着丰厚的物资礼品去进行贸易和赏赐，以此与印度洋国家建立友好的关系。现代有的学者认为这是一种得不偿失的愚蠢作为，但从中华文明的角度看，正好展现了我们民族"厚德载物"、宽容厚道的民族精神，而这样的民族精神受到了

全世界其他民族的尊重。

　　从以上的论述可以看出，我们中华民族的民族精神的形成可以追溯到《周易》那里。因此，《周易》也是我们民族精神形成的起点。我国的著名高校清华大学之所以把"自强不息"、"厚德载物"作为校训，其意义是十分深远的。清华大学培育出一大批担当重任的党和国家领导人，也绝不是偶然的。

　　以上我们介绍了《周易》在我国古代的哲学思想、民族文化及民族精神形成和发展历程中的重要意义和作用，主要是为了澄清广大民众认识上的一个误区，即仅仅把《周易》当做一部看相算命、占卜预测的著作。事实上，《周易》的价值和它在历史上的作用远远不止于此。它对我国文学、美学、数学、化学，特别是医学等学科的影响和贡献都是十分巨大的。至于当代人十分感兴趣的预测学，如果用科学理性的态度去加以研究，也可以发现它并非迷信落后，而是包含着十分丰富的信息论和系统论的内容，其中一些思维方式及认识问题分析问题的方式，对我们今天仍然有巨大的启迪作用和借鉴价值。这些方面的问题，我们将会在本书以后的章节中加以介绍。

# 第二章
# 从神话传说到历史记载
## ——《周易》的作者与成书过程

在上一章中我们已介绍过《周易》不仅是中华民族最古老的一部书，也是最难理解的一部书。《周易》之所以难以理解，除了它本身文字相当古奥以外，还由于《周易》历来与占卜等事相联系。在秦始皇焚书坑儒时，《周易》就是因其被列为卜筮之书，而逃脱了被大火焚烧的厄运。近现代不少学者的研究证明，《周易》中的确隐藏着惊人而合理的朴素辩证法的哲学思想，是古代先民所建构的一个认识和解释宇宙的模型。由于它时代远古，后代学者，虽有不少人勤奋钻研，因没有直接的传承，往往从阅读开始，由训诂小学入手，逐渐地通过信、解、行、证的过程来理解掌握《周易》，逐渐有所领悟。他们中间，虽不乏大家，但更多的学者又喜欢借助《周易》来阐述自己的哲学观点与学术思想。这样一来，使得《周易》成为一座无比神奇的宫殿，人人都可以在这座宫殿中寻找到自己所需的宝物。又因得宝人的过分炫耀，更为《周易》这座神奇的宫殿增添了迷人的光环。帝王将相，希望通过它求得治国平天下的方略；医道之士，希望通过它认知阴阳造化之玄机；学人士子，则希望通过它掌握立身进退的根本；黎民百姓，希冀以它认知命运，从而趋吉避凶；更有江湖术士，以此欺骗无辜百姓，谋取钱财，害人害己……所以，《四库全书总目提要》给历代各家《易》说做了一个简单的概括："《左传》所记诸占，盖犹太卜遗法。汉儒言象数，去古未远也；一变而为京（房）、焦（赣）、入于机祥；再变而为陈（抟）、邵（雍），务穷造化，《易》遂不切于民用。王弼尽黜象数，说以老、

庄；一变而胡瑗、程子（颐），始阐明儒理；再变而李光、杨万里，又参证史事，《易》遂日启其论端。此两派六宗，已互相攻驳。又《易》道广大，无所不包，旁及天文、地理、乐律、兵法、韵学、算术，以逮方外之炉火，皆可援《易》以为说，而好异者又援以入《易》，故《易》说愈繁。"《总目提要》的概括是很有道理的。《易》说越说越繁，也确是事实。这就需要先了解《易》的本义。

# 《易》的本义

《说文解字》的作者许慎曾引《秘书》说："日月为易，象阴阳也。"这就是说，"易"字是由"日"、"月"两个字组合而成的。"易"为上下结构的字，其上部是"日"字，象征阳；下部是"月"字，象征"阴"。即"易"本身包括了"日"和"月"，象征着阴阳的消长变化和对立统一，体现着天地运行的精神与法则。

所以，古代的《易》学是古人研究日月天地之学。它是中国古代朴素唯物辩证法的集中体现，代表了我们祖先最高的宇宙观和方法论。周代以后，才成为一门专门的学问。

我们先从《周易》的结构说起。

## 《周易》结构中两个显著的特征

1. 经传不分

我们现在读到的《周易》，包含了两大部分内容：其本体部分称为经，其解说部分，也就是孔子读《易》的心得报告——"十翼"部分，称为传。

《周易》经的部分，包括了《周易》六十四卦的卦名、卦辞以及三百八十四爻的爻辞。其六十四卦又按一定的顺序和内在逻辑关系排列组合成上下两经（上经三十卦，下经三十四卦），如其卦序歌曰：

乾坤屯蒙需讼师，比小畜兮履泰否，

同人大有谦豫随，蛊临观兮噬嗑贲，

剥复无妄大畜颐，大过坎离三十备。

咸恒遁兮及大壮，晋与明夷家人睽，

蹇解损益夬姤萃，升困井革鼎震继，

艮渐归妹丰旅巽，兑涣节兮中孚至，

小过既济兼未济，是为下经三十四。

不论上经、下经，每一卦都有卦名，有卦辞，有六爻的爻辞。如乾卦：☰乾，元亨利贞（"乾"是卦名，卦辞即"元亨利贞"四字）。初九，潜龙勿用（是说六爻卦最下一爻为初，初爻为阳爻，故言初九。这是乾卦初爻的爻辞）。接下来是：九二，见龙在田，利见大人。九三，君子终日乾乾，夕惕若，厉无咎。九四，或跃在渊，无咎。九五，飞龙在天，利见大人。上九，亢龙有悔。用九，见群龙无首，吉（依次即为二爻到六爻的爻辞。六爻位置最高，又称为上。用九，是想表述位极的情况，是孔子为乾卦特别安立的）。此外，坤卦有用六。坤卦各爻皆为阴☷，故一至六爻，称做初六、六二、六三、六四、六五、上六及用六。其他六十二卦，则无用九或用六了。总的说来，卦辞是对一卦精神的总体概括；爻辞则通过对各爻寓意的阐述，既补充说明卦辞，又使一卦的卦辞更加丰润圆满。

值得说明的是，除经文外，《周易》各卦，分别有象曰、象曰等字眼，是解释经的文字，均为孔子所作，后人称之为"十翼"，有《周易》的羽翼之意。它们分别是《象传》（上下）《象传》（上下）《系辞传》（上下）《文言传》《说卦传》《序卦传》《杂卦传》共十篇。这十篇文章，因与经文严密地组合，互动交融，不可分割，并作经文读。

若要详细加说明，"翼"为羽翼，有帮助的意思。象是一种动物，其牙齿很硬，可以断铁，这里取判断之义。故《象传》主要是判断每一卦六爻各自的意义。《象传》一是以八卦象征的事物去阐明卦意；二是以六爻爻位变化说明爻辞的意义，称小象。《系辞传》是对《周易》的高度哲学概括与发挥。文有修饰意，故《文言传》是修饰说明乾、坤两卦意义的。《说卦传》是说明某卦卦象的象征意义。《序卦传》讲六十四卦的排列意义与顺序。杂有不规则的意思，《杂卦传》说性格相反的卦例，发挥八卦错综互变的道理。同时，用韵也杂，如古代杂韵诗，故称《杂卦传》。

2. 文字与符号结合

《周易》与其他古代典籍相比，还有一个显著的特征，就是文字与符号结合。正因为《周易》的文字与符号结合，致使《周易》具备了古代其他典籍所不具备的理、气、象、数四大法则与内涵（关于这一点，将在《周易》的理、气、象、数篇内详谈）。

这一套符号系统，就是六十四卦的图示。其每一卦的符号，都标在《周易》每一卦之前。它都由断开或不断开的六条线，即阴爻（－－）和阳爻（—）构成。明白这种图示的意义，还要先从三爻卦说起。

三爻卦即乾（☰）、兑（☱）、离（☲）、震（☳）、巽（☴）、坎（☵）、艮（☶）、坤（☷）八卦，分别代表天、泽、火、雷、风、水、山、地八种形象。

记忆三爻卦，有一个口诀，很是方便，即八卦象例歌，歌曰：

乾（☰）三连，坤（☷）六断；
兑（☱）上缺，巽（☴）下断；
离（☲）中虚，坎（☵）中满；
震（☳）仰盂，艮（☶）覆碗。

八卦相重，构成六十四卦，三爻卦因此变为六爻卦。如乾（☰）、坤（☷）。

也有一个帮助记忆与理解的口诀，记熟了，《周易》六十四卦的图文则如在指掌矣。

## 六十四卦卦名歌

乾为天，天风姤，天山遁，天地否，风地观，山地剥，火地晋，火天大有（乾宫八卦属金）。

坎为水，水泽节，水雷屯，水火既济，泽火革，雷火丰，地火明夷，地水师（坎宫八卦属水）。

艮为山，山火贲，山天大畜，山泽损，火泽睽，天泽履，风泽中孚，风山渐（艮宫八卦属土）。

震为雷，雷地豫，雷水解，雷风恒，地风升，水风井，泽风大过，泽雷随（震宫八卦属木）。

巽为风，风天小畜，风火家人，风雷益，天雷无妄，火雷噬嗑，山雷颐，山风蛊（巽宫八卦属木）。

离为火，火山旅，火风鼎，火水未济，山水蒙，风水涣，天水讼，天火同人（离宫八卦属火）。

坤为地，地雷复，地泽临，地天泰，雷天大壮，泽天夬，水天需，水地比（坤宫八卦属土）。

兑为泽，泽水困，泽地萃，泽山咸，水山蹇，地山谦，雷山小过，雷泽归妹（兑宫八卦属金）。

以上卦名歌说明，《周易》六十四卦的图示和文字既相辅相成，又相互印证与发挥。再深而言，因《周易》结构不同，所以学习《周易》的方式也就更讲究。比如通过观察、想象六十四卦的形象，可以帮助我们理解文意；同时，深入理解文意，也可以帮助我们理解并合理运用卦象。

# 如何认识《连山》《归藏》

这是《易》学研究史上的一个大问题。解决这个问题，还要从"三易"说起。

1. 什么是"三易"

"三易"是说中国古代的《易》学著作一共有三种，而不是我们现在一般意义上说的《周易》一种。

我们先看有关文献记载。《周礼·春官》有云："太卜掌三易之法，一曰《连山》，二曰《归藏》，三曰《周易》，其经卦皆八，其别皆六十有四。"也就是说，三种《易》学著作分别是《连山易》《归藏易》和《周易》。郑玄《易论》云："夏曰《连山》，殷曰《归藏》，周曰《周易》。"是说《连山易》是夏代的《易》，殷商时代的《易》为《归藏易》，周代的《易》为《周易》。三种《易》卦序的排列是不一样的。《连山易》以艮卦为首卦；《归藏易》的排列从坤卦开始；到了《周易》，则从乾、坤两卦开始。这是

三种《易》的不同之处。我们现在一般意义上说的《易》，是指《周易》。

2.《连山》《归藏》是否失传

现在很多人都认为，《连山易》和《归藏易》都失传了。因为从《周易》之后，再没有人公开过《连山易》和《归藏易》，这两部典籍更无从查找，这是不争的事实。但它们的思想内容是否全部失传，则是很值得商榷的。

实际上，现存的《黄帝内经》中就有很多《归藏易》的内容。成都中医药大学教授邹学熹先生在其《易学精要》中指出，中国古代的《元包经》就反映了《归藏易》的学术思想，而《太玄经》就反映了《连山易》的学术思想。邹先生进一步指出："北周卫元蒿所著《元包经》，古人叹为《易》学奇书，它使《归藏易》的内容赖以保存。它和《连山易》《周易》是一个整体。《连山易》的先天八卦讲阴阳对待（阴阳相对），《周易》的后天八卦讲阴阳流行（阴阳相成），而《归藏易》的中天八卦则讲阴阳平衡，研究阴阳变化的最终目的，就是为了求得阴阳的平衡和协调。《周易》首乾以体天，《元包经》首坤以用地，天主其变，地主其藏，因万物皆归藏于中也……"

为便于学人作进一步研究，现将《元包经》六十四卦排列顺序说明如下：太阴第一，坤、复、临、泰、大壮、夬、需、比；太阳第二，乾、姤、遁、否、观、剥、晋、大有；少阴第三，兑、困、萃、咸、蹇、谦、小过、归妹；少阳第四，艮、贲、大畜、损、睽、履、中孚、渐；仲阴第五，离、旅、鼎、未济、蒙、涣、讼、同人；仲阳第六，坎、节、屯、既济、革、丰、明夷、师；孟阴第七，巽、小畜、家人、益、无妄、噬嗑、颐、蛊；孟阳第八，震、豫、解、恒、升、井、大过、随。

山东工程学院王德敏先生通过研究说明，《管子》与《连山易》深有渊源。

此外，以《太玄》对应《周易》而言，《周易》建立了二进制表现方式的二元数序模式；扬雄的《太玄经》则是建立了三进位制表现方式的三元数序模式。《周易》有阴阳两仪、四象八卦并六十四卦；《太玄经》有三方九州、二十七部、八十一家。《周易》易爻分阴阳，六重排列，以成六十四卦，三百八十四爻；《太玄经》爻画三种，按四重排列，每首九赞，成八十一首，七百二十九赞。既述易道广大，无所不包，又说穷理尽性，玄妙难喻。

如《太玄经·卷一》云："驯乎玄，浑行无穷正象天。阴阳批参。以一阳乘一统，万物资形。方州部家，三位疎成。曰陈其九九，以为数生。赞上群纲，乃综乎名。八十一首，岁事咸员。盛哉日乎！丙明离章，五色淳光。夜则测阴，昼则测阳。昼夜之测，或否或臧。阳推五福以类升，阴幽六极以类降。升降相关，大贞乃通。经则有南有北，纬则有西有东。巡乘六甲，与斗相逢。历以记岁，而百穀时雍。"均说明之道，天地之学。而《元包经·元包数总义卷第二》更直接说："元包以坤先乾归藏之易也。易者变也，天主其变。包者藏也，地主其藏。天统乎体，故八变而终于十六。易用四十九蓍者，存挂一之数为太极，则六八四十八者，体中之用也。地分乎用，六变而终于十二，包用三十六蓍者，以共一之数为太一，则六六三十六者，用中之用也。"更是直接说明与《归藏易》的渊源。

所以，笔者认为，《连山》《归藏》的思想内容并非完全失传，其某些学术思想，则仍然流传于世间。同时，通过精诚努力，以《周易》为总纲，加上儒、释、道、医及诸子百家的相关学问，贯通《连山》《归藏》也是可为的。

# 《周易》的三个基本原则

《周易·系辞》说："范围天地之化而不过，曲成万物而不遗，通乎昼夜之道而知。故神无方而易无体。"这就说明易道广大，无所不包。它们中间，最重要的是交易、变易和不易这三个基本原则，贯通了《周易》的全部内容，是掌握《周易》内涵的关键。

但是，历来对三易的说法很不统一。《易》学大师陈抟就只说了交易和变易。有的提三易是说交易、变易、简易或交易、变易和不易。各家说法都有道理，但交易、变易和不易的提法才最深刻而圆融。

1. 交易

河图演天地交，洛书示日月交，都是交易之理。展示了如阴交阳，阳交阴，上交下，下交上的种种情形，更因阴阳的交易对待，演绎出《周易》特有的数理模型。到阴变阳，阳变阴，上变下，下变上，则通过交易而达成变易了。交易更重过程，变易更重结果。

017

2. 变易

《周易·系辞》有云："生生之谓易。"这是告诉我们，我们生活的世界，所有的空间、时间，以及时空当中的一切人与事，没有一样东西是不变化的。以物质世界而言，就有成、住、坏、空的过程，即有生成、发挥作用、逐渐毁坏而消亡的情况。如房屋修成，供人使用，而到一定的时间，会因损坏而维修，到不能使用，唯有拆除了事。人处在天地之间，因外界风、火、暑、湿、燥、寒的变化，内在情绪因喜、怒、惊、恐、忧、思、悲的影响，身体情况无时不在发生变化。外界宇宙时空的变化，日升月落的变化，地球世界春生、夏长、秋收、冬藏的变化等，都是变易的形象展示。

3. 不易

不易有两层意思。一是亘古不易，一是随缘不易。世界是千变万化的，但变出了世界万象的那个东西是亘古不易的。这个东西，在儒家，称为良知；在道家，称为灵子、灵觉；在佛家，则称为如来藏。它们有被遮盖的时候，却没有改变的时候。正因为每个人的良知相同、相通，"小人"努力可变为"君子"，"君子"努力可成为"圣人"。同时，正因为人人本具佛性（如来藏），觉知本性，能使人生由凝练而升华，这是佛不在外的道理。禅宗六祖慧能《坛经》曰："何期自性，本自清净；何期自性，能生万法。"就是抓住了"不易"这一关键。再如"生生之谓易"。我们所生存的宇宙，是生生不息，变化无穷的，这是亘古不易的道理。什么是随缘不易呢？对应《周易》来说，可以一事一物对应一卦一爻，亦可以在一事一物中包含六十四卦三百八十四爻。若以卦爻而言，可以一卦一爻各对一事一物，亦可于一卦一爻之中具断万事万物，乃至世间一切事物。一切卦爻即一卦一爻，一卦一爻即一切卦爻。故说交易变易，实即不变随缘，随缘不变，互具互造，互入互融之法界体性。这便是《周易》最基本的三个原则。

另外说明一下简易，孔子说："易简而天下之理得矣。"说的是简易。也就是说，简易是儒家学派的代表孔子提出来的。同时，也是《周易》本身具备的。其实质是方法论的精髓。世间事，往往最简单的东西最复杂，最复杂的东西最简单。比如传统中药，有数千种之多，到最后，可归纳为四气五味，升降沉浮。中医脉象，虽因人而异，亦不外浮、沉、迟、数、虚、实、缓、大八纲脉。中医辨证，也只是阴阳、虚实、寒热、表里八纲辨证。讲述道家哲学的《道德经》，依恩师李仲愚先生传承，八十一章，不过作一章读，其他纯是注解。佛家典籍，《妙法莲华经》，在智者大师眼中，不过《普门》一品。落实到《周易》，就要将六十四卦归结到八卦，八卦归结到太极。这是《易经》的简易原则。

# 《周易》的作者、成书与定名

这个问题看起来很简单，但这是《周易》研究史上争论最多的问题。对这个问题，应作如下说明：

1. 在《周易》形成、发展史上，有哪些人作出过突出贡献

历史上，对《周易》的形成发展作出过最大贡献的有四个人，就是我国历史上著名的伏羲、周文王、周文王之子周公和儒家学说的创始人孔子。他们四位圣人共同完成了《周易》的编撰与传承。"易更四圣"，便是此意。

陈抟著，邵康节述《河洛理数》有载："八卦之书，始于伏羲，有画无文，先天之《易》也。六十四卦，重于文王，卦下有辞，后天之《易》也。爻象无文，则《易》道不显，故系之者周公也。《系辞》十传，乃吾夫子所著，兼先后二天而总括之，至是谓中天之《易》也。《易》始羲皇，独名《周易》何也？盖以《易》更四圣，至周而始大备，故名曰《周易》。"青城山曹明仙老道长，于占卜之初，必念诵"伏羲、文王、周公、孔圣，六丁六甲八卦神"，也说明"易更四圣"。也即伏羲画卦（先天八卦图），周文王在此基础上画出后天八卦图，并以八卦推演六十四卦，确定了六十四卦的卦名和卦辞。后来的周公（周文王的儿子，周武王之弟，姓姬名旦），为更详细地展现《易》的精神，为每一爻补齐了爻辞。到孔子手上，他老人家就不像删诗歌那样潇洒，而是以诚惶诚恐的态度，认真研读《周易》，写下了他著名的十篇读书心得笔记，也就是我们现在说的"十翼"。比喻他的读书心得笔记，有如《周易》的羽翼。至于《周易》的定名，则是因为虽创始于伏羲，而到文王和周公手上，形象符号加上文字符号，不仅有了八卦，更有了六十四卦和三百八十四爻的爻辞，才成为相对完整的著作，所以称为《周易》。

2. 伏羲是怎样一个人

袁珂先生在《中国神话传说》中，有这样的描述：伏羲又叫"宓羲"，

或叫"庖羲"，此外还有"伏戏"、"包羲"、"炮羲"等，都是古史上所记载的伏羲一名的不同写法。这伏羲也是我们祖宗里一位很有名的人物。传说他和女娲本是兄妹（《风俗通》："女娲，伏希之妹。""希"同"羲"）或者竟是夫妇（卢仝《与马异结交》诗："女娲本是伏羲妇。"）。这种传说，可说是"由来已古"，证之于汉代的石刻画像与砖画和西南地区苗、瑶、侗、彝等少数民族民间流行的传说，更足相信。

汉代的石刻画像与砖画中，常有人首蛇身的伏羲和女娲的画像。这些画像里的伏羲和女娲，腰身以上通作人形，穿袍子，戴冠帽，腰身以下则是蛇躯（偶有作龙躯的），两条尾巴紧紧地亲密地缠绕着。两人的脸面或正向，或背向。男的手里拿了曲尺，女的手里拿了圆规。或者是男的手捧太阳，太阳里面有一只金乌；女的手捧月亮，月亮里面有一只蟾蜍。有的画像还饰以云景，空中有生翅膀的人首蛇身的天使们翱翔。有的画像更在两个人中间挽着一个天真烂漫的小儿，双足捲走，手拉两人的衣袖，给我们呈现了一幅非常美妙的家庭行乐园图画。

这里问题就出来了，就是秦汉以前的古籍中从来没有这样的记载，而且伏羲和女娲也没有什么真实联系的依据。所以，传说归传说。实际上是当时的人们用自己内心中美好的愿望，塑造了伏羲的形象。

我们再看袁珂先生根据古代典籍所作的另外的描述：据说是在中国西北几千万里的地方，有一个极乐的国土，叫做"华胥氏之国"。那个国家之远，管你走路去也好，坐车去也好，坐船去也好，都是去不了的，只好是"心向往之"罢了。那个国家没有政府、首领，一般人也没有欲望和嗜好，一切听其自然，所以每个人的寿命都很长，生活得美满而快乐。

在这极乐的国土上，有个没有名字，就叫做"华胥氏"的姑娘。有一次，她到东方的一个林木翁郁、风景优美名叫"雷泽"的大沼泽去游玩，偶然看见一个巨人的足印出现在泽边，觉得又奇怪又好玩，就用自己的脚去踩一踩这巨人的足印。刚踩下去，仿佛就有了很大的感应，于是怀了孕，生下一个儿子，叫做"伏羲"。

雷泽边上出现的这个巨人的足印，究竟是谁的足印呢？古书上没有记载。但雷泽的主人，我们知道，那就是雷神，是一个有人的头、龙的身子的半人半兽的天神。从传说中伏羲"人面蛇身"或"龙身人首"这类的形貌看，也可以想见到伏羲和雷神之间的血缘关系，伏羲其实就是雷神的儿子。

伏羲既是天神和人间极乐国土的女儿所生的儿子，那么他本身具有超越普通人的神性，就是毫无疑问的了。

这种神性，表现在他对中国人民贡献很大。说他曾经画过八卦，用符号☰（乾）代表天，☷（坤）代表地，☵（坎）代表水，☲（离）代表火，☶（艮）代表山，☳（震）代表雷，☴（巽）代表风，☱（兑）代表泽，影响到中国思想文化的各个方面。他另外的重大贡献是把火种带给人民，让人联想到烧熟的菜肴。取火这件事，史传上有的记载到燧人名下，有记载到伏羲名下，更有记载到黄帝名下的，可见古来原无定说。伏羲又叫"庖羲"或"炮羲"，那含义就是"取牺牲以充庖厨"（《帝王世纪》）、"变茹腥之食"（《拾遗记》）的意思。要想达到上述目的，一定得有火才行，所以"炮羲"烧动物肉的发明，其实也就是取火的发明（当然，伏羲取得的火，大约就是大雷雨之后山林里燃烧起来的天然火，后来才有燧人发明钻木取火，钻木取火应该后于以山林里携带出来的天然雷火）。

从以上袁珂先生的描述中（《中国神话传说》第二、三章）可以知道，伏羲是一个带有神性的人。任何一个民族在其童年时期都创造过神话，这是在生产力极低下、科学极不发达时期人们对客观现实世界的反思，是人们依于对人的生、老、病、死、苦的自觉关爱，对无上精神世界的倾心向往的心灵记忆。因为上古人类文明的主体是宗教文明，也唯有宗教文明的终极关怀，才能人神同体，从容沟通神圣与世俗。从以上的神话传说中，我们可以清楚地看出这点。

3. 如何理解伏羲的神性

神话传说中的伏羲，画出了现实生活中真实的八卦。那么，我们应该如何理解伏羲的神性呢？

比较圆满解答了这一问题的人仍然是袁珂先生。

他在《中国神话传说》第二章论述神话和宗教的关系时说："神话和宗教有着密切的关系，这是谁也不会否认的事实。但究竟是怎样一种关系呢？是先有神话，还是先有宗教？是神话渊源于宗教，还是宗教渊源于神话？……我们的答复，不是先有神话，不是宗教渊源于神话，也不是神话和宗教同源于一个意识形态的统一体，而是先有宗教，神话渊源于宗教。"

正因为如此，人民又创造出反抗神的神，在希腊有普罗米修斯，在中

国有射太阳的羿，窃取上帝的息壤来治理洪水的鲧和继承他事业的禹。这是宗教文明作为上古文化的主体的必然选择。

所以，神话中的伏羲，首先是宗教中的伏羲。正因为他承担的宗教领袖的职责，迫使他以自觉的宗教终极关怀，展开了他壮伟的事业。无论是他发明了捕鱼的网，还是首先取回了火种，或者是画出了先天八卦，归根到底在于他的德行和才干值得当时人们的爱戴和景仰，甚至是五体投地的崇拜，于是本来平凡的伏羲有了超越当时一般人的神性。这种神性，源于人类的宗教本能与宗教精神。

4. 伏羲是怎样画卦的

伏羲既然是人不是神，那么他是如何明白八卦的道理，进而画出八卦的呢？

现在有的学者，从西方有人怀疑金字塔是外星人的杰作受到启示，也怀疑伏羲先天八卦是外星人留在地球上的。他们认为，传说中的伏羲，不可能画出如此周密的先天八卦图。其实，这是不必要的。如果不是伏羲，又是谁呢？总得有位杰出的祖先缔造，姓什么名什么无关紧要。外星人之说只能是现代童话，它不仅远离历史，就连古代神话也与之不沾边。

按照青城山全真教派的传承，是太上最先发明并使用八卦，而后传与盘古，盘古再以口耳相传的方式，将八卦传与伏羲，伏羲为彰明后世，于是画出八卦。我们说伏羲是人，至少也是当时有水平、有能力、有智慧并且有影响的人。具体而言，他既是原始部落的主人，又是原始宗教的首领，不然这种人不会与宗教精神相联系，进而成为神话传说中具有神力的人。他是依于宗教终极关怀的迫切需要，通过观察天地运动的法则与人的生死、繁殖，或者又因某种特征的机缘，得到智慧长老的传授，并见到了在他以前就已经产生的河图、洛书，进而画出八卦（当时文字并没有产生），这完全是有可能的。距我们的时代较远，但距伏羲相对较近的孔子也一直是这样认为的，稍后的司马迁亦是相信的。以"藏诸名山，传之其人"为己任的太史公，在其身残之后所著的具有划时代意义的《史记》中，三次肯定地说伏羲画卦，应该是可以相信的。以孔老夫子和太史公的人品，他们也犯不着欺骗子孙后代。

关键是，我们的老祖宗之一的伏羲，在文字这种表现思想的符号系统没有出现的时候，就发明并使用了八卦这种文字以外的符号系统，完整地发明并表现了他那个时代的宗教精神和宇宙观念。

5. 周文王画卦的传奇

前文说到，伏羲因各种因缘遇合，画出了先天八卦（后文还会再说），这先天八卦，又由宗教特有的秘密传承系统，后来辗转传到了周文王手上。周文王就不简单了，他依据伏羲的先天八卦，画出了著名的后天八卦，完成了八卦相重的推演过程，变三爻卦为六爻卦，从而推导出《周易》现在的六十四卦，确立了卦名，并给每一卦写下了卦辞，基本确定了今天我们看到的《周易》的框架结构。假如说伏羲画卦是以象形的方式记载并展现一种心法的话，周文王则是把伏羲的八卦融会贯通，推导演绎出六十四卦，并对六十四卦加以文字说明，从而使《周易》图像与文字结合，形成了相对完整的体系。那么，周文王又是怎样一个人呢？这还得从周文王的家世说起。

（1）周文王传奇的家世

《史记·周本纪》有载："周后稷，名弃。其母有邰氏女，曰姜原，姜原为帝喾元妃。姜原出野，见巨人迹，心忻然说，欲践之，践之而身动如孕者。居期而生子，以为不祥，弃之隘巷，马牛过者皆避而不践；徙置之林中，适会山林多人，迁之；而弃渠中冰上，飞鸟以其翼覆荐之。姜原以为神，遂收养长之。初欲弃之，因名曰弃。弃为儿时，屹如巨人之志。其游戏，好种树、菽、麻、稷、麦。及为成人，遂好耕农，相地之宜，宜谷者稼穑焉，民皆法则之。帝尧闻之，举弃为农师，天下得其利，有功。帝舜曰：'弃，黎民始饥，尔后稷播时百谷。'封弃于邰，号曰后稷，别姓姬氏……"

这是周文王先祖的情况，亦有半人半神的味道，显然，那是在成文历史之前的上古。就这样一代一代传下来，直到周文王的祖父古公。"古公有长子曰太伯，次曰虞仲。太姜生少子季历，季历娶太任，皆贤妇人。生昌，有圣瑞。古公曰：'我世当有兴者，其在昌乎？'长子太伯、虞仲知古公欲立季历以传昌，乃二人亡如荆蛮，文身断发，以让季历。"

用现代白话描述，即："渭水流域土地肥沃，物产丰饶，周人部落因此繁衍。到了古公亶父一代，周人定居在岐山下的周原。古公亶父有三个儿子：太伯、虞仲和季仲。季仲有一子名叫姬昌。古公看到了姬昌，也就看到了家族未来的希望，根据家中女人都很正直善良而贤惠的情况，以及姬

昌儿时的面相，于是感叹道：'周人要兴旺，大概要在姬昌一代吧！'太伯和虞仲眼见父亲想传位与弟季历以传昌，自己继位无望，于是远走他乡，文身断发，当了蛮夷的首领。"

这是周文王（姬昌）家族的有关情况。

（2）需要、时间和可能

上边说到周文王（姬昌）的家族，以及其祖父古公对他的期望。那么，周文王本人的情况又如何呢？

我们从《史记》的记载知道，姬昌领导周族后，不耽畋猎。他笃仁敬老慈少，礼贤下士，能人贤士纷纷归于门下。一天，姬昌出猎到渭水北岸，见一老翁在垂钓，暗自想到，今天占卜言我此次猎物非龙非螭，非虎非熊，那是何物？于是，他上前与老翁见礼，交谈之后，惊叹老者渊博的学问与过人的识见，想起祖父遗言：必有圣人至周，周人因此兴盛。莫非他即圣人？（这就是盛传后世的姜太公钓鱼的故事。也说明周文王的祖父精于占卜，而周文王至少当时已深解占卜的原理。）姬昌称老翁为"太公望"，立为太师。自此，姬昌更具贤名，商纣的部下争先恐后投奔于他，并且其中很多人成为他忠实而优秀的助手。

问题也就出在这里，按《道德经》的说法："祸兮，福所伏；福兮，祸所依。"仁德的周文王终于因仁德而获罪。

就在姬昌的名气越来越大的时候，崇侯虎见状忧虑，于是向商纣王进谗：姬昌积善修德，笼络诸侯，长此以往，必对大王不利。于是纣王下令，将姬昌囚于羑里。

这是姬昌一生中的重要经历，这段经历肯定是痛苦的。纣王会不会除掉他？或者虽不杀他，却让他老死在狱中？如不然，则又会在狱中被囚多少时间？部下营救的计划应该怎样实施？这些问题都需要姬昌有清醒的认识与深刻的理解。据说，正是姬昌面临这样的人生危机，迫使他拿起《易》这种特殊的武器，他要将先天八卦的理，彻底运用于人事，以判断他目前的处境并成为今后行动的纲领。于是他在狱中演《易》的时候，依据先天八卦，首先画出了后天八卦图，也就相当于找到了将八卦运用于人事的具体原则。当然，在这个过程中，他通过卦的昭示，知道了他未来的生命前景，使得他能以从容的人生态度来面对残酷的现实。他将努力为天地立心，为生民立命，为往圣继绝学，为万世开太平。于是，他利用在狱中的充裕时间，将八卦相重，推三爻卦为六爻卦，推演出了六十四卦，为每一卦确定了卦名，并写出了每一卦的卦辞。

除了"需要和时间"，还要有"可能"。按照青城山全真教派的口头传承，说姬昌的《易》学得于他母亲的亲传。实际情况是不是这样，已无从稽考。但从《史记》的记载看，周文王姬昌的母亲和祖母都很贤良，姬昌至少受到了相当良好的家庭教育。从其祖父善卜来说，姬昌的《易》学，得到家长的真传是肯定无疑的。加上他成年后处理家事、国事、天下事的各种锻炼，在书本知识之外，更具备了丰富的人生阅历和实践的真知，使他在有需要和时间的前提下，更具备了将《易》学发扬光大的可能。

6. 伏羲是依据什么画卦的

前文说到，周文王因需要、时间和可能三方面内外因素的聚合，依据伏羲的先天八卦图，推演出了六十四卦。那么，伏羲又是依据什么画出最初的先天八卦的呢？后世的人或者知道了文意而不明所以，于是避而不谈；或者各执己见而相互争执，使这个问题至今悬而不决。这就是孔子在《周易·系辞》中涉及的圣人画卦的悬案。

儒家学说的创始人孔子，在周游列国失败的晚年，感叹《周易》的博大精深，于是写出了十篇学习研究《周易》的心得笔记，其中的《系辞·上》《系辞·下》和《说卦传》，中间有描述伏羲、文王如何画卦的文字，却似乎又是矛盾的。

我们看原文。《系辞·上》有载："河出图，洛出书，圣人则之。"《系辞·下》有载："古者包羲氏之王天下也，仰则观象于天，俯则观法于地，观鸟兽之文与地之宜，近取诸身，远取诸物，于是始作八卦，以通神明之德，以类万物之情。作结绳而为网罟，以佃以渔，盖取诸离。"而《说卦传》又云："昔者圣人之作易也，幽赞于神明而生蓍，参天两地而倚数，观变于阴阳而立卦，发挥于刚柔而生爻。"

根据《系辞·上》的说法，是因为世间出现了河图、洛书，圣人伏羲、文王以此为法则，因而画出了八卦。以《系辞·下》的说法，是圣人伏羲、文王上观察天象，包括日月及二十八星宿的运行等，下观大地万物生长的各种情况，并观察飞鸟野兽的生活习性以及选择的地理环境，近处从人的身体开始，包括人的情志，如喜、怒、惊、恐、忧、思、悲等（这一套研究方法，后来在传统医学中得以发扬光大，可参考《黄帝内经》），远取诸

物，即高出地面的山峰、低于地面的湖泊、春天的雷、秋天的雨，以及太阳和月亮的光，通过长期观察分析，有感于心，于是画出八卦，以展现宇宙的道（神明之德）和万物变易的情况。伏羲发明结绳制作渔网，是因取象于离卦得来的。以《说卦传》的说法，是圣人仔细观察天地的阴阳变化，叁（三）为奇数，是阳；两为偶数，是阴。在祭祀时用蓍草的数字变化得出不同卦象，这就是八卦的最初来源。

这又引出了一个问题。即伏羲画卦，究竟是依于河图与洛书，还是依于观察天地人事，或是依于蓍草的数目变化呢？这个问题，历代众多的研究者都没有留下令人满意的答案。

我们认为，要比较圆满地回答这个问题，就要运用到前面说到的《周易》的三个重要原则，即交易、变易和不易原则。

一是观察天地人事，就由交易的过程和变易的结果，得到变易的原则，明白阴阳太极思想。但无论过程或结果，仍然不足以画出先天八卦。

二是研究河图与洛书，明白对待的原理，进而理解交易与变易相摩相荡的原则。这一点很重要，因先天八卦更重对待，没有数的概念，是不可能完成的。更进一步从方法论的角度，得到对待简易之理，但也是质的问题，尚没有说到形的表现，仍不足以画出八卦。

最后必须说到形的问题。就是通过形而下的器，进而到达形而上的道的过程，也就是不易的道理。伏羲时代，按袁珂先生的分析，已经有了原始宗教。中国的宗教，讲人与宇宙的沟通，不讲基督唯一，天主唯一，真主唯一，连佛教的禅宗到中国后，也是讲明心见性而非见佛。所以，中国的宗教精神，更讲形而上的道。这是很独特的一种文化现象。有宗教，就有祭礼，则不论后世儒家祭礼，有站，有趋，有行，有拜，有念，有颂，更有队形变化和祭品摆放的不同（中国各地，以乾隆年间的县志为例，几乎每志对儒家祭祀之礼均有记载）。道家按幡和超往生有供品摆放的不同和道士作法的不同。佛家密法，又有身、口、意的不同，单手印即上千种；而供曼荼，更有将天地、日月、山泽、风雷，一切心意、珍宝、鲜花等供养的仪轨。供法还有内八供、外八供和内外八供诸种不同。而唐密（由印度直接传入中国，以后又传入日本。不像现在一般意义上的密宗是由西藏传来。分别说来，就是唐密和藏密）中心的西安法门寺地宫，就是典型的曼荼罗中心，其修建形式，与伏羲八卦有异曲同工之妙。

综上所述，可以推想周文王、伏羲画卦，是在观察天地人事，明白太极阴阳的交易、变易之理，在见到河图、洛书并领悟数字对待的简易之理后，进一步在祭天地的各类原始宗教仪式中，领悟到象征的意义，以蓍草的数目变化来解答求卜者所要求解的问题，明白一切事物皆有客观存在的不易之理，使变易、交易和不易合一。人同此心，心同此理。从而寻找到了表现变易、交易和不易道理的八卦的排列和组合的最简洁的符号系统，使形而下的器，通过象征意义，进而上升到形而上的道。所以，先天八卦或后天八卦的每一卦或每一爻，可以是世间一事一物，又绝不是世间简单的一事一物，而是世间万事万物高度抽象后的形而上的道的表象，这就是太极八卦的真理。

# 周公其人与爻辞

周公姓姬名旦，是周文王姬昌的第四子，周武王之弟，他曾经协助武王伐纣灭商。武王病逝之后，周公当政称王，东征平定管叔、武庚等的叛乱，又分封诸侯，营建东都洛邑，制作礼乐，最后还政成王。为西周王朝的建立和巩固作出了杰出的贡献。《淮南子·氾论训》云："周公继文王之业，履天子之籍，听天下之政。"对他的评价是很高的。

周公提出，人不要只在水里察看自己的形象，还应当在民众那里察看自己的形象。他常让卿、大夫、士等各类人员"典听朕教"，听其教诲，并经常"克周文王教"。可见他对教育的重视。孔老夫子一生最敬仰、崇拜周公，这是最直接与主要的原因。在刑罚与教育的关系上，周公主张区别情况，具体对待，并施教化于前，量刑罚在后。他同时重视各种诰辞的撰写和传播，这是他致力于社会教化的一个重要内容。西周初年所发布的《大诰》《酒诰》《召诰》等都和周公有直接关系。他竭尽师保之责，一面辅佐成王治理天下，处理政务；一面又从各方面教育成王及其贵族子弟："君子所其无逸，先知稼穑之艰难乃逸，则知小人之依。"（《尚书·无逸》）周公既重言教，更重身教。他以勤勉为政，公而忘私等高风亮节著称。如其诫伯禽（周公的儿子）："吾文王之子，武王之弟，成王之叔父，我于天下亦不贱矣。然我一沐三捉发，一饭三吐哺，起以待士，犹恐失天下之贤人。

子之鲁，慎无以国骄人。"(《史记·鲁周公世家》)因此，"周公吐哺，天下归心"便成为传之万世的名句。此外，为使成王明确分官设职之道，宣《尚书·周官》；为戒成王怠忽政事，教其任贤使能，又作《尚书·立政》。可以说，周公又是中国行政学的开山祖师。

这就是周公其人的大致情况。

黄奇逸先生在其《历史的荒原》一书中指出，周公所处的时代，正是原始宗教发展的重大转折时期。这是很重要的观点。商纣正因为对酒神和酒文化的盲目崇拜，致使与酒相联系的宗教狂热超越了建立正常国家秩序所能包容的范围，促使了商朝的灭亡。周公继文王之业，就势必对原有与酒密切联系的原始宗教进行改革。在处理国家行政方面，周的法令规定，周人在祭祀之外的时间饮酒一次就要杀头。而对殷遗民的政策是三次之后杀头。他确实注重了教育的功用，但他认为这还不够。周公既是原始宗教祭祀及占卜的个中高手，又是国家祭祀活动的策划、组织与实施者，这就更迫切地需要一种新理论来支持印证并发扬光大他的行为方式，以消除殷商酒文化的不良影响。他总结了"以天为宗，以德为本；以祖为宗，以孝为本"的思想（这种思想，直到今天仍在民族心理中占据了重要的位置），并利用他掌管祭祀占卜的职务之便，调看查阅了过去尽量多的占卜记录，以具体事例分类，运用原有卜筮者留下的大量占卜与宗教祭祀用语（有很重的结绳记事痕迹），严格依据错、综、互、变的原理，补齐了《周易》三百八十四爻的爻辞，这也是《周易》难读难解的原因之一。《周易》到周公手上，才完成了经的文本。我们不应当小看了周公对爻辞的写作，这在《周易》的发展史上，确实是一次划时代的变革。因为在此之前的传承方式，只是口耳相传。所以周公运用卜筮语言（实际是有摄持功能的宗教文字），发明并在更广阔的空间和时间里，最早以系统文字的方式展现了伏羲与文王的思想。

至于我们今天读到的《周易》爻辞，却是经过孔子润色与修饰的，这是后话。

《周易》的传，也即"十翼"部分，因后出于《周易》的经文，而又与经文相互补充发挥，因而具有很特殊的地位与作用。所以，千百年来，一直为人们所关注。

# "十翼"与孔子

孔子作为儒家学派的创始人，不仅在于他开创了公开办私学的先河，更在于他（特别是晚年）以《诗》《书》《易》《礼》《乐》《春秋》传承上古文化，承担弘扬上古文化的使命，法则周公，努力光大儒家思想。至于"十翼"，则是他老人家公开学《易》的心得报告。

据曹尧德、杨佐仁、宋均平先生合著的《孔子传》记载，孔子在其童年时代，就在他母亲的教导下学习《易经》，后来又得其外祖父的传授。故孔子在 36 岁左右，得到他的弟子南宫敬叔的举荐与资助，外出参访求学拜见老子时，可以自豪地说："丘治《诗》《书》《易》《礼》《乐》《春秋》六经，自以为久矣。"（《庄子·天运篇》）孔子在这里用了一个"治"字，说明当时的孔子，自认为他对"六经"已有心得了。难怪他在作为长辈的老子面前说得很自豪。但《论语》有载："加我数年，五十以学《易》，可以无大过矣。"而《史记·孔子世家》亦有载："（子）曰：'假我数年，若是，我于《易》则彬彬矣。'"这又说明孔子自认为他对《易》的研究，还有不完备的地方。其实这也不完全是自谦之词，一是孔子周游列国失败的人生经历；二是孔子所作"十翼"中的《序卦传》说六十四卦的排列顺序，就颇有牵强的地方。

犹如人们所说的"开车越久，胆子越小"一样，孔子到晚年，反而更慎于《周易》。或者正因为孔子这种敬慎的态度，成为后世学者提出疑点的口实。集中到一点，就是孔子是不是作了"十翼"的问题。

最先提出这个问题的人是欧阳修。概括说来，欧阳修认为自《系辞》《文言》《说卦》而下，都不是孔子所作。其根据是："众说淆乱，亦非一人之言也。"这是从文字发现问题，而圣人作《易》的三种方法，似乎不统一，则是内容上的问题。他还从《文言》《系辞》的行文口气上看出了问题："'何谓''子曰'，讲师言也；《说卦》《杂卦》，筮人之占书也。"但欧阳修仍相信《彖》《象》为孔子作。

欧阳修之后，有赵汝谈曾著论辩孔子作"十翼"之说；到了清朝，又有姚际恒著《易传通论》，都抱着同样的见解。虽然他们的著作后来失传

了，但影响并没有完全消除。再后来，有冯友兰先生，他从思想方面考证《易传》（即"十翼"）并非孔子所作。他从《论语》论天的语录如"获罪于天，无所祷也"（《论语·八佾》）等说明，《论语》中孔子所说的天，完全是一个"主宰之天"，是一个有意志的神灵。这样的主宰之天，在《易象》《易象》中，却完全没有地位。如"天行健，君子以自强不息"等。这样一来，按冯友兰先生的安排，《论语》与"十翼"当然自相矛盾，更绝非一人所作。假如《论语》确属孔子语言，则"十翼"自然不是孔子所作了。正如冯友兰指出的那样："一个人的思想本来可以变动，但一个人决不能同时对于宇宙及人生持两种极端相反的见解。如果我们承认《论语》上的话是孔子所说，又承认《易象》《象》等是孔子所作，则我们即将孔子陷于一个矛盾的地位。"（《燕京学报》第二期，《孔子在中国历史中的地位》）

再接下来，是李鼎祚先生依据以上论述所作的引申与发挥："《论语》一书，是我们相信为考究孔子言行思想最可靠的文献。《论语》所记孔子对于天的观念是'主宰之天'，而《易象》《象》等则否。我们有什么方法可以把它解释得通，说是一个人的思想呢？孔子讲'仁'道，虽然用的是'对症下药'、'因人施教'的方法，有各种不同的说法，但孔子对于天的观念却是发于他'内心的信仰'。他的信仰既如此，难道他又因为什么作用而著《象》《象》《系辞》等，说些与自己信仰不符的话吗？断无是理。事实可证，何从附会！后人因为尊信孔子，反陷孔子于'二重人格'了。现在我们可以干脆地说了，孔子并未作过《易》传。说'孔子传《易》'的，出于后人的附会。其始造成孔子作'十翼'之说的，有他们的动机与作用；后人相信'孔子传《易》'之说，也有他们的迷信的尊孔的好古的背景。"

更有当代研习文学，特别是研习汉赋诸先生，从汉赋文字排列形式，将《论语》与"十翼"比较，说"十翼"是汉代人所作，当然就不可能是孔子作"十翼"了。

以上各家的论述，都有一定的道理，但可惜都没能把握问题的关键。另有许多学者不同意这些看法。我们从以下四个方面加以阐述：

1. "十翼"通汉赋说

诗、词、歌、赋，无不因韵而贯通。章太炎先生在其《国学演讲录·小学》中说："汉人用韵甚简，而六朝渐繁，即汉前人用韵亦比汉朝为繁。如孔子赞《易》，老子著《道德经》，皆协韵成文。至汉人之诗，用韵尚谨严，赋已不甚谨严；若焦氏《易林》，用韵亦复随意；他若《太史公自序》之目，及《汉书》之述赞，用韵更不严矣。""欲明音韵，今音当以《广韵》为主；古韵以《诗经》为主，其次则《易》赞、《楚辞》以及周秦人之韵文。"也就是说，孔子时代用韵，与汉代根本不同。其"十翼"用韵，亦与汉赋根本不相通。哪里可能是汉人作"十翼"呢？再有，如《杂卦传》："乾刚坤柔，比乐师忧；临观之义，或与或求……"是典型的杂韵诗，唐代诗人李白用过，汉代的诗人却没有用过。所以，汉人撰"十翼"之说，是站不住脚的。

2. 看待"天"的问题

这个问题，要从孔子"有教无类"和"因材施教"说起。

孔老夫子"自行束脩以上，吾未尝无诲焉"，说明他"有教无类"的教育思想。也就是说，只要以相宜的形式，表达了愿意拜孔子为师学习的，孔子都给予了教诲。另一方面孔子又说："不愤不启。"是不是孔老夫子又不愿意教育学生呢？不是的。孔子教人，既"有教无类"，更"因材施教"，并因不同时间和场合有所变通。孔子教育子路和子夏事父母的方式不同，在于子夏与子路的个性差异很大。此外，孔子所传的《孝经》，其对父母尽孝的方式大不一样。有平民百姓的孝，有士人（读书人）之孝，有士大夫（政府官员）之孝，还有天子之孝。都是人之父母，都是人之儿女，为什么孝有多样呢？孔夫子教育学生，会根据不同环境、不同对象，选择不同的教育方式，确定不同的教育目标，从容实施教化，这正是孔夫子伟大的地方。

关于天，孔子就有几种不同说法。根据杨伯峻先生的研究，在《论语》一书中，提到"天"字有十八次，其中孔子自己说的有十二次半。在这十二次半中，既有上文提到的主宰命运之天，也有自然之天，如："天何言哉！四时行焉，百物生焉。"（《论语·阳货》）"巍巍乎唯天为大。"（《论语·泰伯》）在这些地方，孔子所说天的含义，与他在《易传》中所说的有什么区别呢？

3. 人称问题

章太炎先生的论述最为直接。章先生在其《国学演讲录·经学略说》中明确指出："秦始皇焚书，以《易》为卜筮之书，未之焚也。故自孔子传商瞿之后，直到田何，中间未尝断绝。……欧阳修经学疏浅，首疑《系辞》

非孔子作,以为《系辞》中有'子曰'字,绝非孔子自道。然《史记》自称'太史公曰',太史公下腐刑时,已非太史令矣,而《报任少卿书》犹自称太史公;即欧阳修作《秋声赋》亦自称欧阳子。安得谓《史记》非太史公作、《秋声赋》非欧阳修作哉!商瞿受《易》之时,或与孔子问答,退而题'子曰'字,事未可知,安得谓非孔子作哉!欧阳修无谓之疑,犹不足怪,后人亦无尊信之者。"说《史记》有"太史公曰",《秋声赋》有"欧阳子曰",孔子"十翼",为什么不能有"子曰"?真是一语破的。

4.《史记》《汉书》都说孔子为《周易》作"传",是不是无稽之谈

绝不是的。这个问题,刘大钧先生在其《周易概论》中已有完整的论述。照引如下:

因为孔子离汉初不过两百多年的时间,像司马迁、班固那样对史料认真负责的人,绝不会凭空编造,他们一定言之有据。《史记·仲尼弟子列传》及《汉书·儒林传》中曾详细列出了由孔子传《易》的师承关系名单,从这两张名单上看,其中虽稍有不同,但他们师承授受,都是传至当时的西汉人田何。汉人最重师承关系,如无一定的根据,班固等怎能编造……像孔子这样的人,特别是到了晚年,在周游列国四处碰壁之后,潜心于《周易》"而为之传",这也是合乎情理的事。故《史记》《汉书》说孔子为《周易》作传,一定是言之有据的事实。孔子只是像删《诗》一样,对此进行了整理。一向主张"述而不作"的孔子,对这些古人《易》注,可能也作过口头阐释,故《史记·孔子世家》说:"中国言六艺者,折中于夫子。"这话应该是有根据的。

以上论述可以说明,《周易》"十翼"确属孔子一生中研习《周易》的心得所在。不仅如此,孔子还对周公所系爻辞作了修改与润色工作,"韦编三绝"(穿经书的牛筋索子断了多次)的典故就从此来。

5. 孔子对《周易》做过文字润色工作

关于孔子对《周易》做过统一的文字润色的问题,陆侃如先生在《论卦爻辞的年代》一文中说:"卦爻辞中有一种特殊的语法,便是'如'字,这个字的特殊用法,在先秦古籍中,只有《论语》里有相同的例证。"今列表如下:

#### 《易》卦爻辞

1. 屯如，邅如，乘马班如。（屯卦
   六二）
   乘马班如。（屯卦六四）
   乘马班如，泣血涟如。（屯卦上六）

2. 厥孚交如，威如。（大有卦六
   五）

3. 贲如，濡如。（贲卦九三）
   贲如，皤如，白马翰如。（贲卦
   六四）

4. 突如，其来如，焚如，死如，
   弃如。（离卦九四）


5. 晋如，摧如。（晋卦初六）
   晋如，愁如。（晋卦上六）

6. 有孚，威如。（家人卦上九）
   萃如，嗟如。（萃卦六三）
   有孚，挛如。（中孚卦九五）

#### 《论语》

1. 始作，翕如也；从之，纯如也，
   皦如也，绎如也，以成。（《八
   佾》）

2. 子之燕居，申申如也，夭夭如
   也。（《述而》）

3. 有鄙夫问于我，空空如也。（《子
   罕》）

4. 恂恂如也……侃侃如也……訚訚
   如也……踧踖如也……与与如也
   ……色勃如也，足躩如也……襜
   如也……翼如也……鞠躬如也
   ……（《乡党》）

5. 子路行行如也，子贡侃侃如也。
   （《先进》）

6. 君子于其所不知，盖阙如也。
   ……切切偲偲，怡怡如也。（《子
   路》）

陆先生认为："这如字用法相同，并不是偶然的。"当然，这是正确的。

在这个问题上，从金甲文入手，进而探讨古文化哲学结构的黄奇逸先生，在其《历史的荒原》一书中指出，"如"字的大量运用，除了有一些时代风格外，还有极浓郁的"孔子风格"。除《论语》外，在《仪礼》与《礼记》中，所引孔子的语言，用"如"字也与《论语》同。

陆先生还举了《周易》语言与《诗经》语言的一些关系：

|《易》卦爻辞|《诗经》|
|---|---|
|1. 或跃在渊。（乾卦九四）|1. 或潜在渊。（《鹤鸣》）<br>潜逃于渊。（《四月》）|
|2. 其血玄黄。（坤卦上六）|2. 我马玄黄。（《卷耳》）|
|3. 大君有命。（师卦上六）|3. 我闻有命。（《扬之水》）|
|4. 既雨既处。（小畜卦上九）|4. 既优既渥，既沾既足。（《信南山》）|
|5. 其亡！其亡！系于苞桑。（否卦九五）|5. 其雨！其雨！（《伯兮》）<br>集于苞桑。（《鸨羽》）|
|6. 大车以载。（大有卦九二）|6. 大车槛槛。（《大车》）|
|7. 观国之光。（观卦六四）|7. 邦家之光。（《南山有台》）|
|8. 王用出征……获匪其丑。（离卦上九）|8. 王于出征。（《六月》）<br>执讯获丑。（《采芑》）|
|9. 受兹介福。（晋卦六二）|9. 报以介福。（《楚茨》《甫田》）|
|10. 君子于行。（明夷卦初九）|10. 君子于役。（《君子于役》）|
|11. 妇子嘻嘻。（家人卦九三）|11. 以其妇子。（《甫田》《大田》）|
|12. 饮食衎衎。（渐卦六三）|12. 嘉宾式燕山衎。（《南有嘉鱼》）|

这就足以说明，孔子对周公所系爻辞做了统一润色的工作。

## 《易》学发展的概况

我们在前文中说到，学习、研究《周易》的人确实太多了，可说是代代不乏其人。几千年来，数千家的注《易》者以及更多的学《易》者，把《易》学不断推向前进。

《周易》在孔子之后，并没有弘传开去，其接受孔子传承的弟子亦未能从哲学的高度将《周易》发扬光大，更多的是以"术"的形式，代代相传，保持了传承而已。相传孔子过世以后，他的弟子子夏讲《周易》学，没有多久，学生就跑得差不多了。根本的原因，是子夏占卜不准，这又从一个侧面说明当时学《易》者，更想掌握占卜的原理和方法。正因为这样，《周易》得以逃脱秦始皇"焚书坑儒"的大火，又是不幸中的大幸了。

按照《史记》和《汉书》的记载，孔子将《易》学传给了学生商瞿和子夏，而后商瞿这一系经过几代传承，在汉代时到了田何手上。《史记》和《汉书》的记载稍有出入，但都说《易》传到了田何手上。田何很重传承，故重本源研究，走的基本上还是孔子的旧道路。他的弟子以下，就加强对象数的阐发了。

自田何以下的《易》学，已分为四派，它们的代表人物分别是梁丘贺、施仇、孟喜和费直。这四个人都为《易》学的发扬光大做出了开创性的努力。起初的时候，要说他们四人的本事，大概也差不多。到后来，差异就出来了。他们中间最突出的是孟喜。孟喜比他同时代的另外三个人能干，是因为他收了一名叫焦赣的弟子，焦赣的本事就直追他的老师孟喜。而焦赣又收了一个名叫京房的弟子，从《史记》记载看，京房的本事超过了他的老师焦赣，很可能其真实水平也超过了他的师爷孟喜。所以直到现在，凡论述汉代《易》学的人，几乎不得不提起他们的名字。

据《汉书》所载，孟喜，字长卿，东海兰陵人。《艺文志》有孟喜《周易章句》两篇，《周易灾异》十一篇（今已亡佚）。因孟喜对卦气颇有研究，又有孟喜卦气之说。京房，东郡屯邱人，《汉书》载有《京房易传》十一篇，《七录》有《京房章句》十卷。后来《隋志》中很多假借京房占卜的书，多从《京房章句》中来。京房不幸早死，但传有弟子虞翻。《隋志》有《虞翻周易注》九卷、《易律历》一卷、《周易集林注》一卷等。

费直而下，有弟子马融，授徒数千人（他发明并灵活运用先进带后进的教学方法，对后世的影响广泛而深远）。他的门下，有郑玄、卢植等人，郑玄有《郑玄周易注》十二卷。

东汉有魏伯阳，发挥十二辟卦之理，著《周易参同契》，论述丹道修炼之法，其书后来成为道家修炼内丹的重要典籍。

三国时期，有著名《易》学家王弼，注《周易》上下经六卷、《周易略例》一卷，对孟喜、京房等象数之学提出质疑和反驳。就是后人所说的"王弼扫象"。

此外，早在西汉末期，有四川成都的文学、经学大家扬雄，作《太玄

035

经》。有人认为，这是把另外一套传承体系的《易》学公开了。

在两晋时期，学人多为《周易》作注，却没有什么大家。

北魏时，四川成都有《易》学大师卫元嵩，博通经史，深研老庄与《易》学，中年以后出家修道，著有《元包经》。这有可能是失传了的《归藏易》的另一表现形式（邹学熹先生非常推崇这部书，在其主编的《易学精要》中，对《元包经》作了专门的介绍）。

唐代有孔颖达和李鼎祚，孔作《周易正义》，李作《周易集解》，都为一时之选，基本上代表了唐代《易》学的水平。另有医学大家孙思邈，著有《千金要方》和《千金翼方》，有药王的美称，不仅儒、释、道三教通达，更贯通《易》学与医理。唐代更值得一提的是佛家居士李通玄（又称李长者）先生，著《新华严经论》《华严修行次第决疑论》等，以《易》学印证佛学，以佛学阐明《易》道，为《方山易》的创始人。后来，《方山易》主要在佛门流传，现在四川的成都地区，尚有《方山易》的完整传承。

宋代《易》学发展较大，可说是《易》学中兴的时期。现在中国公认的思想史上的二程一朱（程颐、程颢和朱熹）就是通过对《易》学和佛学，特别是禅宗理论的研习而开创理学先河的。程颐著《太极图说》等，程颢有《语录》传世而无专门《易》学著作，朱熹有《周易本义》及《易学启蒙》等，对后世影响较大。宋代最具传奇色彩并实证《周易》的是陈抟（号希夷先生），有《河洛理数》等著作传世，有邵雍等弟子显世。

金元时代，《易》学发展不大。到明朝时，出了一个《易》学大家，他就是四川梁平（今重庆梁平）的来知德（号瞿唐）先生，他在没有老师传授，又没有多少参考书籍的情况下，以忠实、真诚的人生态度，以坚韧不拔的顽强毅力，在为其父母守孝后，居住深山勤学深思，既不像京房等偏重象数，又不像王弼等偏重义理。因精诚所至，不仅将前人的成果重新发明一遍，更将《周易》的理、气、象、数熔为一炉，把错、综、互、变之法运用到具体的卦辞，并以29年时间，写成《周易集注》十六卷，影响至今。

接下来，是医学大家张景岳，著《类经图翼》十一卷，《类经附翼》四卷，把医、《易》之说较完整地结合在一起，对后世医家影响极大，其受八卦启发而设定的"攻、和、补、泻、寒、热、固、因"八法，弥补了伤寒八法的不足，为后世医家所推崇和沿用。

清代有顾炎武、黄宗羲、王船山诸大家，拓展了《易》学路数。《周易》就这样一路发展下来，直到现在。

# 孟喜与"篡改师法"

汉代是《易》学发展的重要时期。在汉武帝罢黜百家、独尊儒术之后，《周易》因其包含了朴素唯物辩证法思想及其理、气、象、数的内涵，加上孔子学说，特别是孔子所作"十翼"的空前传播，也因儒生们的直接参与政治，儒学地位得到提高，遂被尊为"群经之首"。这样，《周易》既被列于学官，对《周易》的解说也就成为显学，极大地促进了《周易》的研究与传播。

按照《史记》和《汉书》的记载，《周易》经六世传至齐人田何。田何以下，在汉代有一支重要的传承系统，即田何传丁宽→田王孙→孟喜→焦延寿（字赣）→京房。因为这一支传承系统，使《周易》的研究往象数方面前进了一大步。也因为太重象数，难免轻视义理，所以有王弼后来对义理的振兴。

在前面提到的传承体系中，首先要说的是孟喜，他有个篡改师法的问题。

《汉书·儒林传》有载："孟喜，字长卿，东海兰陵人。父号孟卿，善为《礼》《春秋》，授后苍、疏广。世所传《后氏礼》《疏氏春秋》皆出孟卿。""孟卿以《礼经》多，《春秋》繁杂，乃使喜从田王孙受《易》。喜好自称誉，得《易》家候阴阳灾变书，诈言师田生且死时枕喜膝，独传喜，诸儒以此耀之。同门梁丘贺疏通证明之，曰：'田生绝于施仇手中，时喜归东海，安得此事？'又蜀人赵宾好小数书，后为《易》，饰《易》文，以为'箕子明夷，阴阳气亡箕子；箕子者，万物方荄兹也。'宾持论巧慧，《易》家不能难，皆曰'非古法也。'云受孟喜，喜为名之，后宾死，莫能持其说。喜因不肯切，以此不见信。喜举孝廉为郎，曲台署长，病免，为丞相掾。博士缺，众人荐喜，上闻喜改师法，遂不用喜。喜授同郡白光少子、沛翟牧子兄，皆为博士。由是有翟、孟、白之学。"

从以上记载了知，孟喜出生在书香门第，家学渊源也较深，接受他父

亲的安排，成为田王孙的学生。他有个喜欢自吹自擂的毛病。一次他得到一本用《周易》讲天地阴阳灾变的书，于是大吹特吹，说这本书是他的老师田王孙临终时躺在他膝盖上作枕头用的，所以只传给了他一个人。既是密传，又是独传，当然他的本事，犹在同门师兄弟之上。没想到他的同门师兄梁丘贺揭穿了他的骗局，指出田王孙死时，仅同门师弟施仇在他身边，当时孟喜回东海老家去了，哪里会有这样的事呢？又有蜀地学人赵宾，将《周易》中的卦爻辞乱讲一通，并说这是孟喜教给他的。孟喜想提高自己的知名度，没想到反而搬起石头砸了自己的脚。以至于后来博士官缺人，又得到很多人的推荐，因其篡改师法，终不得皇帝任用。但孟喜确实也有才学，虽然他没有能做成博士，但他的两个学生后来都是博士。可惜的是，孟喜本人关于《周易》的著述没有流传下来，我们只能从一些零碎的史料推断他的学术思想的要点与影响。

后来唐代的一行和尚，在其《卦议》中有这样的说法："十二月卦，出于孟氏章句，其说《易》本于气，而以人事明之。"显然和尚是没有轻视孟喜的。说孟喜在《周易》的理、气、象、数四部分内容中，特别重气机的运转，把《周易》象数的思想扩展到四季十二月的天气变化中，并以人事加以说明。

十二月卦，也称十二辟卦，表现出卦爻阴阳的变化与一年中阴阳之气的消息盈虚密切联系，即复、临、泰、大壮、夬、乾、姤、遁、否、观、剥、坤十二卦，分别对应一年中的十一月、十二月、正月、二月、三月、四月、五月、六月、七月、八月、九月与十月。

我们不要小看了这十二辟卦，它不仅形象地展现出一年中阴阳之气的盈虚变化，并在《周易》卦爻的阴阳变化中找到了对应的关系，首开象数派的先河。这种研究《周易》的方法，传到孟喜的再传弟子京房时，就大放异彩了。

不仅如此，唐代的一行和尚受其启发，制作了详细又简明的卦气图，将《周易》象数之理，直接运用于天文的研究。魏伯阳受十二辟卦的启发，撰写出道家内功修炼的宝典《周易参同契》，又影响到全真教派内功修炼。当代《易》学家刘子华，受十二辟卦的启发，大胆设想太阳系各行星间的对应关系，加上高等数学的工具，推导出太阳系第十颗行星的存在，使中国古老的《周易》与现代科学结合，焕发出动人的光彩。

回到主题，孟喜改师法的方式并不可取，但改师法的内容，仍有它的历史价值与历史意义。

# 短命的京房

接下来讨论孟喜的再传弟子京房。他在发挥《易》的象数体系，依据八卦卦序的基础，改进孟喜的卦气结构的同时，充分吸取《说卦》《礼记·月令》及《淮南子·天文训》等的精华，把《周易》六十四卦与五行学说、气候变化、古天文学等有机组合，交相构成一个庞大的宇宙数学模型或世界图示，成为《易》学发展史上第一位将五行学说等援引入《易》的大家，对后世产生了极其深远的影响。

作为西汉时期著名《易》学家，京房在其太老师孟喜的卦气理论的基础上，一是对卦气学说作了更充分的发挥。"分六十四卦，配三百八十四爻，成为一千五百二十策，定气候二十四，考五行于运命，人事天道日月星辰易于指掌。"（《京氏易传》）二是建立了八宫卦的结构。这一点，当然受孟喜十二辟卦的影响，他把八宫分别系了八卦，分为上世、一世、二世、三世、四世、五世、游魂、归魂八种（现在背诵六十四卦的口诀即从此来）。三是以五行配《易》卦，用以解说《周易》。包括五行配六十四卦，五行配八纯卦，五行配爻位等。四是以阴阳辨灾异，进而明人事。他认为卦爻象的变化源于阴阳之气的变化，决定着人事的吉凶，并提出了阴阳变化的多种形式和阴阳变易的观念。五是创立纳甲学说。所谓："分天地乾坤之象，益之以甲乙壬癸。震巽之象配庚辛，坎离之象配戊己，艮兑之象配丙丁。八卦分阴阳，六位配五行，光明四通，变配《易》立节。"（《京氏易传》）从而把《周易》象数之学推向了新的阶段，影响到后世治《易》的多个层面。我国著名学人唐晏在《三国两汉学案》中说："《易》之有《京易》，犹《诗》之有《齐诗》也。其说初以阴阳五行说《易》，后遂纯以占验说《易》。故东汉一代，《京易》大行，以其说近于谶纬也。故东汉凡以明《易》者，多方术之士。至此而《易》道且为别传矣。"

以上说到京房对《周易》研习的种种贡献，其成就是很不简单的，但京房的人生际遇却是以悲剧告终。他既因精于《周易》而成名，又因精于

《周易》而做官，最后终于因《周易》而招致杀身之祸，刚好在他41岁的壮年。

京房本来不姓京，而是姓李。因为京房自认对《周易》的研习有所成就后，大约相当于现代人所说的行业习气，就更加迷信他自己创建的《周易》新体系，"推律自定为京氏"（《汉书·京房传》）。按他自己的新体系推论，他应该姓京，于是有京房这个姓名。

《汉书·京房传》有载："京房君明，东郡顿丘人也。治《易》，事梁人焦延寿。延寿字赣。赣贫贱，以好学得幸梁王，王共（供）其资用，令极意学。既成，为郡史，察举补小黄令。以候司先知奸邪，盗贼不得发。爱养吏民，化行县中。举最当迁，三老官属上书愿留赣，有诏许增秩留，卒于小黄。赣常曰：'得我道以亡身者，必京生也。'其说长于灾变，分六十四卦，更直日用事，以风雨寒温为候，各有占验。房用之尤精。好钟律，知音声。初元四年以孝廉为郎。永光、建昭间，西羌反，日食，又久青亡光，阴雾不精。房数上疏，先言其将然，近数月，远一岁，所言屡中，天子说之。数召见问，房对曰：'古帝王以功举贤，则万化成，瑞应著，末世以毁誉取人，故功业废而致灾异。宜令百官各试其功，灾异可息。'诏使房作其事，房奏考功课吏法。上令公卿朝臣与房会议温室，皆以房言烦琐，令上下相司，不可许。上意响之。时部刺史奏事京师，上召见诸刺史，令房晓以课事，刺史复以为不可行。唯御史大夫郑弘、光禄大夫周堪初言不可，后善之。……"

从以上记载可以看出，京房从老师焦延寿学习《周易》有成，既有老师的赞赏，又因举孝廉，具备了相应的社会地位。举孝廉在汉代是很难的，大概一方面沾了老师的光，另一方面京房个人的才学确也有过人之处。

就是在这种情况下，京房当然要走学而优则仕的路。他以自己的理论，推测天地之间的灾变（实际是天气变化和日食等一些自然现象）而直接上书给皇帝，因其准确性很高，得到皇帝的喜爱和信任，并多次召见他。这就促成了京房人生的转折。他想通过皇帝和皇权的力量，把他关于《周易》的研究成果直接运用到政治人事上，而且也得到了皇帝的认同。其起心虽好，但要真正推广也是不现实的。据《汉书·京房传》记载，他的这种主张，虽得到皇帝的认同，却遭到了众多大臣的反对。更因拥戴京房的张博在淮阳王面前力荐京房而贬低中书令石显，而又事机不密；加之京房等推荐的人又威胁到当朝权贵，就使事情更加复杂化了。于是，有石显等向皇帝推荐京房为郡守，理由也很充分，可以试验他的考功法。皇帝也就同意京房作魏郡太守，"居得以考功法治郡"。结果是可想而知的，京房借助的是皇帝的力量，远离了皇帝，又何从着力呢？最后，终于以诽谤政治，归恶天子，诖误诸侯王，与张博通谋造反的罪名被杀头。

宋代司马光在编著《资治通鉴》时，对京房之死感慨良多："人君之德不明，则臣下虽欲竭忠，何自而入乎？观京房所以晓孝元，可谓明白切至矣，而终不能寤，悲夫！"司马光为后世的帝王子孙写教科书，当然要从帝王那里找原因，并指出其根本原因是"人君之德不明"，即皇帝老子昏庸。当然道理是深刻的，但有一点司马光没有说到，这就是京房自身的错误。错就错在京房以天地灾异，说他自己的政治主张。这是他短命的更深层原因。

在中华民族的发展史上，儒、释、道、医各家，都是不讲也是不赞成讲灾异之说的。这个传统大概源于周公制作礼乐，并致力于祖先崇拜以反对鬼神崇拜，"敬鬼神而远之"的思想。自伊尹、周公而下历代名相如萧何、房玄龄、赵普等均不讲灾变。纵观《廿四史》，凡灾异之说，都每每在社会动荡与转型时期出现，与一些极不正常的人事现象联系在一起。可以说是历史的经验。

所以，兼有《易》学家、思想家、政治家三重身份的京房，不能逃脱短命的命运，想是能给我们一种《周易》以外的人生启示吧！

# 王弼与"王弼扫象"

因为孟喜、京房等对象数的发挥，《周易》就更加神奇，再向后发展，也就失之偏颇，神秘色彩更重；其研究的方法，也就更加琐碎。象数之学遂成为汉代研习《周易》的主导流派，不仅为学人士子、平民百姓所接受，更为统治阶级所承认与利用，如汉光武帝刘秀就特别迷信谶纬，更成为他参加推翻新莽政权和登上皇帝宝座的精神动力。这样，既有孟喜、京房的努力，加上后来谶纬的发展，《周易》的义理越是不显，影响到后世，《周易》在《四库全书》中被列入术数类，与占星术、择吉术、风水宅术等并

列在一起，确实是很悲哀的事情。这就是汉代《易》学的流弊。

这种流弊，迫切需要有人站出来纠正它，使对《周易》的研习与应用走到中正的道路上来。

这个人就是王弼。《三国志·王弼传》有载："弼好论儒道，辞才逸辩，注《易》及《老子》，为尚书郎，年二十余卒。"他采用了"乱世用重刑"或"重病下猛药"的办法，彰明义理，横扫象数。他在《周易略例》中指出："夫象者，出意者也；言者，明象者也。尽意莫若象，尽象莫若言。言生于象，故可寻言以观象。象生于意，故可寻象以观意。意以象尽，象以言著，故言者所以明象，得象而忘言；象者所以存意，得意而忘象。"这就是所谓的"王弼扫象"。

这里，王弼明确地指出，所谓的象，只是存"意"的工具，得到了"意"何必还要死守着这存意的工具呢？他形象地指出："犹蹄者所以在兔，得兔而忘蹄。筌者所以在鱼，得鱼而忘筌也……忘象以求其意，义斯见矣！"其论述是很深刻的。

印度的智者释迦牟尼在《金刚经》中也说过："汝等比丘，知我说法如筏喻者，法尚应舍，何况非法。"他的比喻更简单，过了河，人何必还要死守着船，或者何必在上山时要背着船呢？所以，邹学熹先生在其《中国医易学》中指出："我认为王弼没有扫象，因为他强调了要从象以明意，只是说会意之后不必受象的拘泥。再说汉人言象数，主要在寻求《易》学包含的研究事物的各种方法或规律是如何产生的和怎样运用的。当时确有一些研究象数的人，把《易》学引入玄虚和烦琐之中了，王弼起而补偏救弊，这应该是一个进步。"作为二十四岁就因病过世的年轻学人，取得这样的成绩，确实是难能可贵的。或许由于他的早逝，他的学术见解仍有不足的地方，这个地方就是"失之于粗"。如《三国志》裴松之注引孙盛曰："《易》之为书，穷神知化，非天下之至精，其孰能与于此？世之注解，殆皆妄也。况弼以附会之辩而欲笼统玄旨者乎？故其叙浮义则丽辞溢目，造阴阳则妙颐无闲，至于六爻变化，群象所效，日时岁月，五气相推，弼皆摈落，多所不关。虽有可观者焉，恐将泥夫大道。"

由此可见，不论时空中一事一物或万事万物，凡有体，则有象和用。单纯求象或求用，犹如阴阳各占一半，都是不够全面的。不仅孟喜、京房不够全面，王弼亦不够全面。

结论是：不论只重象数还是只重义理，都是不全面的。唯有全面地理解和把握《周易》所包含的理、气、象、数，才是研习《周易》最直接与稳便的道路。

# 来知德与理、气、象、数的融通

前文说到，因孟喜、京房的努力，《周易》象数之学大盛，而流之烦琐；王弼广宣义理而横扫象数，加之中国人有尚简的传统习惯，自是而后，注《易》诸儒皆以象失传，不言其象，只言其理。另外的如陈抟等传下来的有关象数之学多归于道家；李长者《方山易》的有关象数传承则囿于佛门。又因世间象数不显，对《周易》义理的阐释或失之于小，或失之于偏，影响到千百年来《易》学的研究。

这样的历史背景，终于导致了一个著名《易》学家的产生，他就是四川的来知德。

来知德，字矣鲜，号瞿唐，四川梁平（今重庆梁平）人。来先生出生于明嘉靖四年，儿时聪颖过人，但不幸自小患有癫痫病。癫痫病不仅在当时，即使在科技相对发达的今天，仍是很难治愈的疾病。每至病发，不唯父母痛心，其病痛之苦对他身体的种种折磨都是很大的，加上因病苦而导致的精神压力，伴随了他整个童年与少年时光。于是他以读书打发时光，以读书自娱，以读书对抗他与生俱来的疾病。二十多岁的时候，他在一天清晨，突然梦见自己独立于巫山十二峰的峰顶，身心踊跃欢愉。自此以后，癫痫病竟痊愈了。他于是以十二峰为道号，更加勤奋地研究经史，从而翻开了他人生崭新的一页。壬子年秋试，他以《礼经》夺冠于蜀中，旋赴京试。两次京试，结果都不及第，复又梦见他独立于巫山十二峰之上，醒来之后感悟道："巫峰乃川水汇归，峰多秀拔，文章之征，非富贵之征也。"从此断了科举之心，这是他后来在《易》学研究中独树一帜的最初因由。

如其自述云："德生去孔子二千余季，且赋性愚劣，又居僻地，无人传授，因父母病侍养未仕，乃取《易》读于釜山草堂。六季不能窥其毫发，遂远客万县求蹊深山之中，沈潜反复，忘寝忘食有季。思之思之，鬼神通之。数季而悟伏羲、文王、周公之象。又数季而悟文王序卦、孔子杂卦。

又数季而悟卦变之非。始于隆庆四季庚午，终于万历二十六季戊戌，二十九季而后成书。"（《易经来注图解·自序》）这就是说，来先生是在既没有老师传授，又没有多少参考书的情况下，凭着自己忠实与真诚的人生态度，"思之思之，鬼神通之"，终于打破了《周易》研究的跛脚现象，遥接"四圣"的衣钵，完成了他著名的《周易集注》16卷，把理、气、象、数熔为一炉，从而向世人公开了"四圣"隐藏在《周易》文字和图像中的更多秘意。

这里有一个问题，就是来知德是如何凭借个人的努力贯通《周易》的。说起来也很简单，他在习《易》之初，没有，也没有办法读更多参考书，只能忠实于《周易》的经和传，采用了以经解经、以经解传、以传解传和以传解经的办法，加上深思参悟，终于如他所说，"思之思之，鬼神通之"。每几年就有一个大的进步，步步逼近《周易》的核心，进而融会贯通。从他的《周易集注》，特别是图像部分看，他是一步一步解悟的，包括一些前人已明白的图像，他也重新发明了一遍。不说他的才智与品行，他为彻底精通《周易》，而29年居住深山的毅力与苦功，今天的学人有几个做得到！

来先生一是认为，《周易》不假安排，正是造化之妙。如其《自序》云："既悟之后，始知《易》非前贤安排穿凿，乃造化自然之妙。一阴一阳，内之外之，横之纵之，顺之逆之，莫非《易》也。始知至精者《易》也，至变者《易》也，至于神者《易》也……"这样的《易》，于是能与天地同体，运化无穷无尽。

二是将理、气、象、数熔为一炉。如其批驳只讲理气者，曰："有象则大小、远近、精粗，千蹊万径之理咸寓乎其中，方可弥纶天地。无象则所言者止一理而矣，何以弥纶。故象犹镜也，有镜则万物毕照；若舍其镜，是无镜而索照矣。"

三是发挥错、综、互、变之理。来先生根据孔子《杂卦传》"乾刚坤柔，比乐师忧；临观之义，或与或求"，认为如乾（☰）为六实画，坤（☷）为六虚画，是阴阳相错的结果。而比（☵）与师（☶）本是一卦，上下相反去看便成两卦，这是错与综的道理。一至六爻，不论何爻一动，全卦性质即变，即是变的道理。一卦之内，一至四，二至五，三至六，可以重出三个互卦，又成两卦卦变的中间过程。这样，六十四卦就可只作三十六卦看（有乾与坤、坎与离等，只有错卦，没有综卦）。说到这里，附带说明一下，来先生的发挥，是依于孔子所作的"十翼"与经文的对照参悟出来的，走的是以经解经、以传解经的旧道路，与其他解《易》学派的见解都有所区别。

四是阐明中爻之理。他通过中爻之理，提出正位原则，对《周易》是很大的贡献。恰好与孔子所作《系辞》相互印证。如"若夫杂物撰德，辨是与非，则非其中爻不备……三与五同功而异位，三多凶，五多功，贵贱之等也。其柔危，其刚胜邪"。

来先生因其终生的努力，终于遥接"四圣"的衣钵，实证了他的梦境。他的学术与精神，从此真正独立于巫山十二峰之上。

# 我们应当如何看待《周易》

我们在前文中说到，仅《周易》成书就有四个历史上的圣人经长期努力才得以完成，又因历代研究者的旁通和发挥，所谓"易道广大，无所不包"。故《四库全书总目提要》说："《易》越说越繁。"加上文字古奥、经传不分及符号与文字结合等特点，再有太极图、河图、洛书等图书与《周易》经传交织在一起，使《周易》的体系既简单又复杂，很难给初学者一种清晰的导向。所以，现代人应当如何看待《周易》的问题，成为说明《周易》起源和流传不可回避的问题。历来众多的《周易》研究者，在不同历史时期，为我们提供了很多合情合理的说法，并促进了《周易》的研究和发展。但同时，正如我们在本书开篇中提到的，帝王将相、医道之士、士子学人、平民百姓以及江湖术士等，或从历史发展，或从哲学思想，或从医道原理，或从"术"的角度看待《周易》，众说纷纭，各执一端，实际上都难以达到尽善尽美，从根本上把握《周易》的精髓。我们认为，真正把握《周易》的精髓，进而运用它为我们认识世界和改造世界服务，就必须从人类发展进步的立足点看待学术，从而把《周易》所提供的思想方法，以及人生进步的参照体系，落实在生活实践中，这样学习和研究的方向才不会错失，立身处世的思想方法才不会发生偏差，人生的进步才可能变成现实。

胡邦炜教授在其《古老心灵的回音》一书中指出："在学术研究的上

端，高悬着人类的目的——社会的进步、文明的发展与人类自身的幸福。"所以笔者愿在历代前贤研究成果的基础上，提出如下的看法：

1. 《周易》为我们认识社会和改造社会提供了一种良好的思想方法

《周易》有理、气、象、数四方面内涵，有天圆地方的世界图示，又有太极图、河图、洛书等数理公式，这些都是认识社会、改造社会的重要工具。

《礼记·经解》曰："洁静精微，《易》之教也。……《易》之失，贼。"用现在的话说，一部《易经》好则好得不得了；坏呢，也很坏。这样，我们可以明白，正确运用《周易》的规律和世间其他规律，就要有正确的心态和正确的目标与方法，以利益众生为己任，从而打破私欲对心志的限制，行难行能行之事，使理、气、象、数合一，努力为国家和民族立德、立功、立言，如本光法师指明的正位凝命、正位知命、正位舍命，使一己的生命，在利益众生的大行实践中予以升华，走上觉悟生命与超越生命的道路。不然，就会走到自己愿望的反面，不仅害人，而且以害己而告终。

2. 《周易》为人生的进步，特别是人生实践提供了一个有益的参照系统

"知行合一"，"读万卷书，行万里路"，是中国哲学思想的重要命题。认知实践的目的，仅有思想方法还不够，更重要的还在于能身体力行，即如《华严经》所说的信、解、行、证。正确理解《周易》，也面临着这个问题。我们先看《史记·日者列传》的一段记载。文字的大意：

西汉时，占筮家司马季主在京城的闹市区长安街摆了一个卦摊，生意似乎也不错。有一天，名士贾谊和宋忠前去访问，对摆卦摊的司马季主说：卜筮这种东西，向来为人轻贱。我们看先生是很有学问的人，为什么现在干起这营生呢？听人说，凡从事占卜的人大多用夸张虚诞的语言来引诱世人，或谎称能升官发财以使人欢喜，或胡说灾难将至，使人恐惧，或诳言鬼神作祟以骗人钱财；他们总是向问卜者索取厚礼拜谢以满足自己的私利。所以，我们也感到这是个很低贱的职业。司马季主反驳说：当官之所以高贵，在于他们便利国家民众为务，"直道以正谏，三谏不听则退"，"非其任不处，非其功不受"。而今那些高官厚禄者们或拉帮结派、阿谀逢迎以求升迁，或妒贤嫉能，巧诈伪饰以"犯法官员，虚公家"，此犹"为盗不操矛、瓜者也"，"何以为高贵乎"？而所谓占卜，应该是法天地，象四时，劝人趋

吉避凶，教人仁义行世，又哪里不对呢？况且天不满西北，地不足东南，日中必移，月满必亏，先天之道，或存或亡，有时占卜不能应验是难免的。你们要求占卜要全部准确无误，"不亦惑乎"？

这就说到了问题的本质。《周易》讲天地日月的运行法则，虽以卜筮的外相而逃脱秦代的大火，但《周易》之学，又哪里是卜筮所能包含的呢？不仅如此，单就《周易》提供的人生参照体系，也绝不是卜筮之术所能包含的。

孔子云："乾坤，《易》之门邪（也）！"说明乾、坤两卦是全部《周易》的门户。我们采取以经解经，以卦解卦的方法，参以理、气、象、数，简单做个分析。乾卦象曰："天行健，君子以自强不息。"坤卦象曰："地势坤，君子以厚德载物。"即按照乾卦象的昭示，人就要自强不息，积极利生。天有春、夏、秋、冬四季变化，虽表象不同，其利生之理不改。人效法天的精神，就要努力报父母恩、师恩、国土恩和众生恩。犹如流行的说法："忠心献给国家，爱心献给社会，孝心献给父母，信心留给自己。"按照坤卦象的昭示，我们效法地的精神，就要以德业为先，难忍能忍，难行能行。土地最讲信用，所谓种瓜得瓜，种豆得豆，大信不二，真实不虚，生养万物，这就是厚德载物的要求。我们真能体会乾、坤两卦的精神，于内，以德养脏，修炼德行，使"贫贱不能移，富贵不能淫，威武不能屈"。对外，立志建业，以天下为己任，如范仲淹"先天下之忧而忧，后天下之乐而乐"。全心全意为人民服务，就掌握了乾、坤两卦的理和象，终生行持，人生自会忙而不乱，紧张而有秩序，即使危难之际也能从容不迫，这就是气。占有了理、气、象之后，进而能不以天下大乱而波动心志，不以群疑众难而丧失信心，不以权势利禄而改变其初衷，就占有了数。这个数，就是生数，不是死数。人生如此，理因此明，象于是显，气结果旺，数所以生。

这就是《周易》提供给我们的人生参照系。乾、坤两卦既明，另外六十二卦自然就昭彰不昧了。

047

# 第三章
## 阴阳五行与八八六十四卦
### ——《周易》的基本内涵

　　《周易》的文化内涵实在是太丰富了。它不仅有太极、五行、八卦和六十四卦，还有河图、洛书，《周易》方圆图及旁通义很多的十二辟卦等。从内在结构说，有错、综、互、变四要素的规定；从整体框架看，又有理、气、象、数四大柱石的支撑。这使得《周易》的宫殿不仅博大宏伟而且精微深奥。

　　于是，为踏进这座神奇的宫殿，历代学人几乎都经历了备尝艰辛的努力，历代先贤为使心得不付诸东流，又给后进的学人设计了种种方便的道路。扼要来说，对内要清楚错、综、互、变的规律与变化，对外要掌握理、气、象、数四大柱石的根本。果真是这样，则太极、五行、河图、洛书，自然成为演绎《周易》的基本公式。此时学习《周易》，自会左右逢源，并渐至圆融矣。

## 《周易》的理、气、象、数

　　所谓理、气、象、数，概括而言，即主宰者理，流行者气，对待者数，现诸形色者象。

　　从太极图来说，阴盛阳衰、阳盛阴衰成理，太极的本体为气，黑白相间具象，阴阳对待含数。

**1. 理**

理属于哲学的范畴,是事物本身具有的内在规律。万事万物都有其理,天理、道理、情理都是理;写论说文要理,即使是写文学作品也要展现情理。理可以解释为规律,即主宰万事万物的不以人的意志为转移的客观规律。

人处在宇宙之间,其宇宙的本体就是"元气"。"元气"凝敛成为"元精",就是有形的液体和固体,能为人们直接或间接观察到的物质。"元气"的奋发成为"元神",也即是一种能量。能量的存在,使物质趋于发展,这种发展的趋势(比如人的生长),我国古代哲学就称之为《易》。《易传》言:"生生之谓易。"就是指自然界和社会都是向前发展、不断变化的,永远不会有停止的时候,这就是《易经》最根本的理。

**2. 气**

气是宇宙的本体,是生天、生地、生人、生一切万物的自然力。这种自然力充满了无量无边的虚空,它永恒不息地运动着。它的存在,从时间来说,是无始无终的;从空间来说,是横无边际,竖无上下,大而无外,小而无内,无中间无左右的。天气下降,地气上升是气。地下的水变成天上的云,就是气化的作用。《康德·拉斯拉普星云说》指出,太阳系的形成,即宇宙间气机运转的结果。中国的传统医家,正是深明气机的作用,通过五运六气,把气化原理作为中医的最高原理。下围棋讲气,还要讲气势;观赏中国书画作品,就是讲"气韵生动"。以生命存在来说,人的呼吸再简单不过,但一气不来,即成古人。可见"气"的妙用。

**3. 象**

现诸形色者象。天地万物,无不有象,或实象,或空象,都是象。象的产生缘于气的运行。气运有相对的动、静、凝、散。动之、散之为阳,静之、凝之为阴。因动静、散凝的变化,就产生了各类物象。象的范围,包括了宇宙虚空中无量无数的星系,无量无数的世界。世界上的山河大地、林泉人物,乃至一切飞、潜、动、植、鳞、羽、裸、毛、甲、介等有情和无情的万物,或大或小,或隐或显都是象的范畴。

**4. 数**

对待者数。正因为气机的运转,从每个星球到星球上的物质,乃至众生世界的每个生命,每个生命中的每个细胞,每个细胞里面的最基本的物质微粒,都是在虚空浑然元气中动、静、聚、散、升、降、开、合地运行

着。动则生阳，静则生阴；聚则成形，散则气化；升则生长，降则收藏；开则外散，合则内敛。另一方面，大大小小、隐隐显显的物体，又都有着自身的动、静、聚、散、升、降、开、合，从而形成了阴阳消长的规律，这些规律之中自然会产生动多静少、静多动少、动静相等，聚多散少、散多聚少、散聚相等，这些差别、这些比例和对待关系就叫做"数"。

《易经》之所以被称为群经之首，即在于它包含了理、气、象、数的合理内涵。同时，理、气、象、数贯通了太极、五行、河图、洛书和六十四卦中的每一卦、每一爻。

所以，理、气、象、数是开启《周易》宝库的万能钥匙。太极、五行、河图、洛书等，是演绎《周易》的万能公式。

# 太极图

我们先看《太极浑然元气图》。

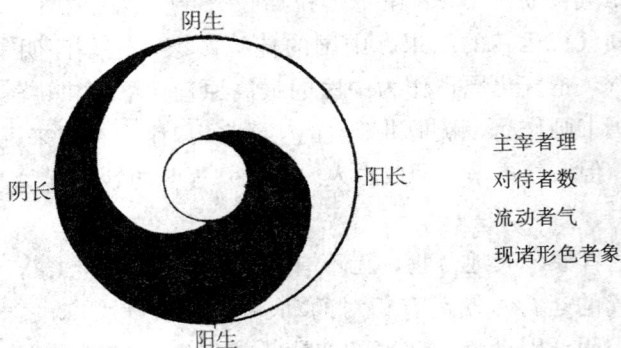

太极浑然元气图

过去诸太极拳大家，往往在墙上挂有此图以供玩索之用，颇有些神秘色彩。它的实际意义，白色代表阳，黑色代表阴。以图所示，则阳极生阴，阴极生阳，其气机未尝息也。中间一点太极圆心混沌未判，阴阳未分，是玄牝之门，为太极之本体。太极图的下方是北方，对应一日的子时和一年的第十一月的冬至节，为阳气初生；由此以左方上升到正南方，即黑色初起的地方，正当一日的午时和一年中农历第五月中的夏至节，这时阴气初生。故凡元气运行之道，物质运化之理，都是阳盛则阴生，阴盛则阳生；阳长则阴消，阴长则阳消。此为自然之理，是不以人的意志为转移的。

《易传》说："《易》有太极，是生两仪，两仪生四象，四象生八卦，八卦定吉凶，吉凶生大业。"可见，太极乃《易》之原。故四川《易》学家来知德指出："学者只将此图，黑白消长玩味，就有长进。"进一步说，按阴阳消长之理，指导君子修心，就会明白：君子有一念之醒，可以从最黑暗的地方，走向最光明的地方。君子一念之差，可以从最光明的地方，走向最黑暗的地方。只要神而明之，一部《易经》，便不在圣人笔下，而自在人心矣。

关于太极图，宋代理学家周敦颐有《太极图说》，对后世影响较大。其中有这么一段话："无极而太极，太极动而生阳，动极而静，静而生阴，静极复动，一动一静，互为其根。分阴分阳，两仪立焉，阳变阴合而生水、火、木、金、土，五气顺布，四时行焉。五行，阴阳也。阴阳，太极也。太极本无极也。五行之生也，各一其性。无极之真，二五之精，妙合而凝。乾道成男，坤道成女，二气交感，化生万物，万物生生，而变化无穷焉。唯人也，得其秀而最灵，形既生矣，神发知矣，五性感动，而善恶分，万事出矣。圣人定之以中正仁义而主静，立人极焉。故圣人与天地合其德，日月合其明，四时合其序，鬼神合其吉凶，君子修之吉，小火索之凶。故曰：'立天之道，曰阴与阳；立地之道，曰柔与刚；立人之道，曰仁与义。'又曰：'原始返终，故知死生之说。'大哉《易》也，斯其至矣！"这段话的关键，是提出无极生太极以及太极含五行的道理。

简单说来，"太极"二字，是至高无上的意思，太极是宇宙的本体。它大而无外，小而无内，与虚空同体。即大至宇宙虚空，小至物质微粒，都不过一太极耳！来知德先生云："此圣人作《易》之原也。理气象数，阴阳老少，往来进退，常变吉凶，皆寓乎其中矣。孔子《系辞》：首章至'易简而天下之理得'，及'一阴一阳之谓道'，易首太极形上形下数篇，以至《幽赞于神明》一章，卒归于义命，皆不外此图。神而明之，一部《易经》，不在四圣而在我矣……"可见太极图之重要。

说到这里，还有一个问题，就是太极图的形成时间。这是涉及中国学术传统的一个大问题。以我们的看法，太极图的产生与形成，是在大禹治水的时代之前。后世的陈抟不过是把他祖师辈的口传教授，现诸于文字与

051

图像而已。

# 阴阳五行

行者运行。所谓五行，是指五种能为人们所认识和利用的动态功能，而不是具体的五种元素或物质，也就是太极一气（阴阳）的奋发与凝聚所产生的五种运动状态。由于这五种动态功能的交易、变易、相生、相克，从而构成了宇宙万物。所谓"此五行所以流行于天地中而为用也"。

《尚书·洪范》有云："五行，一曰水，二曰火，三曰木，四曰金，五曰土。水曰润下，火曰炎上，木曰曲直，金曰从革，土爰稼穑。润下作咸，炎上作苦，曲直作酸，从革作辛，稼穑作甘。"做成图表、图像即：

| 五行 | 性相 | 五味 |
|------|------|------|
| 水 | 润下 | 咸 |
| 火 | 炎上 | 苦 |
| 木 | 曲直 | 酸 |
| 金 | 从革 | 辛 |
| 土 | 稼穑 | 甘 |

火·炎上·苦

木·曲直·酸　土·稼穑·甘　金·从革·辛

水·润下·咸

## 1. 五行的基本含义

所谓五行，是我国先人眼中五种构成世界的动态功能，而不是具体的五种物质，千万要分清楚。比如"火"，就不仅仅指世间燃烧的火。它还有炎上之性，如八卦中的离卦，有外实中空之相，有明于外而不明于内的特征。

"木"，也不仅仅代表树木。几乎全部的植物，以及由这些植物表现出来的如春天生发之性能，都在木的范围。木的方位在东方，对应春天。春生万象，生机盎然，更代表了生长的功能。所谓"春到人间草木知"，即有所谓木的概念。

"火"，也包括现在一般意义上燃烧的火，实质上是代表热能，可以是地球上太阳的光和热，可以是人身中的阳气。一年之中，夏季最热，炎上之性，表象为火，由此抽象出火的理念。

"土"，是代表我们脚下的全部地球的土质，在传统医学观念中，又代表脾胃。"土王（旺）于四季"，是说其他四行都离不开土。在一年气象中，长夏贯通四季，即是"土"的概括。

"金"，它包括现有全部金属的内容，也包括坚硬的矿物质，具节制收敛与刚性。夏去秋至，枫叶正红而草木凋谢，天地间一派肃杀之气。金刃与肃杀同在，"金"由此敷衍。

"水"，它包括我们现在意义上的水，又代表流动的作用。既具处柔、处下之相，又有云水汽化的功能。而人体中的一切体液，也都是水。冬天闭藏，又连接枢转升发，正因为如此，冬天孕育了春天。不仅如此，冰雪世界，也是水的显形。"水"由此产生。

以上就是五行的基本内涵，五行的相互作用，构成了我们所生存的空间，即人类和地球的环境。

2. 五行的生克制化

所谓生，即滋生、助长、促进等；所谓克，指克制、抑制等；所谓制，是制约、限制；所谓化，是化裁、转化。五行之中，具有木生火，火生土，土生金，金生水，水生木这样的相生关系。同时，五行中具有木克土，土克水，水克火，火克金，金克木这样相克的关系。制化是其有机的补充。五行的生克制化，是五行各运动状态之间相生相克、相互作用的结果。见《五行生克图》。

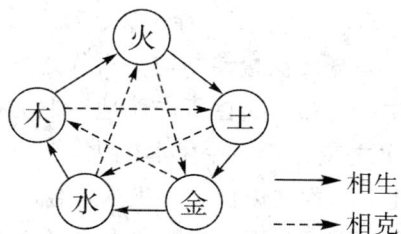

**五行生克图**

它们之间相生相克的关系是：顺次相生，间次相克。

五行学说，早已成为《周易》的重要内容，并影响到中国科技与文化的方方面面。

3. 阴阳五行学说产生的时间

现在有的学者认为，阴阳五行学说产生于汉代，是因为汉代象数之学的发展以及董仲舒的总结与发挥。太极图则是晚至陈抟方才发明。有的学者则认为阴阳五行学说（包括太极图）、河图、洛书等，都出现在大禹治水之前，笔者从后者之说，理由如下：

本文说到《尚书·洪范》对五行的记载，到《黄帝内经·素问》，我们的祖先已将阴阳五行思想运用于人体疾病的预防、治疗以及进行病理分析的情况，作了全面完整的论述（《黄帝内经·卷一》的《金匮真言论》中，就完整地论述了将阴阳五行学说及河图运用到对脏腑和病变的认识等方面的内容）；另如《素问·阴阳应象大论》说："阴阳者，天地之道也，万物之纲纪，变化之父母，生杀之本始，神明之府也。"《灵枢·通天》说："天地之间，六合之内，不离于五，人亦应之，非徒一阴一阳而已也。"说明五行学说产生的时间是相当早的。

《史记·封禅书》载："自齐威、宣之时，驺子（衍）之徒，论著终始五德之运，及秦帝而齐人秦之，故始皇采用之。……驺衍以阴阳主运，显于诸侯……"说明"百家争鸣"时期，驺衍曾以五行学说显于世。香港邓立光先生在其《象数易镜原》中指出："《尚书·禹贡》还记载了大禹治水运用了五行思想的史实。《尚书·禹贡》有云：'禹敷土，随山刊木，奠高山大川。冀州既载，壶口治梁及岐。既修太原，至于岳阳。覃怀底绩，至于衡漳……'说大禹治水由冀州开始，经兖州、青州、徐州、扬州、荆州、豫州、梁州，而至雍州，按照的是五行相生的次序。宋洪迈之《容斋随笔》有载：《禹质》叙治水以冀、兖、青、徐、扬、荆、豫、梁、雍为次。考地理言之，豫居九州中，与兖、徐接境，何为自徐之扬，顾以豫为后乎？盖禹顺五行而治之耳。冀为帝都，既在所先而地居北方，实于五行为水，水生木，木东方也，故次之兖、青、徐。木生火，火南方也，故次之以扬、荆。火生土，土中央也，故次之以豫。土生金，金西方也，故终于梁、雍。所谓彝伦攸叙者此也。"（图示如下）说明大禹治水就灵活运用了五行思想。

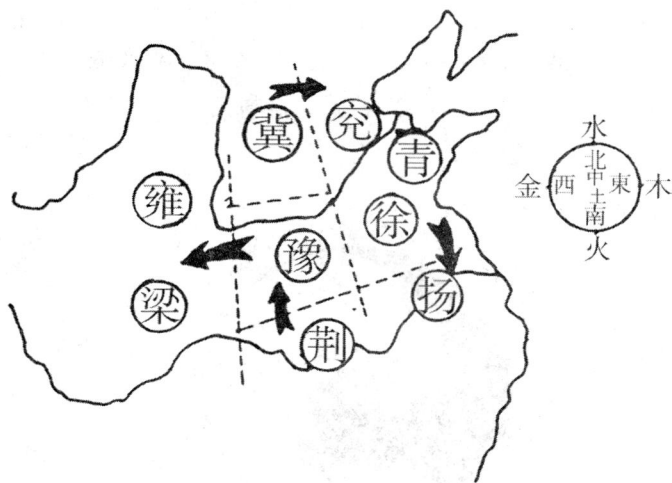

**大禹治水五行图**

此外，据刘光汉、卢央著《文明中国的彝族十月历》记载："彝族十月太阳历是把一年区分为十个'时段'（即十个月），它用土、铜、水、木、火五种要素，分别配以公、母来表示：一月土公，二月土母，三月铜公，四月铜母，五月水公，六月水母，七月木公，八月木母，九月火公，十月火母。这五种要素排列的顺序为：夏土、秋铜、冬水、春木、春夏之交为水，此与汉族的春木、夏火、秋金、冬水相当。这里一年十个月，双月为雌（母），单月为雄（公），其雌雄便是阴阳；一年分五季，且分为雌雄，乃将阴阳五行结合。由此可看到彝族十月太阳历已蕴蓄着阴阳五行思想。"刘光汉先生的著述，均从田野考古调查而来，是很有说服力的。他还进一步总结说："事实证明，《夏小正》不是一年十二个月的阴阳历而是十月太阳历，《诗经·七月篇》所载日月也是这种历法。"这就更加证明十月历在夏朝的实践运用了。

综上所述，我国阴阳五行学说产生的时间，甚至可上推至有夏一朝。

4. 五行的方位及其他

五行与八卦结合，靠的是五行的方位等相关规范。太极浑然元气本来没有具体方位，但《周易》为了示意方便，就假设了一种方位，就是上方为南，下方为北，左方为东，右方为西（这种方位与现在地图上通用的上北下南，左西右东的方位，相差180度）。这种方位有它科学的一面，古时的太极图，先天与后天八卦，河图与洛书的方位，都是一样的。这种方位说明，南方阳极阴生，北方阴极阳生，东西方阴阳平衡，四正四隅各具差别。五行的方位就是：上方（南）为火，下方（北）为水，左方（东）为木，右方（西）为金，中央（中）为土。再与天干地支配合，即成下图：

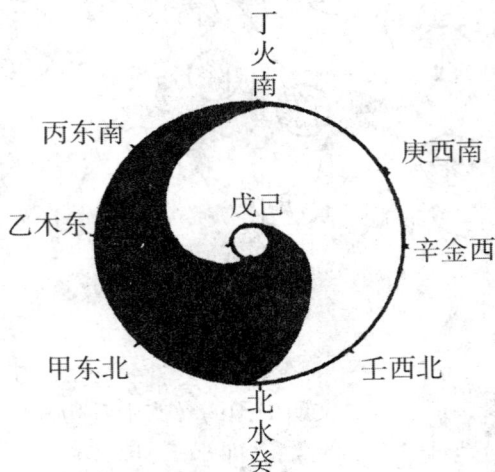

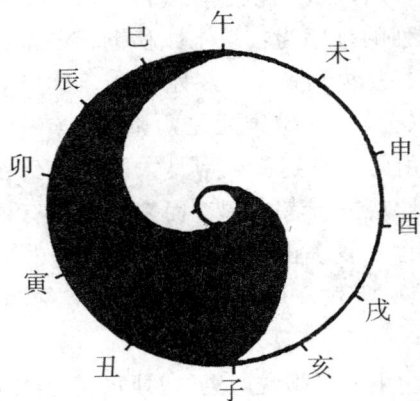

　　天干和地支相配纪年，因它们间最小的公倍数是六十，故有六十花甲之称。地支十二，又可以对应鼠、牛、虎、兔、龙、蛇、马、羊、猴、鸡、狗、猪十二生肖。

　　把天干和地支配合在一起，就是纳甲。这是五行与《周易》结合的一种规范。

十天干：甲、乙、丙、丁、戊、己、庚、辛、壬、癸。

十二地支：子、丑、寅、卯、辰、巳、午、未、申、酉、戌、亥。

| 天干 | 阳干<br>阴干 | 甲、丙、戊、庚、壬<br>乙、丁、己、辛、癸 |
|------|------|------|
| 地支 | 阳支<br>阴支 | 子、寅、辰、午、申、戌<br>丑、卯、巳、未、酉、亥 |

干支的五行属性如下表：

| 天干 | 甲乙 | 丙丁 | 戊己 | 庚辛 | 壬癸 |
|------|------|------|------|------|------|
| 五行 | 木 | 火 | 土 | 金 | 水 |
| 地支 | 寅卯 | 巳午 | 丑辰未戌 | 申酉 | 亥子 |

# 太极生两仪四象八卦

我们看孔子太极生两仪四象八卦图（所谓《易》有太极，是生两仪，两仪生四象，四象生八卦）：

| 太极 | 两仪 | 四象 | 八卦 |
|------|------|------|------|
| ☯ | 一<br>阳仪<br>--<br>阴仪 | ⚌太阳（一阳加一阳）<br>⚍少阴（一阳加一阴）<br><br>⚎少阳（一阴加一阳）<br>⚏太阴（一阴加一阴） | ☰乾（太阳加一阳）<br>☱兑（太阳加一阴）<br>☲离（少阴加一阳）<br>☳震（少阴加一阴）<br>☴巽（少阳加一阳）<br>☵坎（少阳加一阴）<br>☶艮（太阴加一阳）<br>☷坤（太阴加一阴） |

若以圆图表现，则八卦陈列图如下：

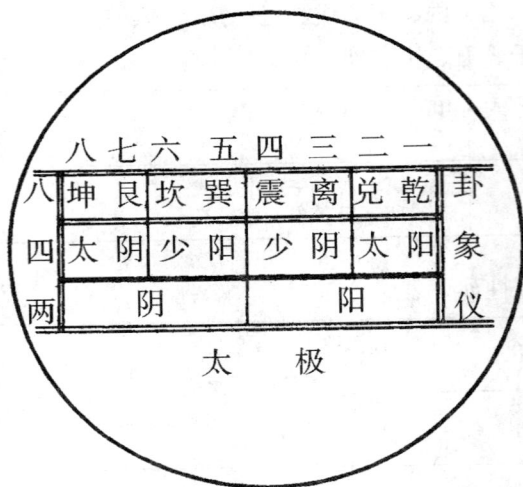

**八卦陈列图**

《说卦》云："卦者挂也。"卦即挂起来的象，八卦即是上图所列的八个象。以图上所得卦象顺序来说，即是乾（☰）一，兑（☱）二，离（☲）三，震（☳）四，巽（☴音训）五，坎（☵）六，艮（☶音更）七，坤（☷）八。这是八卦的生数，分别代表着天、泽、火、雷、风、水、山、地八种物象。这八种物象，即是构成大千世界的基本物象。它中间含有宇宙生成的道理，有志于《易》者应牢记。

这八卦是《周易》六十四卦的母卦，为方便记忆，古人编有口诀。即：乾三连（☰），坤六断（☷）；兑上缺（☱），巽下断（☴）；离中虚（☲），坎中满（☵）；震仰盂（☳），艮覆碗（☶）。

## 《周易》六十四卦

### 1. 六十四卦的由来

《周易》六十四卦，即由乾、兑、离、震、巽、坎、艮、坤八卦的每一卦，分别重在八卦上而得，所得共六十四卦。此卦与前边（三爻卦）不同，为六爻卦，如乾卦，画出来即是☰。这是原始的画法。因唯有六爻卦成立，方有六爻卦的变化。

另外还有一种画法，是由第一卦变出八卦，八个卦变成为六十四卦，又称分宫八卦。即《周易·系辞》总结的"八卦成列，象在其中矣，因而重之，爻在其中矣。刚柔相推，变在其中矣"。说明这种画法，孔子也是认可的。

其实，八卦相重下去，是没有止境的。相对说来，有六十四卦，也就够了。

2. 分宫八卦口诀

记忆三爻卦的口诀，如乾三连等八句，八卦的名和八卦的画可以统一。若进一步记忆六十四卦卦名与六爻画就要麻烦一些。但如果明白了分宫八卦的道理，也就简易了。

四川《易》学家来知德，有八卦变六十四卦图，最宜玩索。若真能玩索，自能见阴阳自然造化之妙。

说到这里，值得提出一个问题，就是"玩"《易》的问题。《周易·系辞》有云："是故君子所居而安者，《易》之序也。所乐而玩者，爻之辞也。是故君子居则观其象而玩其辞，动则观其变而玩其占。"这里，孔子总结他一生学《易》的经验教训：卦辞有吉凶悔吝，故居身修性当观玩之。占变为用，则应在行动（办理事务）之前观玩。说明学习《周易》决不能像学某种技术一样，可以用突击的方式获得成功。而要观玩会意，所谓"观玩"，其实也就是一种深入的揣摩、研究、思考和体会。因《易》不仅是哲学，也是方法论。俗话说："不到四十不学《易》。"是说人不到 40 岁，人生的阅历就还有限，很难从时间的前后及空间的四方上下且从心理上从容地对待世间的人与事，于是难以真正从阴阳消长之势把握《易》的精髓，而不是说少年不能学《易》。孔子 6 岁即从其母亲学《易》，再从其外祖父学《易》，而后又在周游列国失败的晚年深入研究，这是他写作"十翼"的功底所在。

回到主题，八卦变六十四卦，如乾卦的变化：

乾为天䷀，天风姤䷫，天山遁䷠，天地否䷋，风地观䷓，山地剥䷖，火地晋䷢，火天大有䷍。

这就完成了一卦到八卦的变化。看似繁杂，其实是有规律的。因有其理，必有其象。即理寓于象，犹神藏于形。

我们现在画的卦，不是三爻卦，而是六爻卦。看爻位，不是自上而下，而是自下而上。下边三爻，组成下卦；上边三爻，构成上卦。这也表现出中国古人的一种思想方法。如儒家讲："诚意，正心，格物，致知，修身，齐家，治国，平天下。"孔子讲："近取诸身，远取诸物，于是始作八卦。"都从近处开始，从浅近的地方入手。说到画卦，以乾卦为例，第一卦乾卦不变，第二卦天风姤，乾（☰）是纯阳之体，阳气到了极点，就自然要变，阳极变阴，先从内卦第一爻变，外卦乾天（☰）不变，内卦由乾变为☴（巽风），因此而得天风姤☴。接着二爻变，成天山遁☶。三爻变，成天地否☷。再变四爻，为风地观☴。再变五爻，为山地剥☶。若六爻变，则成坤卦☷。完成由阳转阴的过程，但这个过程太死板了。而改为外卦的初爻再变，即第七卦，成火地晋☷（又称游魂卦）。到第八卦，名归魂卦，意思是回到本位了，内卦变回原位，于是成为火天大有☰。乾宫八卦就是这样变的。按来知德的图示归结起来是：乾（☰）不变，天风姤（☴）初爻变，天山遁（☶）二爻变，天地否（☷）三爻变，风地观（☴）四爻变，山地剥（☶）五爻变，火地晋（☷）复还四爻变，火天大有（☰）归本卦。其他依次是兑、离、震、巽、坎、艮、坤七卦，变化原理一样。

接下来，我们说分宫八卦的口诀。这个口诀能够默诵了，进而深入探索六十四卦的内涵也就容易了。

分宫卦象次序：乾、坎、艮、震为阳四宫，巽、离、坤、兑为阴四宫。每宫阴阳八卦。

**分宫八卦口诀表**

| 乾为天 | 天风姤 | 天山遁 | 天地否 | 风地观 | 山地剥 | 火地晋 | 火天大有 |
|---|---|---|---|---|---|---|---|
| 坎为水 | 水泽节 | 水雷屯 | 水火既济 | 泽火革 | 雷火丰 | 地火明夷 | 地水师 |
| 艮为山 | 山火贲 | 山天大畜 | 山泽损 | 火泽睽 | 天泽履 | 风泽中孚 | 风山渐 |
| 震为雷 | 雷地豫 | 雷水解 | 雷风恒 | 地风升 | 水风井 | 泽风大过 | 泽雷随 |
| 巽为风 | 风天小畜 | 风火家人 | 风雷益 | 天雷无妄 | 火雷噬嗑 | 山雷颐 | 山风蛊 |
| 离为火 | 火山旅 | 火风鼎 | 火水未济 | 山水蒙 | 风水涣 | 天水讼 | 天火同人 |
| 坤为地 | 地雷复 | 地泽临 | 地天泰 | 雷天大壮 | 泽天夬 | 水天需 | 水地比 |
| 兑为泽 | 泽水困 | 泽地萃 | 泽山咸 | 水山蹇 | 地山谦 | 雷山小过 | 雷泽归妹 |

另有八宫卦序表，可作对照参考用。一并列出：

**八宫卦序表**

| 爻变 ＼ 八卦 | 乾 ䷀ | 震 ䷲ | 坎 ䷜ | 艮 ䷳ | 坤 ䷁ | 巽 ䷸ | 离 ䷝ | 兑 ䷹ |
|---|---|---|---|---|---|---|---|---|
| 一爻变 | 姤 | 豫 | 节 | 贲 | 复 | 小畜 | 旅 | 困 |
| 一、二爻变 | 遁 | 解 | 屯 | 大畜 | 临 | 家人 | 鼎 | 萃 |
| 一至三爻变 | 否 | 恒 | 既济 | 损 | 泰 | 益 | 未济 | 咸 |
| 一至四爻变 | 观 | 升 | 革 | 睽 | 大壮 | 无妄 | 蒙 | 蹇 |
| 一至五爻变 | 剥 | 井 | 丰 | 履 | 夬 | 噬嗑 | 涣 | 谦 |
| 上、四爻不变 | 晋 | 大过 | 明夷 | 中孚 | 需 | 颐 | 讼 | 小过 |
| 五爻变 | 大有 | 随 | 师 | 渐 | 比 | 蛊 | 同人 | 归妹 |

3.《周易》六十四卦的排列组合

通行本卦序，上经三十卦，下经三十四卦，共六十四卦。其排列顺序如下：

> 乾坤屯蒙需讼师，比小畜兮履泰否，
> 同人大有谦豫随，蛊临观兮噬嗑贲，
> 剥复无妄大畜颐，大过坎离三十备。
> 咸恒遁兮及大壮，晋与明夷家人睽，
> 蹇解损益夬姤萃，升困井革鼎震继，
> 艮渐归妹丰旅巽，兑涣节兮中孚至，
> 小过既济兼未济，是为下经三十四。

附来知德《六十四卦生自两仪图》：

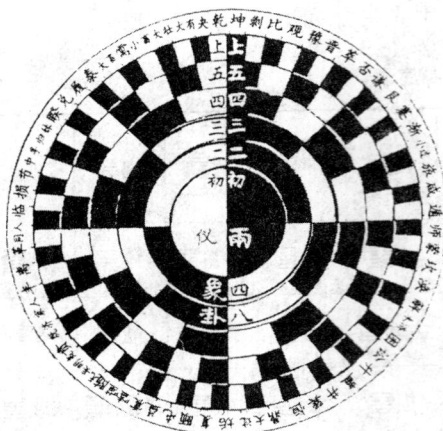

六十四卦生自两仪图

是图也，六十四卦始乾终坤，其实只是阴阳迭为消长，循端无端，虽爻至三百八十四，亦只是阴阳二者而已。故曰：一阴一阳之谓道。

# 先天八卦和后天八卦

先天八卦讲对待，为体。后天八卦讲流动，为用。先天八卦为伏羲所画，后天八卦为周文王所作。

1. 先天八卦

下图为《伏羲先天八卦方位图》。

伏羲先天八卦方位图

《说卦传》有云："天地定位。山泽通气。雷风相薄。水火不相射。八卦相错，数往者顺，知来者逆。"这实际上是孔子用文字描绘出的先天八卦方位图。台湾南怀瑾先生曾提出先天八卦方位图在宋以后才出现。但孔子这段文字，与此图是完全一致的，这是问题的实质。说明此图存在并出现于孔子以前。中国古人观察宇宙，最初用的是"盖天派"的方法。即把天观在上，而地在下，人居于天地之间，故称"天地定位"。我国西北多山，如昆仑山居于西北，东南多湖泊沼泽，故西北以艮山象之，东南取兑泽代之，故有"山泽通气"。太阳升于东方，以离火象之；月亮升于西方，以坎水代之，故有"水火不相射"。北方属阴位，阴极阳生，东北方故有一阳发动，成雷震之相，动极生风，故"雷风相薄"。对待之理即包含其中（附：来知德《六十四卦阴阳倍乘图》）。

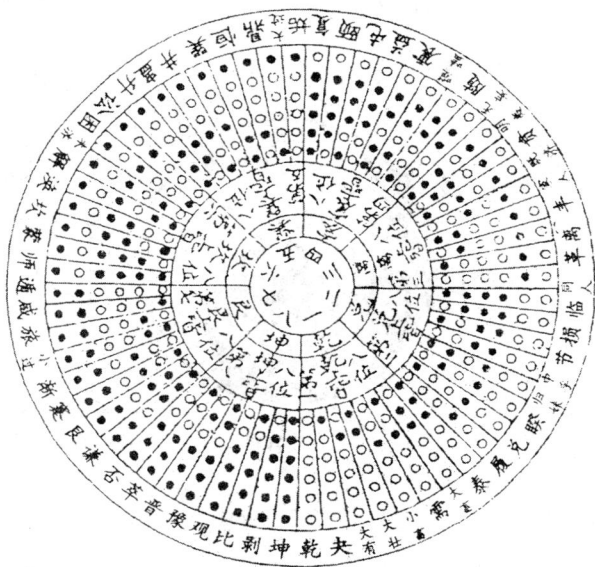

是图也，乾一、兑二、离三、震四、巽五、坎六、艮七、坤八，一皆自然而生。况自复至乾皆上生，自姤至坤皆下生，要亦阴阳信乘焉。观象自见。

**六十四卦阴阳倍乘图**

这里，值得一提的是，《周易·系辞》有云："范围天地之化而不过，曲成万物而不遗，通乎昼夜之道而知。故神无方而《易》无体。"是不是说《易》真的没有体呢？不是的。《易》既为日月之道，即当以天地之体为体。

所以，先天八卦本言天地，自然是《易》之体。

接下来是"八卦相错，数往者顺，知来者逆"。则是说八卦所代表的天、地、水、火、山、泽、雷、风交错于宇宙之中，互相联系而不可分割。以震卦逆而上升至乾卦位时，为阴气逐渐消退而阳气渐旺，阳生盛极而生阴；从巽卦到坤卦位时，为阳气渐消而阴气渐长，以至阴极生阳。以顺序而言，由上而下，五六七八为顺数，自下而上，四三二一为逆数，故曰："数往者顺，知来者逆。"

正是由于地球上乃至宇宙中存在着这八种物质，它们的运动变化产生了万物，出现了具体的植物、动物（包括人类）。所以先天八卦讲的是自然界的"体"。其天地、水火，是以对应的方式出现的。

2. 后天八卦

下图为《周文王后天八卦图》。

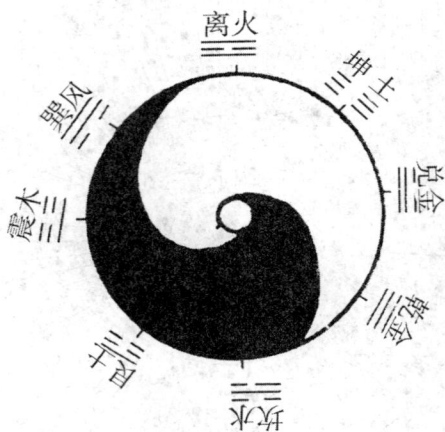

周文王后天八卦图

《说卦传》云："帝出乎震，齐乎巽，相见乎离，致役乎坤，说言乎兑，战乎乾，劳乎坎，成言乎艮。万物出乎震，震东方也……艮，东北之卦也，万物之所成终而所成始也，故曰成言乎艮。"这就以文字活脱脱地画出了从东方震卦开始，经南而西而北，东北至艮卦止的后天八卦图。

从后天卦位来看，一是言四季的变化，二是说五行生克的精微。

一是代表了四季气机的运行，其一年之气，春生夏长秋收冬藏，有条不紊。著名医学专家李仲愚教授对周文王后天八卦的说明是："冬至北风劲疾，坎水中一阳生起，夜长之极，昼长以此开始，生气从此渐长。水木之间赖艮山之阳土，阳土者春风吹动之土也。大地之土受冬寒之凝固，其硬度与山地相同，但到春意盎然则震木繁茂。东南春夏之交，熏风拂面，巽木华实。南风离火，烈日高腾。至夏至时一阴生起，昼长之极，夜长从此开始。冬至为一日之子时，一年之子月；夏至为一日之午时，一年之午月。子午为阴阳终始交替之时，故概称大气之行为子午流注者，简言之也。西南之交有坤土，坤土者，湿者也。秋来多绵雨，田野泥泞，农家收割，望秋阳以曝之，然而每遇秋雨潮生，凡事之不如意者多矣！西风清金之气，秋云低落，风清月朗。西北燥金气临，万物渐蛰，草木凋落，荷塘已无擎雨之盖而东篱却有傲霜之菊，骨气何其雄也！"再对照《易传》原文，可见造化之妙！

二是说五行的精微，则宇宙万物相生相克之理自在其中。震巽（木）$\xrightarrow{\text{生}}$（火）$\xrightarrow{\text{生}}$（土）$\xrightarrow{\text{生}}$（金）$\xrightarrow{\text{生}}$（水）$\xrightarrow{\text{生}}$（木），同时木$\xrightarrow{\text{克}}$土$\xrightarrow{\text{克}}$水$\xrightarrow{\text{克}}$火$\xrightarrow{\text{克}}$金$\xrightarrow{\text{克}}$木。树木生长在山上，又要水的滋养才能成长。坤土与艮土介于震（木）、巽（风）、离（火）、乾（金）、坎（水）之间，则是说自然界中的水发源于山脉之中，山上有山泉，泉水下流汇成江河，流向大海，大海永远填不满，江河永远流不尽。海水通过蒸发，经太极浑然元气行至西北方，西北方阴气盛，水可凝而成冰雪，冰雪经过阳光照射，化成水，如此往复循环不已。这是五行之精微，万物相生相克，相反相成，构成大千世界永无止息的发展状态。

总之，先天对待为体，说明了在天成象，在地成行（形）的道理；后天流动为用，阐述了太极浑然元气在大自然中生化五行之气流行的规律。盖周文王恐伏羲先天八卦深意不明于后人，而成阳春白雪，故以慈心悲心，无畏无我之心，以一年春、夏、秋、冬方位，卦所属木、火、土、金、水五行相生相克之序而列之，阐明之、发挥之。今人苟能通《易》，则周文王、孔子之德厚矣。

# 五行与人体关系以及五德养五脏的原理

1. 五行与人体的几种对应关系

《黄帝内经·素问》有云："东方风生，风生木，木生酸，酸生肝……"这就说明，按照中国传统医学的观点，阴阳五行与人体的脏腑有着对应的关系。图示如下：

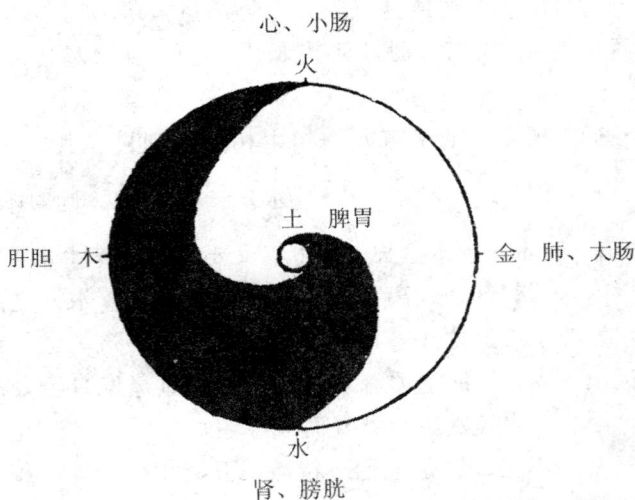

**五行与人体脏腑对应图**

这幅图说明，肝胆与东方之木性对应，心、小肠与南方之火对应，肺、大肠与西方之金对应，肾、膀胱与北方之水相对应，而脾胃则与中央之土相对应。从图中阴阳一气运转的情况看，是从北方肾水开始，生出东方肝木，东方肝木生出南方心火，南方心火又生出中央脾土，中央脾土生出西方肺金，西方肺金生出北方肾水。其中肾为先天之本，既生之后，包括肝、心、肺，都要靠中央脾土的滋养，所以，又有"脾为后天之本"的说法。

不仅人体的脏腑，人体的精神也与五行有着严密的对应关系。如下图：

**五行与人体精神图**

此图说明，魂属肝木，神属心火，魄属肺金，志属肾水，而意属脾土。神、魂、魄、意、志其作用各不相同，但都是在神的支配下活动。

下面，我们再看五行与七情的关系。如下图：

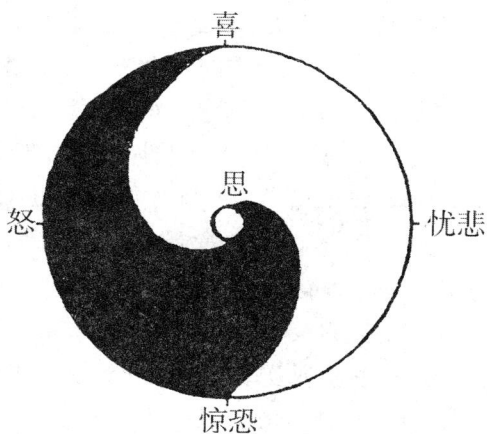

**人体情志与五行对应图**

此图说明，人的情志受外部环境不同条件的刺激，会产生种种不同的反应。一般的反应，属人体正常机体的调节，属于正常的反应。但情志波动太过剧烈或持续时间过久，就会影响人体各脏腑的机能，从而导致疾病

的产生。具体说来，暴怒伤肝，狂喜伤心，久思伤脾，忧悲伤肺，惊恐伤肾。正如《素问·举痛篇》云："余知百病生于气也，怒则气上，喜则气缓，悲则气消，恐则气下，惊则气乱，思则气结。"写《儒林外史》的吴敬梓先生就深明此道，小说中写范进突然得知自己中举的消息，狂喜伤心，遂成癫狂之症。心属火，必用水克，北方肾水通于惊恐。所以，请他老岳父打他耳光，水到火灭，终于使范进情志之病得愈。这是中国中医的理论与实践之一例，并非小说家的奇想。情志对人的损伤，中医称为"内伤"，即所谓"七情内伤"。受外界不正之气，如风、火、暑、湿、燥、寒六淫之气的侵袭，所导致的人体疾病，就称为外伤。车祸或其他自然灾害对人体的损伤，称为"不内外伤"。为了有效地克服和避免"内伤"，传统医家提出了许多理论和方法。其中，最根本的一个是预防思想，即养生思想；一个是五德养五脏的原理和保持心理健康的思想。

2. 五行与中国传统的养生思想

最早运用五行思想指导养生进而养志的实践，并用文字记载的是《黄帝内经》。其《四时调神大论》就说："春三月，此谓发陈，天地俱生，万物以荣。夜卧早起，广步于庭，被发缓形，以使志生。生而勿杀，予而勿夺，赏而勿罚，此春气之应，养生之道也。逆之则伤肝，夏为寒变，奉长者少……"翻译成现代语言，即：春季的三个月，是万物复苏的季节，大自然生机勃发，树木花草欣欣向荣。为适应这种环境，人们应当迟睡早起，多在庭院里散步，披散束发，舒展形体，以使神志随着生发之气而舒畅。应当心胸宽阔，仁民爱物，惜生而禁杀，多奉献而少获取，多奖赏而少惩罚，这就是适应春阳之气的处世态度和养生方法。违背了这种态度和这个方法，就会使人的肝脏受到损伤，到了夏天，就要发生寒变的病，这是由于春天生养的基础差了，导致夏天生长的条件也就差了。

接下来，《黄帝内经》还谈到夏季、秋季和冬季的养生方法。大意是：从夏季开始，是草木繁茂的季节。大自然中的阴阳二气上下交通结合，许多草木开花结果。为适应这种环境，人们应该迟睡早起，不要厌恶白天太长，要使心中没有郁怒，开展容颜，宣通腠理，精神饱满地与外界相沟通，这就适应了夏天"长养"的道理。如果违反这个道理，会损伤心气，使人在秋天的时候患上疟疾。这是因为夏天"长养"不够，秋天收敛的能力当然就弱小了。秋季三月，是草木自然成熟的季节。天气劲急，地气清明。

在这个季节，人们应当早卧早起，与鸡的活动时间相近，使意志保持安定，让形体安适。即不急不躁，使秋天肃杀之气得以平和，不使意志外驰。这就是适应秋天收养的道理。不然，会损伤肺气，使人在冬天生飧泄病。而在冬天，就不要扰动阳气，应早睡而晚起，起床的时间放在太阳出来以后最好。意志方面要如伏似藏，就像得到了宇宙的大秘密，深藏而不露。

我们再看下图：

赤、苦、焦、热、心、
丙（火）丁

黄、甘、香、湿、脾
戊（土）己

青、酸、臊、风、肝　乙（木）甲

庚
（金）白、腥、辛、燥、肺
辛

癸（水）壬

黑、咸、腐、寒、肾

**天干五运图**

此为《天干五运图》。它把天干、五运、五脏等有机联系成一体，再对照前面有关五行及天干地支等内容统一观看。它在按《黄帝内经》顺四时之气以养生的基础上，根据身体各脏腑情况，通过验色、尝味及嗅闻其气，为选择四季的蔬菜、粮食以充实形体，选择不同的药物以调和脏腑，进而为填精补髓等提供了理论的根据和实践的指南。

3. 五德养五脏的原理

前边说到适应四时之气以养生，更有选择蔬菜药物以强身等方面的内容，具体实践并运用它们，无疑会得到很大的益处。但仔细体会前边的内容，仍有不足的地方，即仍然没有将心志的健全与五脏的调和及身体的强健完全融合在一起，并从理论上把它们熔于一炉。这就要说到五德养五脏的理论。这一套理论，过去因属口耳传承，虽然也含藏在五行学说之中，却没有明确的文字表述。

我们看下图：

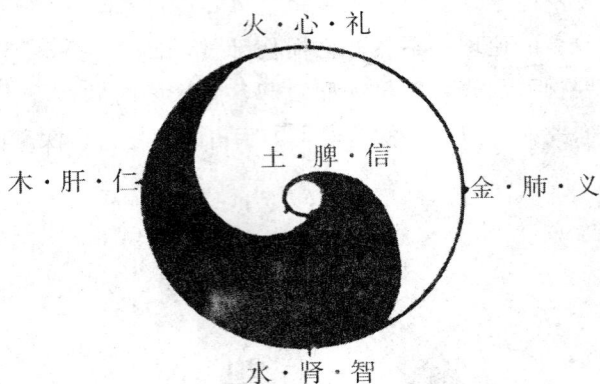

五德对应五脏图

此为《五德对应五脏图》。我们知道，暴怒对肝脏有害。为了制暴，当长养慈悲恻隐之心，亦即仁爱之心，有此心，便无暴怒之由，亦无暴怒之事。为了避免狂喜等因素对心的伤害，即应长养谦下之心，时时想到报国家的恩，报老师的恩，报父母的恩等。有此心，自然能礼贤下士，谦恭待人。为了避免忧悲等对肺脏的伤害，就应该培养羞恶之心，义之所在，当忍则忍，当行则行，甚至牺牲自己生命也在所不惜，如孟子所谓"舍生取义，杀身成仁"。为了避免惊恐对人体肾脏的危害，就要长养是非之心，在大是大非面前，立得稳足跟，所谓"贫贱不能移，富贵不能淫，威武不能屈"，具有这种精神，无疑就具备了大智慧。这就是仁、礼、义、智四德，分别对应了春、夏、秋、冬四季和肝、心、肺、肾四脏。这段话的精微所在，是用五行之德，行五行之运，从而得五行之果。

那么，五行中"土"之德是什么呢？大地含弘光大，最能忍辱，且种瓜得瓜，种豆得豆，大信不二，真实不虚。所以，用无妄之心，就能避免多思、久思对脾的不良影响。总结起来就是"恻隐之心可以养肝，谦让之心可以养心，无妄之心可以养脾，羞恶之心可以养肺，是非之心可以养肾"。

这一套理论，贯通了中国人特有的天、地、人三才之道。孟子用它发展了孔子学说。医家用它能判断内伤的实质。所以，这一套理论就渗透到传统文化的方方面面，并为物质和精神相互影响提供了哲学依据，最终成为"性命双修"的枢纽。现代科学的研究成果也表明，对人类健康造成损害不仅是自然因素，更多是社会因素，因为它能对人的心理施加巨大的影响，是造成人类多种疾病的重要根源。我们的祖先通过《周易》和五行原理指出精神与物质相互影响，并表述了保持心理健康和种种方法，实在是一个了不起的贡献！

# 河图与洛书

河图与洛书，可以说是《周易》研究史上争论最多、意见最不统一的一个课题。

宋代理学大师朱熹借自己著述之便，流传了太极图、河图与洛书，而又不加解释，后世学者多有抨击。大概朱熹本人也对它抱"存疑"的态度。但是他能将它们流传下来，仍然是一个贡献。历来的《周易》研习者，不少人对河图、洛书感兴趣，或因资料不足而无从下手，或失之牵强，或交代不清。另有提出河图等代表上古降雨量等，似有臆测之嫌，难以使人信服。也有些所谓的通家，又局限于很秘密的传承体系，使世人很难知道它们的真面目。所以，河图、洛书的秘密，一直持续到今天而不彰。

1. 河图、洛书的结构

河图、洛书的结构如下图：

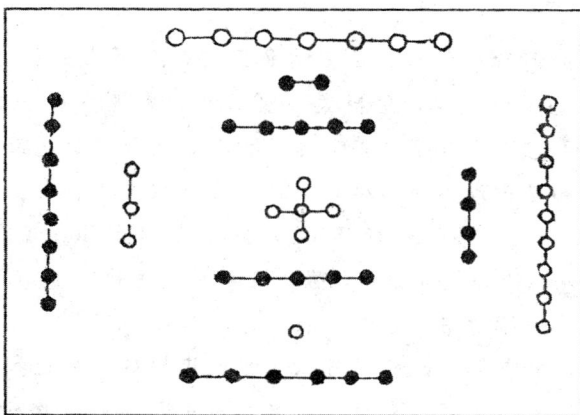

河图表

| | 7 | |
| | 2 | |
| 3 | 5 | 4 |
| 8 | 10 | 9 |
| | 1 | |
| | 6 | |

河图

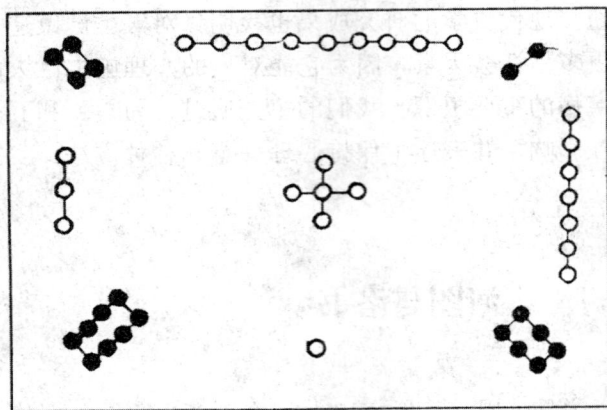

洛书表

| 4 | 9 | 2 |
|---|---|---|
| 3 | 5 | 7 |
| 8 | 1 | 6 |

洛书

河图为天地相交之数，其数：一六共宗，二七同道，三八为朋，四九为友，五十为守。洛书为日月相交之数，其数戴九履一，左三右七，二四为肩，六八为足，中五为腹。

如上图表，河图、洛书的结构就是一至九的数在五个方位的排列，就复杂到如此简单。

2. 河图、洛书的来源及时间

对河图、洛书的来源，历来众说纷纭，争议最多。邹学熹先生从古天文学上，找出了河洛结构在天文学上的依据。他在《中国医易学》一书中指出：

河图乃据五星出没的时节所绘成。五星古称五纬，是天上五颗行星，木曰岁星，火曰荧惑星，土曰镇星，金曰太白星，水曰辰星。五行运行，以二十八宿为区划，由于它的轨道距日道不远，古人故用以纪日。五星运行不似月亮日行一宿，而是出没各有节候，一般按木、火、土、金、水的顺序，相继出现于北极天空，每星各行 72 天，五星合周天 360 度。木、火、土三星轨道大而在外，恰合乾策 216 之数；金、水二星轨道小而在内，恰合坤策 144 之数。五星若按时中天，名曰胜，可测其相对不见之星以印证，这颗相对不见之星，名曰负。如水星当位，可测其相对位的火星印证之，则水星为胜，火星为负，余仿此。古天文学家还发现五星出没有如下规律，从而构成了河图图式：

水星于每天一时（子时）和六时（巳时）见于北方；每月一、六（初一、初六、十一、十六、二十一、二十六），日月会水星于北方；每年一月、六月夕见于北方。故曰一六合水，或天一生水，地六成之。

火星每天二时（丑时）和七时（午时）见于南方；每月逢二、七，日月会火星于南方；每年二月、七月夕见于南方。故曰二七合火，或地二生火，天七成之。

木星每天三时（寅时）和八时（未时）见于东方；每月逢三、八，日月会木星于东方；每年三月、八月夕见于东方。故曰三八合木，或天三生木，地八成之。

金星每天四时（卯时）和九时（申时）见于西方；每月逢四、九，日月会金星于西方；每年四月、九月夕见于西方。故曰四九合金，或地四生金，天九成之。

土星每天五时（辰时）和十时（酉时）见于中央；每月逢五、十，日月会土星于天中；每年五月和十月夕见于天中。故曰五十合金，或天五生土，地十成之。

邹先生的论述是相当科学的。据他的论述，河图乃是依据五星出没的天象而绘制。这就是河图的来源或至少是河图的来源之一。

邹先生又讲了洛书的天文学来源。据他的意见，上文所列洛书，中央宫，即洛书的中宫，乃周围八宫的核心。古人观测天象，认为北极星（古称太乙）之位恒居北方，可以作为中心以定位的标准。

北极星既然恒居北方，恒定不动，何以能下九宫呢？北极星既然为中心，何以不在中宫而在北方呢？这就要推源到中国人的体用学说。

据邹先生说，他的母亲李俊卿曾经保留了外祖父遗留的一张天文图，"文化大革命"期间被毁。他通过回忆，将此图复制出来，并加以解说如下：

这张《洛书九星图》是据北斗斗柄所指，从天体中找出九个方位上最明亮的星为标志，便于配合斗柄以辨定九星的方位及数目，即洛书的方位和数目。中宫五星，称五帝座，乃帝星（北极星）之座，为五行之首，居中央而临御四方。五帝座下方为北极一星，北极星恒居北方，以此定位，确定其对宫为南方。古天文家昼日面南而立，以测日影，左东右西，上南下北，以定四位，这恰与现代地图"左西右东，上北下南"相反。说明："古今在天文观测的方法上是不同的。北极对宫南方是天纪九星；正东方是河北三星；正西面是七公七星；天纪之左是四辅四星；天纪之右是虎贲二星；北极之左是华盖八星；华盖之右是天厨六星。古天文图分紫微垣、太微垣、天市垣，本图九星三垣不分。如五帝座、虎贲在太微垣；北极、四辅、天厨、华盖在紫策垣；天纪、河北在天市垣。由此说明，北极作为定位之星，不一定绘在天图的中宫，而是以它的帝座五星绘在图的中宫，这些都是根据天文实测来确定的……"

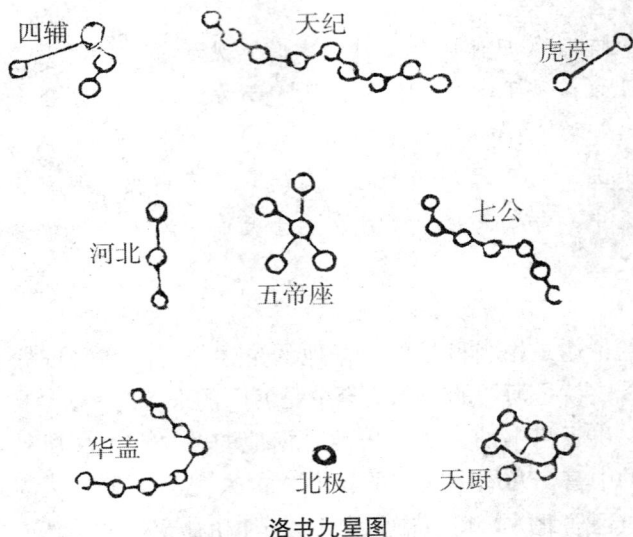

洛书九星图

这样，邹先生就为我们提供了河图、洛书在古天文学上的依据，是很难能可贵的。

其实，不论河图、洛书，都繁中寓简，完整地展现了阴阳消息的一气之理。这种消息一气之理，为河洛的至理。其示天地之交的河图与示日月之交的洛书，是不是就唯一依赖于邹学熹先生提出的依据，也是一个问题。如洛书就完全可以在观察日月运行之天象中而得；河图可依于四季、一天中人体阴阳及天地间阴阳对待关系而得。但它们产生的时间，则一定是在伏羲画八卦之前。在人类还未发明文字以前，作如何解释呢？黄奇逸先生在其《历史的荒原》一书中，给了我们比较合理的答复，即在现行文字未产生之前，古代的智者，以代代祖师口耳传承的方式，将河图、洛书艰难地流传下来。

3. 河图、洛书的内涵与本质

河图与洛书的内涵与本质，有如下三方面内容：

（1）河图、洛书示天地、日月相交之理

河图示天地相交之理。就数而言，中五为衍因，十为衍子，其他一、二、三、四为四相之位，六、七、八、九为四相之数。就天地关系而言，天一生水，地六成之；地二生火，天七成之；天三生木，地八成之；地四生金，天九成之；天五生土，地十成之。详见《河图天地交》。

洛书示日月相交之道。其中一、三、九、二十七代表太阳运行的情况，二、四、八、十六代表月亮运行的情况。日月之道，并行不悖。详见《洛书日月交》。

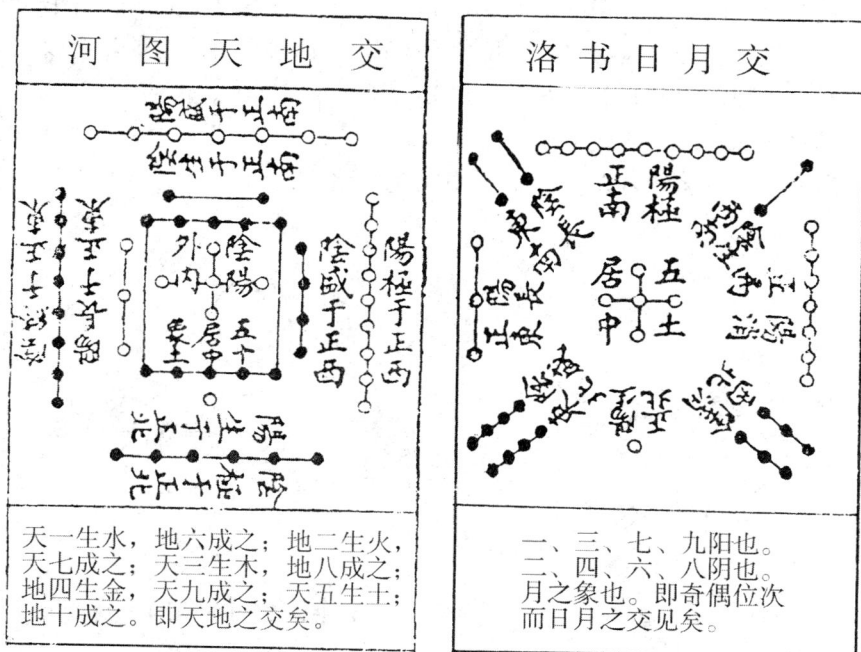

河图天地交

天一生水，地六成之；地二生火，天七成之；天三生木，地八成之；地四生金，天九成之；天五生土，地十成之。即天地之交矣。

洛书日月交

一、三、七、九阳也。二、四、六、八阴也。月之象也。即奇偶位次而日月之交见矣。

（2）河图、洛书的气机运行

河图、洛书展示宇宙间一气之流行。其中洛书之数转为伏羲先天八卦图，其阴阳爻恰好对应成太极图；河图的阴阳各数的排列，恰好显示出阴阳消息之太极图。详见《太极河图》和《伏羲先天图》。

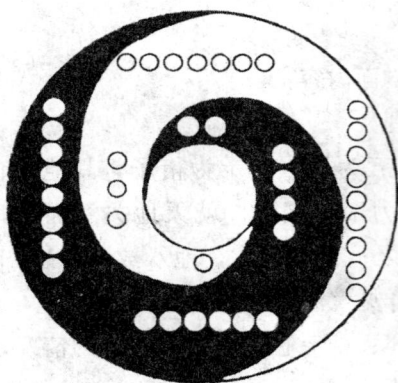

太极河图

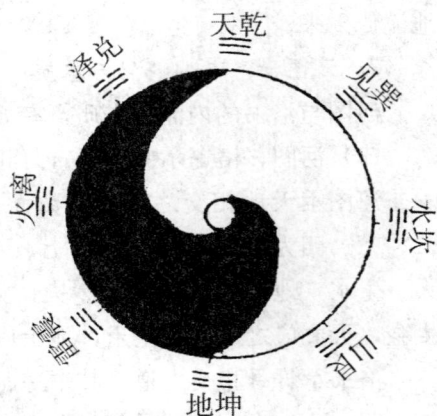

伏羲先天图

从上两图说明：河图、洛书其实是《周易》的根源。河图、洛书又源于阴阳气机的运转（因阴阳的消长才产生数）。其《周易》之数，不仅展示阴阳变化之理，同时涵盖了五行的本义。

（3）河图、洛书的相生与相克

河图之五行运行左旋而生，生中寓克。洛书之五行运行右旋而克，克中寓生。详见下面两图。

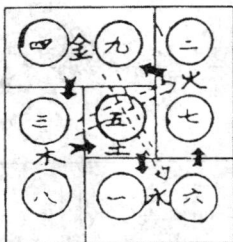

河图之五行运行图

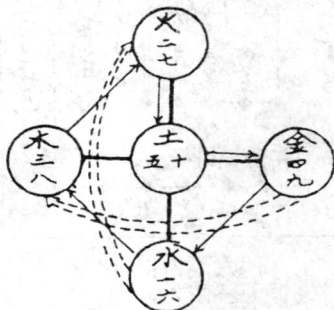

洛书之五行运行图

孔子云："河出图，洛出书，圣人则之。"此言真实不虚也。

4. 河图、洛书对内功修炼的指导作用

河图、洛书因是《周易》数理的根基，长期为道家所秘传，却又因各祖师领悟的角度和层次不一样，故以此指导道家内功修炼的方法很多。关于这一问题，《道藏》中有很详细的记载。

但最直接、最深入指出了河图、洛书对内功修炼作用和方法的，是传统医学专家李仲愚教授，他在其《气功灵源发微》一书中指出：

河图为天地相交之数，其数：一六共宗，二七同道，三八为朋，四九为友，五十为守。

《周易》说："天一地二，天三地四，天五地六，天七地八，天九地十。""天数五，地数五，五位相得而各有合。天数二十有五，地数三十。凡天地之数，五十有五，此所以成变化而行鬼神也。"内之一、二、三、四、五，为五行之生数。九还七返八归六居者，因为三方之返还归皆聚于北，所以言居。练内功之人精气神聚于丹田，肝木之魂，心火之神，肺金之魄，肾水之志，皆随脾土之真意而聚于鼎内，结而为丹田。丹者道也，道之为物，唯恍唯惚，惚兮恍兮，其中有象。恍兮惚兮，其中有物。杳兮冥兮，其中有精，其精甚真，其中有信。这就要全凭练功的人自己去心领神会，别人丝毫不能代替。丹道为一体，是建立在最精、最微具有无穷妙用的物质基础之上的。时至花开，水到渠成。只有自练自得，自得自知而已矣。

洛书为日月相交之数，其数戴九履一，左三右七，二四为肩，六八为足，中五为腹。纪日月之运行，日升于东，月升于西，并行而不悖。

丹家据此二图，为丹道修炼的指导思想。河图表示精神之妙合，洛书表示气之运行，然而运行之中未离妙合，妙合之中亦寓运行。识此可知九宫八卦天干地支，皆具有吾人一身之内。故曰道不远人，人之违道而远人。旨哉斯言，其为歧路指归欤！

这样的见解，确实是在经过"信、解、行、证"的种种实证功夫中得来的。相信这就把河图、洛书于丹道修炼的秘密基本说到了。

# 《周易》方圆图

这个问题，还要从《周易》六十四卦方圆图说起。

《周易》六十四卦方圆图，是六十四卦排列方式的一种，它与《周易》上

077

下经的排列顺序是不同的。把它搞清楚，对于完整地掌握《周易》六十四卦的运用法则，进而理解中国古代关于天圆地方说的世界图示是非常必要的。

这一套方圆图，据说为陈抟的得意门生北宋哲学家邵雍所绘制，全称叫做《伏羲六十四卦方位图》。其图如下：

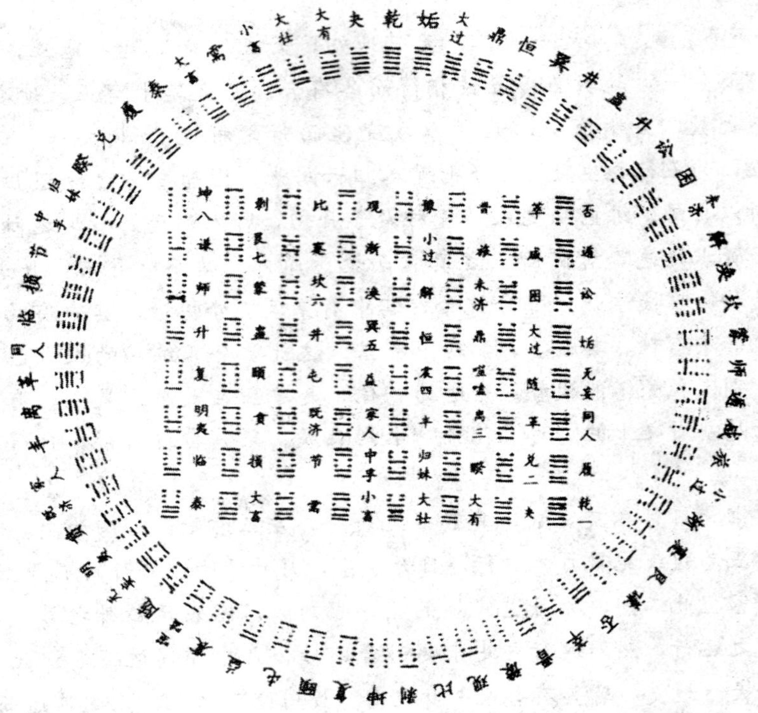

伏羲六十四卦方位图

中间部分是方图，外圈部分是圆图。方图代表卦画的成立，圆图代表卦气的运行；方图代表宇宙的方位，圆图代表宇宙的时间；方图主静，圆图主动。具有天圆地方的概念。

1. 方图

方图由六十四卦排列而成。其排列的方位是：乾卦在西北，坤卦在东南。由西北的乾卦开始，我们由下往上（六十四卦的爻，都是从下往上的），再由右至左，仔细观察，就不难发现，乾卦这一竖行由乾往上是履、同人、无妄、姤、讼、遁、否八卦，由乾往左是夬、大有、大壮、小畜、需、大畜、泰八卦。再仔细一点看，竖行八卦有一个共同的规律，即它们中的三画卦的上卦都是乾卦，而下卦分别是乾、兑、离、震、巽、坎、艮、坤八卦；由右往左之横卦的下卦都是乾卦，而上卦分别是乾、兑、离、震、巽、坎、艮、坤八卦，都对应了先天八卦的顺序。

我们在前边说到，先天八卦有一个代表数字的口诀，即乾一、兑二、离三、震四、巽五、坎六、艮七、坤八。我们在这里将方图六十四卦做一个数字代理的游戏，直列的乾是1、1，履为1、2，同人1、3，无妄1、4，姤1、5，讼1、6，遁1、7，否1、8。横行亦这样按数排列，就形成了《六十四卦方图数字图》。图示如下：

| 8 8 | 7 8 | 6 8 | 5 8 | 4 8 | 3 8 | 2 8 | 1 8 |
|---|---|---|---|---|---|---|---|
| 8 7 | 7 7 | 6 7 | 5 7 | 4 7 | 3 7 | 2 7 | 1 7 |
| 8 6 | 7 6 | 6 6 | 5 6 | 4 6 | 3 6 | 2 6 | 1 6 |
| 8 5 | 7 5 | 6 5 | 5 5 | 4 5 | 3 5 | 2 5 | 1 5 |
| 8 4 | 7 4 | 6 4 | 5 4 | 4 4 | 3 4 | 2 4 | 1 4 |
| 8 3 | 7 3 | 6 3 | 5 3 | 4 3 | 3 3 | 2 3 | 1 3 |
| 8 2 | 7 2 | 6 2 | 5 2 | 4 2 | 3 2 | 2 2 | 1 2 |
| 8 1 | 7 1 | 6 1 | 5 1 | 4 1 | 3 1 | 2 1 | 1 1 |
| 坤 | 艮 | 坎 | 巽 | 震 | 离 | 兑 | 乾 |

六十四卦方图数字图

这样，方图就很清晰地展现在我们面前。这样排列的结果，由西北的乾卦到东南的坤卦形成一条斜直线。在这条斜直线上，依次序排列着乾、兑、离、震、巽、坎、艮、坤。恰恰是先天八卦的顺序，方图的六十四卦就是这样依次生成的。

2. 圆图

圆图亦由六十四卦组成，它遵循另外一种规律。

我们看圆图上面顶端左边的第一卦是乾（☰）卦，最下边靠右是坤（☷）卦，在这乾、坤之间有一条线，可以代表夜间天空中的银河，也可以代表地球南北极间的磁场。我们看圆图，从顶端乾卦往左旋转的八卦，恰好是方图底端从右至左的八卦。再看下去，第二横排的八卦，恰与泰卦之后顺列八卦对应，以下是第三排和第四排，恰好与圆图的左边半个圆圈相符。我们再看右边半个圆图，它与左边各卦排列顺序不同，即各从坤、谦、师，经从左至右横列的方图中八卦，恰与圆图从下边坤卦开始右上旋的三十二卦对应。

3. 方圆图的文化内涵

方圆图包含了理、气、象、数各方面丰富的文化内涵，但常被江湖术士作为预测人事吉凶祸福的工具，以欺世敛财，愚弄百姓，岂不悲哉！

第一，方圆图展现了天地运行之理。圆图的乾、兑、离、震四卦，为天之阳；方图的乾、兑、离、震四卦，为地之刚。圆图的巽、坎、艮、坤四卦代表天之阴，方图的巽、坎、艮、坤四卦则代表地之柔。天圆地方，天动地静，又是天地之阴阳。先天生数、后天成数之理尽现其中。它说明了天与地是相互印证、相互发挥的。如《系辞》云："立天之道，曰阴与阳；立地之道，曰柔与刚；立人之道，曰仁与义。"可见天道之阴阳与地道之柔刚相应和，地道顺承天道之运行。故《周易·系辞》中："天尊地卑"的卑字，应作顺承解，应作谦逊讲。

第二，方圆图展示出天地宇宙间气机运行之妙。《周易》的气机运行变化，表现于卦气，不仅一天的十二个时辰，一月的晦朔弦望，一年春、夏、秋、冬的四季变化等等，都可以在方圆图中看到各自的卦气，并判明卦气的升降与衰旺。

第三，方圆图尽现消、息、盈、虚之相。方图从右下方的乾卦到左上方的坤卦；圆图震居图之北，为阳之始，巽居图之南，为阴之始，阳气逆卦序而行，阴气顺卦序而行，阴阳变化，消、息、盈、虚，世间万象，尽在一方圆图耳！

第四，方圆图尽现对待之数。来知德先生云："对待者谓之数。"正因为方圆图对待关系的不同，把《周易》的理、气、象各要素，提高到数学模型的高度，完成了从"形而下"的器到"形而上"的道的转化与升华，天地对待之理尽在其中矣。

正如乌恩溥先生所言："方圆图是模拟天道和地道构筑起来的一个世界图示。这一图示为人们提供了昼夜运行，寒往暑来，阴阳变化的消息。它提醒人们在天地之间应该怎样自处，应该怎样与时生息。这就是说，这一图示在内容方面也包含着人道。因此，可以说这一图示是由天道、地道和人道三个方面构筑起来的一个整体。它把《周易》的精髓荟萃于一身，集中地表达了《周易》一书的核心内容。它在《周易》一书里是一个高层次的完整的世界图示。"（《周易·古代中国的世界图示》）

所以，《周易》的世界图示是天圆地方。这种天圆地方的观念亦为中国人所接受，成为他们宇宙观的一个组成部分。以往有人认为古人说天圆地方是因为古人观测天象认为天为穹庐笼罩大地，似圆形，而大地则为方形，是古人不谙天文学所致。这种说法值得商榷。其实中国人观察天体运行，有浑天、盖天两派。天圆地方属盖天派理论，它也是古人对昼夜运行、阴阳变化的深刻观察、认识和理解而获得的结论，是有一定科学性的宇宙观和方法论。

为便于学人作进一步研究，今将来知德《天与日会圆图》《地与月会方图》附后，以供参考。

天 与 日 会 圆 图

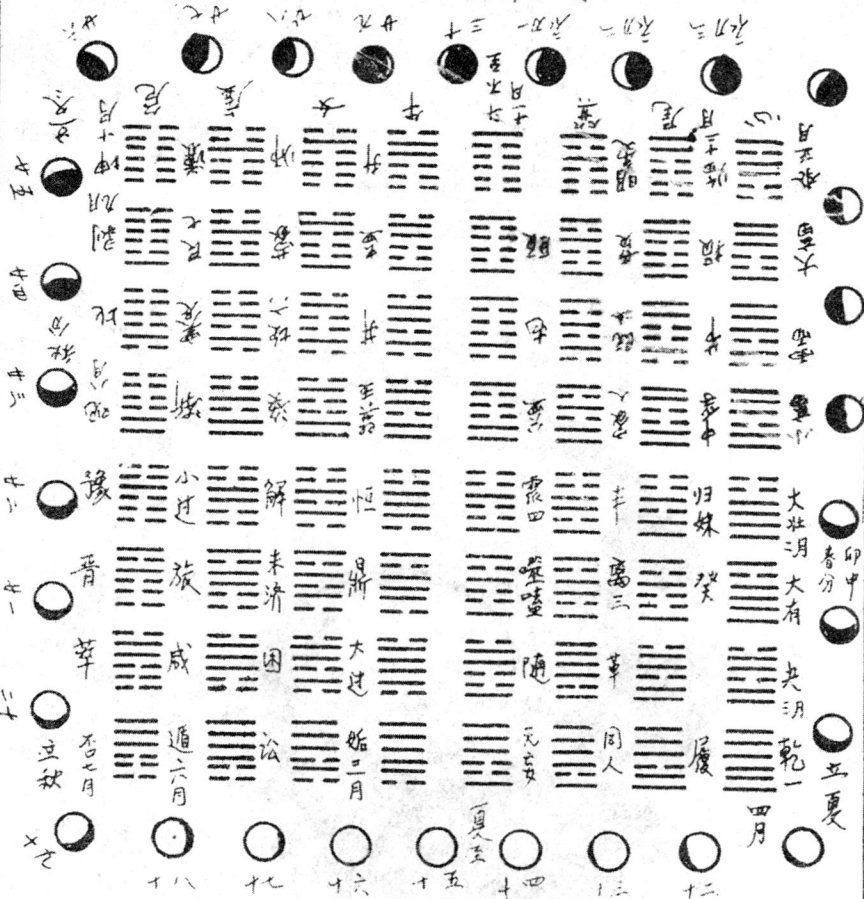

地 与 月 会 方 图

第三章　阴阳五行与八八六十四卦

# 十二辟卦及其旁通与象征意义

前面说到，孟喜致力于《周易》象数研究，提出了十二辟卦。所谓十二辟卦，又称十二消息卦，即复、临、泰、大壮、夬、乾、姤、遁、否、观、剥、坤十二卦。这十二卦，本来并没有什么奇特之处，但一经与时间、空间等要素相结合，就反映出某一事物发生发展的过程，成为载理之车乘。不仅一行和尚致力于把它运用到天文学上，更有魏伯阳通过《周易参同契》把它用在指导"丹道"的修炼上，故本书也作些介绍。

1. 十二辟卦的本义

我们先看下面这张《十二辟卦本义图》。

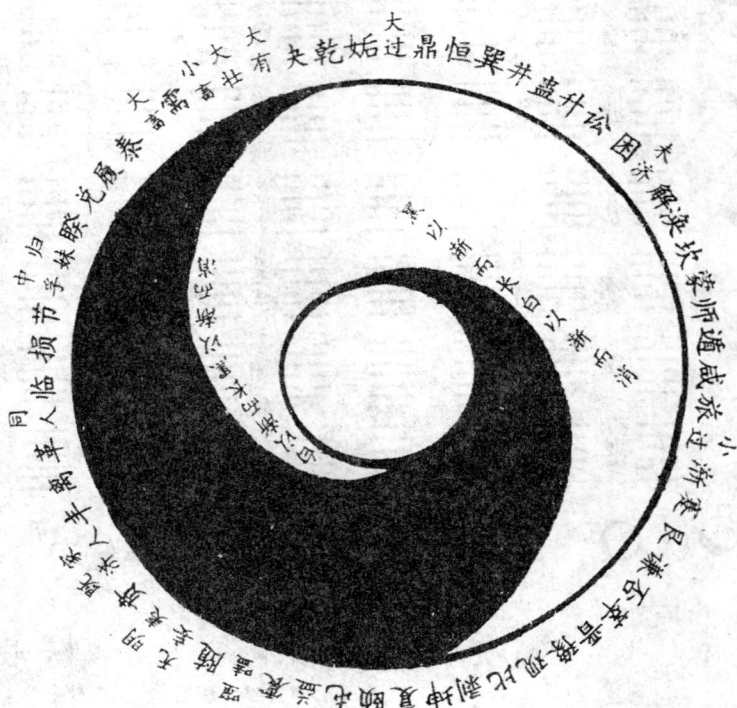

**十二辟卦本义图**

此图说明,十二辟卦不外说明阴阳消长的一个过程。自复至临,而泰、大壮、夬、乾,表现出阳以渐而长的情况。自姤至遁,而否、观、剥、坤,表现出阴以渐而长的情况。

2. 十二辟卦的旁通义

在孟喜、京房之后,有名叫干宝的人(字令升,河南省新蔡县人)"留思京房之学",旁通十二辟卦,并将它运用于更广的范围。干宝巧妙地推衍卦气图。从十二辟卦出发,推导出乾坤十二爻与十二辟卦的关系。如其给乾、坤两卦作的注:

乾卦:

初九:"阳在初九,十一月之时,自复来也。"

九二:"阳在九二,十二月之时,自临来也。"

九三:"阳在九三,正月之时,自泰来也。"

九四:"阳在九四,二月之时,自大壮来也。"

九五:"阳在九五,三月之时,自夬来也。"

上九:"阳在上九,四月之时也。"


坤卦:

初六:"阴气在初,五月之时,自姤来也。"

六二:"阴气在二,六月之时,自遁来也。"

六三:"阴气在三,七月之间,自否来也。"

六四:"阴气在四,八月之间,自观来也。"

六五:"阴气在五,九月之时,自剥来也。"

上六："阴在上六，十月之时也。"

（《周易集解》）

干宝在这里变换视角，说明十二辟卦不断积累，即成乾、坤两卦。是以大说小。另外还有以小说大的方法。先看下图：

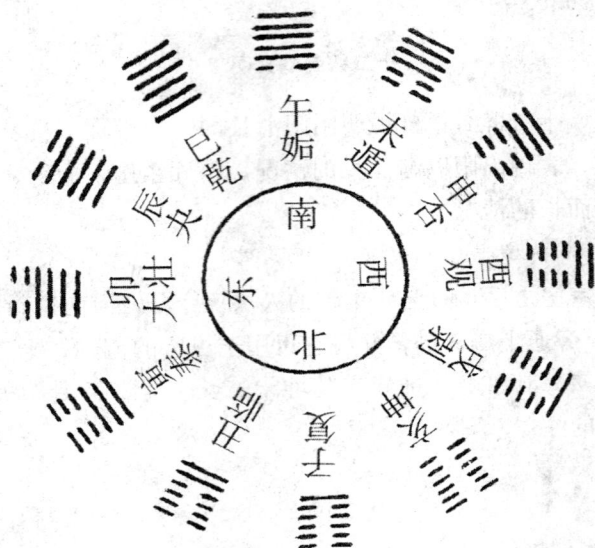

十二辟卦方位图

这样，即将十二辟卦配以方位和时间，其象征的范围当然就更广泛了。

图中，阴去阳来为息，自复卦至乾卦为息卦，共六卦。阳去阴来为消，自姤卦至坤卦为消卦，亦六卦。乾坤两卦为消息之母。

中国古代的天文学，盖天派是居于统治地位的。他们认为，地球世界是以北斗星为天心所在。北斗星每年十二个月中指遍四方二十八宿，一年中经历二十四个节气，七十二候，三百六十五又四分之一日，这也是地球绕太阳一周的时间。从上图说明，十二辟卦一卦对应一月，一爻当五日恰好即一候。一月六候，故十二辟卦共有七十二候，与古天文学恰恰相互印证。这应当说不是偶然的巧合。

3. 十二辟卦在内功修炼方面的象征意义

《道藏》说明，内功修炼的最高境界，是攒簇五行，和合四相，是与《周易》相通的。但世间现存的有关内功典籍，多是精华与糟粕共存，鱼龙混杂，既有古代科学知识的亮点，也有不少故弄玄虚不确切的地方。

传统医学专家李仲愚教授，在其《气功灵源发微》一书中，较完整地阐述了十二辟卦在内功修炼方面的象征意义。他说：

天心者一阳来复也。勤行不懈，清阳渐长，浊阴渐消，由复而到乾，则为纯阳矣。如卦象所示：

| 一复 | 二临 | 三泰 | 四大 | 五央 | 纯乾 |
|------|------|------|------|------|------|
| 阳 | 阳 | 阳 | 阳壮 | 阳 | |
| 生卦 | 生卦 | 生卦 | 生卦 | 生卦 | 阳卦 |

以上卦象说明，清阳之气，以微到著，从小到大，从少到多，都是从清净心中生起，从正念中积功累德而来。

| 一姤 | 二遁 | 三否 | 四观 | 五剥 | 纯坤 |
|------|------|------|------|------|------|
| 阴 | 阴 | 阴 | 阴 | 阴 | |
| 生卦 | 生卦 | 生卦 | 生卦 | 生卦 | 阴卦 |

以上卦象说明，浊阴之气，从微到著，从小到大，从少到多，都是秽浊心中生起，从邪念中损功败德而来。

十二辟卦的生理现象如下：

复卦为子卦。一阳来复之象。练内功有效之初时，丹田之中一阳生起，此时腹中阳气震动，丹田暖气融融，或腹中跳动，或身上肌肉、经络不时跳动，或跳于腰背，或跳于胸胁，或跳于四肢，或有暖气流动之感，或全身轻安愉快，或练功时全身大功，这些都是一阳来复的现象。

临卦为丑卦。二阳生起之象，练功者此时阴液化为甘露，津液润泽。口中甘美，以前的震动从此消失停止，定力从此逐渐增深。此为二阳生起的现象。

泰卦为寅卦，三阳生起，天地交泰。练功者身中如春光明媚，阳气下充于丹田，阴精上升于灵府。此时神清气爽，凤病全消，奠定了祛病延年的基础。此为三阳生起的现象。

䷡ 大壮卦为卯卦。四阳生起，清阳壮盛，胜过浊阴之气。练功的人，身中如春风拂柳，正是阳气冲关之时。此时耳后风生，目有晶光，夜能见物。此为四阳生起之现象。

䷪ 夬卦为辰卦。五阳生起，为清阳与浊阴决战之时，此时练功者身中如绿荫如盖，芳草如茵。清阳之气冲破玉枕，入泥丸，注于祖窍之中。在此之前，练功之人如能再入甚深禅定，达到虚极静笃之时，脑后玉枕之处突然一声霹雳，阴阳决战，清阳得以胜利凯旋。此五阳生起之现象。

䷀ 乾卦为巳卦。六阳生起，练功者清阳健旺，浊阴全消，已成纯阳之体。精随气化，气与神融，如华英蕃茂。此时无饥无渴，卧冰不寒，蹈火不热，入水而不溺，腾空而不坠，鲲化鹏游之能事，臻乎其妙矣。

虽然如此，能具备勤、诚、恒的毅力，坚持刻苦锻炼，勇往直前者实在太少，即有一二志士，亦因机缘不具，或俗务羁缠，或意外横生，事与愿违。故世间初果者实为不少，而硕果者确难见难闻。高深者亦不过停留于三阳开泰之下。噫！难矣哉！老子说："慎终如始，则无败事。"即使功夫到了纯阳境界，亦须不停地温养，勤加沐浴，使心无邪思，神无垢染，直至不生不灭。何谓不生不灭呢？就是邪心令其不生，真心令其不灭。练气功者，其无忽诸也。

若人逐境忘身，得意忘形，见利忘义，杂念乱其心，私计乱其神，则不到应得之天年，而真阳速减，走夭寿而多病的道路，实为可惜！即使纯阳之体，不自珍惜，其阳气也会逐渐消失，如下面卦象：

䷫ 姤卦为午卦。一阴从内而生。懈怠之人不加锻炼，心中不时生起一念邪欲，染垢一分真心，丧其一分清阳，生起一分浊阴，增加一分衰老，减去一分健康，生命凋零之机已萌于此。

䷠ 遁卦为未卦。二阴生起，清阳遁退，浊阴进长，懈怠之人不加锻炼，精神衰减，形体疲惫，百病丛生，可不慎乎！

䷋ 否卦为申卦。三阴生起，天地不交，上下痞塞。懈怠之人不加锻炼，则心肺之气不能下降于丹田。水湿痰浊等阴秽之物，不能排泄于体外，壅滞于胸胃及心脑血管之中，造成冠心病，肺心病，心脑动脉硬化，血压波动，胆、肾等内脏结石，或浊阴不消，秽毒不去，生起肿瘤痞块。

䷓ 观卦为酉卦。四阴生起。懈怠之人不加锻炼，转眼变成鸡皮鹤发，老态龙钟，弓腰驼背，身形短缩。或痰湿虚肥，心累心跳，呼吸浅短。或气与血并行于上，逆而不返，则为大厥，厥则暴死，气返则生，不返则死。所谓大厥者，就是西医所称的脑血管意外病症，中医称为中风。

☶☷剥卦为戌卦。五阴生起，为清阳大受其剥之时。懈怠之人不加锻炼，百病缠身，行尸走肉，日薄西山，气息奄奄，人命危浅，朝不虑夕。

☷☷坤卦为亥卦。纯阴也。懈怠之人不加锻炼，未到应享之天年，就结束了生命，全身出现纯阴之象，心无跳动，肺无呼吸，身无暖气，肤色青紫，无见无闻，肢体僵硬，壮志未酬，已作九泉之客，悲夫！

这里，李先生揭示了"性命双修"的真正面目，不仅《周易》六十四卦，即太极、河洛等法，无不在一心矣！

为便于学人作进一步研究，现将《循环内变通图》附后，以供参考。

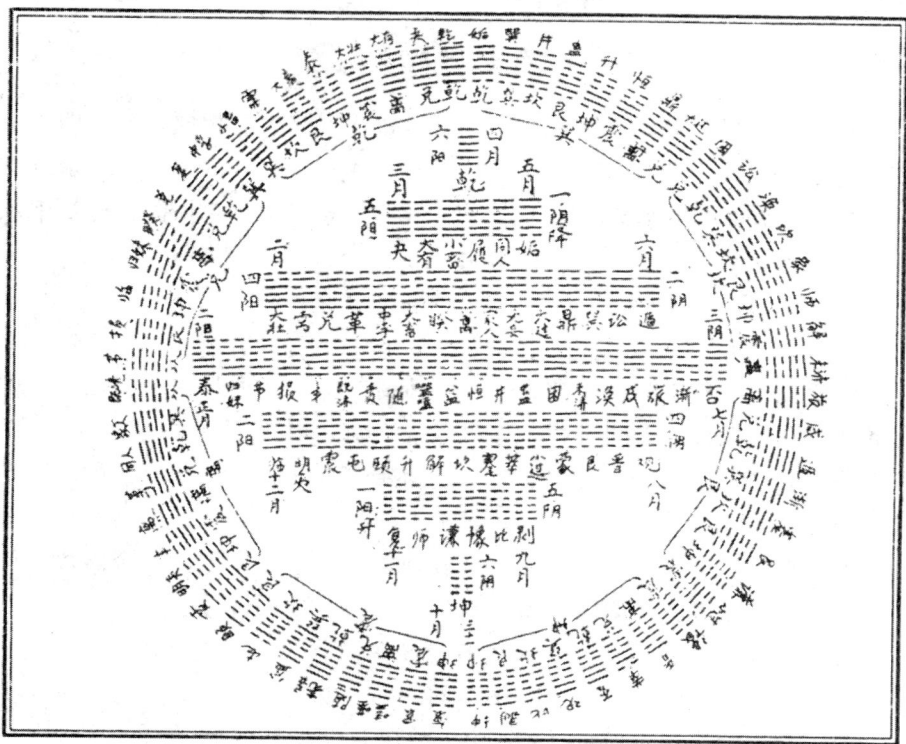

循环内变通图

# 《周易》六十四卦及其排列顺序

现在说一件事或一个时期的情况涉及面广，难以掌握，就说错综复杂，其实，这便是《周易》错、综、互、变的另一种说法。而《周易》的六十四卦的排列顺序及变化错综复杂，则是由《周易》错、综、互、变之理全面规范的。

### 1. 错

这个"错"字，不作错误讲，而作交错对待讲。若阳在左，交错即成阴在右；若阴在右，交错即成阳在左。如乾卦相错得坤卦（☰→☷），大有卦相错得比卦（☲☰→☵☷）。《周易》六十四卦中，乾与坤、坎与离、大过与颐、小过与中孚八卦是正相错（此八卦只有错卦，而无综卦），而其他都是综卦。

### 2. 综

这里的"综"字，不作综合讲，而是高低织综相反相成之意。即阳上阴下对应阴上阳下之类。在《周易》六十四卦中，除八正错卦，其余五十六卦都是综卦，如屯与蒙、需与讼等。相综下来，五十六卦也仅得二十八卦，加上八错卦，共是三十六卦，对照前边卦序歌，最终上经仅十八卦，下经亦十八卦。

### 3. 互

互是指以一卦中的四爻画出一个互体卦的方法，通过这个方法，可以知道本卦发展变化的中间过程。如火天大有卦，取二至五爻（二、三、四爻为下卦，三、四、五爻为上卦），成互体卦泽天夬卦。再将互卦的范围扩展一下，从一至四爻，二至五爻和三至六爻可以分别画出三个互体卦，这三个互体卦的性质，就可以更详细地表现出中间过程发展的三个阶段，使对卦体卦德的把握更深刻而具体。

### 4. 变

变指爻变。一爻不同，则卦体不同。即一爻变，本卦会变为变卦。如坤为地，第一爻变即成地雷复卦，第二爻变即成地水师卦。

错、综、互、变是掌握六十四卦排列组合变化规律的四大要素，它们之间，相互渗透、相互影响。李仲愚先生口诀云："守本卦为体，依互卦明象；参错综致用，掌变卦应机。"则是运用的法则了。

5. 错综互变与六十四卦排列顺序

《周易》六十四卦的排列顺序，如前面卦序歌说到的，是从乾、坤两卦开头，至未济卦结束。它为什么要这样排列呢？《周易·序卦》有云："有天地，然后万物生焉。盈天地之间者唯万物，故受之以屯。屯者，盈也；屯者，物之始生也，物生必蒙，故受之以蒙……"这就从文义上解释了《周易》六十四卦"乾坤屯蒙需讼师"为什么这样排列。问题也就出在这里，单就这种文义的解释来看，确有牵强的地方。但中国有重义理、轻术数的传统，故历代学者没有几人认真把它解释清楚，台湾南怀瑾先生甚至说它是千古之谜。其实，孔子在文义上有《序卦》，在本质上又有《杂卦》，专说卦与卦之间的错与综，即除去乾与坤、坎与离、大过与颐、小过与中孚八卦相错外，六十四卦排列，都是一组一组的综卦。因为如此，六十四卦也就变成了三十六卦，上经与下经各具十八卦，这就是这个"千古之谜"的结论。

前面说到《六十四卦方圆图》《六十四卦卦气图》，加上本文讨论的《周易》上下经六十四卦排列顺序，都是六十四卦排列方式的一种，相信还有其他更多的排列组合方式。不过《周易》上下经的排列方式，上经首乾坤说天地，下经首咸卦讲人道，而以既济、未济结束，并排出二十八对相反相成的综卦，更有数的完整对应，应当是一组相当完美的排列方式。参阅《八卦上下相综全图》和《八卦所属自相错图》。

# 八卦上下相综全图

| 归妹 | 渐 | 涣 | 巽 | 益 | 家人 | 中孚 | 小畜 | | 否 | 遁 | 讼 | 姤 | 无妄 | 同人 | 履 | 乾 | |
|---|---|---|---|---|---|---|---|---|---|---|---|---|---|---|---|---|---|
| | | | | | | | | 巽上 | | | | | | | | | 乾上 |
| 升 | 蛊 | 井 | 巽 | 恒 | 鼎 | 大过 | 姤 | | 泰 | 大畜 | 需 | 小畜 | 大壮 | 大有 | 夬 | 乾 | 乾下 |
| | | | | | | | | 巽下 | | | | | | | | | |
| 比 | 蹇 | 坎 | 井 | 屯 | 既济 | 节 | 需 | | 萃 | 咸 | 困 | 坎 | 遁 | 随 | 革 | 兑 | 夬 |
| | | | | | | | | 坎上 | | | | | | | | | 兑上 |
| 师 | 蒙 | 坎 | 涣 | 解 | 未济 | 困 | 讼 | | 临 | 损 | 节 | 中孚 | 归妹 | 睽 | 兑 | 履 | 兑下 |
| | | | | | | | | 坎下 | | | | | | | | | |
| 剥 | 艮 | 蒙 | 蛊 | 颐 | 贲 | 损 | 大畜 | | 晋 | 旅 | 未济 | 鼎 | 噬嗑 | 离 | 睽 | 大有 | 离上 |
| | | | | | | | | 艮上 | | | | | | | | | |
| 谦 | 艮 | 蹇 | 渐 | 小过 | 旅 | 咸 | 遁 | | 明夷 | 贲 | 既济 | 家人 | 丰 | 离 | 革 | 同人 | 离下 |
| | | | | | | | | 艮下 | | | | | | | | | |
| 坤 | 谦 | 师 | 升 | 复 | 明夷 | 临 | 泰 | | 豫 | 小过 | 解 | 恒 | 震 | 丰 | 归妹 | 大壮 | 震上 |
| | | | | | | | | 坤上 | | | | | | | | | |
| 坤 | 剥 | 比 | 观 | 豫 | 晋 | 萃 | 否 | | 复 | 颐 | 屯 | 益 | 震 | 噬嗑 | 随 | 无妄 | 震下 |
| | | | | | | | | 坤下 | | | | | | | | | |

# 八卦所属自相错图

<table>
<tr><td>巽</td><td>震</td><td>坎</td><td>离</td><td>艮</td><td>兑</td><td>坤</td><td>乾</td></tr>
<tr><td>小畜</td><td>豫</td><td>节</td><td>旅</td><td>贲</td><td>困</td><td>复</td><td>姤</td></tr>
<tr><td>家人</td><td>解</td><td>屯</td><td>鼎</td><td>大畜</td><td>萃</td><td>临</td><td>遁</td></tr>
<tr><td>益</td><td>恒</td><td>既济</td><td>未济</td><td>损</td><td>咸</td><td>泰</td><td>否</td></tr>
<tr><td>无妄</td><td>升</td><td>革</td><td>蒙</td><td>睽</td><td>蹇</td><td>大壮</td><td>观</td></tr>
<tr><td>噬嗑</td><td>井</td><td>丰</td><td>涣</td><td>履</td><td>谦</td><td>夬</td><td>剥</td></tr>
<tr><td>颐</td><td>大过</td><td>明夷</td><td>讼</td><td>中孚</td><td>小过</td><td>需</td><td>晋</td></tr>
<tr><td>蛊</td><td>随</td><td>师</td><td>同人</td><td>渐</td><td>归妹</td><td>比</td><td>大有</td></tr>
<tr><td colspan="2">震巽四与五错</td><td colspan="2">离坎三与六错</td><td colspan="2">兑艮二与七错</td><td colspan="2">乾坤一与八错</td></tr>
</table>

093

# 《周易》爻辞的安立和形成

　　《周易》六十四卦的每一卦，都有卦辞，用以判断一卦的总体性质。每卦下面，又有不同的爻辞，因之说明每一爻的性情，并以此更周详地说明卦辞，以及它们之间错、综、互、变中的依存关系，古代学者没有明确交代（他们或者并没有把这点看成问题），或因爻辞本身的生涩古奥（其原始素材多源于周公、孔子之前的占卜用辞，也即宗教文字），更因宗教文字与世俗文字的隔阂，造成模糊语言较多的现象，对它们的确立，使历来众多的学者都没有一个满意的说法。精诚如来知德先生，走到了爻辞形成问题的边缘，却仍然没有正面回答。

　　笔者根据恩师李仲愚先生的教授，认为《周易》六十四卦的每一爻，不仅仅在于从义理的角度对卦辞作出周详而相宜的说明，更是依据了错、综、互、变的规律，对每一卦的理、气、象、数所作的根本阐释，因错、综、互、变展现出来的爻与爻之间相互印证与发挥的情况，真正精妙绝伦，令人叹为观止！

　　下面举例说明：

　　我们看乾、坤两卦的卦爻辞。"乾，元亨利贞"（"乾"是卦名，"元亨利贞"是乾卦的卦辞）。以下爻辞："初九，潜龙勿用。九二，见龙在田，利见大人。九三，君子终日乾乾，夕惕若，厉无咎。九四，或跃在渊，无咎。九五，飞龙在天，利见大人。上九，亢龙有悔。用九，见群龙无首，吉。"坤卦的卦爻辞则是："坤，元亨利牝马之贞。君子有攸往，先迷后得主利。西南得朋，东北丧朋，安贞洁。初六，履霜坚冰至。六二，直方大，不习无不利。六三，含章可贞，或从王事，无成有终。六四，括囊无咎，无誉。六五，黄裳元吉。上六，龙战于野，其血玄黄。用六，利永贞。"

　　我们看，乾卦初爻的爻辞是："初九，潜龙勿用。"乾卦相错成坤卦，其初六的爻辞是："初六，履霜坚冰至。"乾卦初爻变即成天风姤卦，其初爻爻辞是："初六，系于金柅，贞吉。有攸往，见凶。"从大的角度说，一是走遇坚冰，一是往而见凶，当然要潜龙勿用了。"勿用"是手段，要做"潜龙"才是目的，是不得不如此的，是受规定的。乾九二曰："见龙在田，利见大人。"相错得坤卦。坤六二爻辞曰："直方大，不习无不利。"相变得天火同人卦，"六二，同人于宗，吝"。也不是说都大吉大利，故以"利见大人"为终。所以说，爻辞的形成，绝不是随意选择的，而是《周易》错、综、互、变规律全面调控的。乾卦其他各爻亦如是。

以这种方法解《易》，《周易》六十四卦的每一卦和爻，都可以列成图表，把同一爻相错的爻辞、相综的同一爻另外的卦爻辞，加上爻变后的爻辞，作个详细的比较，自然不难发现《周易》六十四卦中每一爻的爻辞，都是在错、综、互、变内在规律的规定下形成的。周公是不得不如此系辞，或唯有如此为它们系辞。

这就是爻辞形成的情况，不神秘，更不武断。

# 第四章
# 兼通东方文化与东方智慧的哲学
## ——《周易》与儒、释、道三家的关系

毫无疑问，儒、释、道三家学说，互相融汇、互相渗透，从而构成中国传统文化的核心，如果不懂儒、释、道三家学说，要研究中国的传统文化，也就无从说起。

以水为例。儒家看水，波涛翻滚，奔滚到海，不舍昼夜，于是有"天行健，君子以自强不息"的入世利生精神。道家看水，"海纳百川，有容乃大"，于是有谦下养生的选择。佛家看水，"千江水千江月"，于是有纯净无生、涅槃自在的追求。

三者均属一体之妙用，或因传承不同，或因立身处世的标准不一，又导致相互的争论、攻击，使各自的学说在斗争中存在与发展。但《周易》不同，它将儒、释、道联系在一起，成为三教学说的有机载体。

## 《周易》与儒家思想

中国儒家学说的创始人孔子，最初以《诗》《书》《易》《礼》《乐》《春秋》教授弟子，其时，《周易》就已成为儒家学说的有机组成部分。这六个部分的内容（后来《乐》失传，留下五个部分，代表著作就是今天我们所说的《五经》）又以不同的传承方式，通过孔子的弟子和再传弟子一路流传下来，汇集成儒家学说的长河。汉代立朝之初，儒生之直接参与政治，加

上儒家学说积极入世的内涵，儒学因此凌驾于其他诸子百家之上，儒生不仅相对得到统治者重用，儒家学说的伦理纲常和礼法思想，又作为汉代以来社会教化的重要内容，不断发展丰富，孔子因此被尊之为"圣人"，其汇集的《五经》，遂成为汉代的显学。

现存的五经中，因《诗》《书》《礼》《春秋》相对说来是单方面的学问，远不如《易》内涵的广大，加上后世儒生对它在哲学方面的发挥，又使《周易》凌驾于其他四经之上，成为"群经之首"。

1. 孔子所作"十翼"已成为儒家哲学的典范

孔子在少年时代，即很喜欢《周易》，至晚年，不仅喜欢，而且推崇备至。他周游列国失败的人生实践，使他更加深入钻研《周易》，让他的《周易》心得报告——"十翼"（即上彖、下彖、上象、下象、上系、下系、文言、说卦、序卦、杂卦）别开生面，极大地丰富了《周易》的内涵。不仅如此，孔子更以其高妙的文字和博大缜密的辩证思维，将原有的儒家思想提高到一个崭新的高度，从而囊括了孔子一生最高的哲学思想和人生原则。致使孔子当时读《易》的心得报告——"十翼"已与《周易》正文水乳交融，难以分割（今人学《易》，"十翼"早成正文矣）。

进一步说，从来知德先生的研究证明，孔子所作《彖辞》《象辞》《文言》等，已具备理、气、象、数的内涵；《系辞》不仅有哲学上的概括与发挥，更具备了中爻定位的原则；《说卦传》则阐明了先天八卦和后天八卦的方位与运用法则；《杂卦传》则具备了错、综、互、变的规律等等。所以，孔子所作"十翼"，就包括了儒家哲学的最高理念与法则。而"天行健，君子以自强不息"几乎成为儒家精神的代名词。从这个意义上说，《大学》《中庸》《论语》《孟子》等，都可作为"十翼"的注解读。

2. "十翼"吸收了部分道家思想，为儒学的弘传提供了人生基础

儒、道两家，看似相反相对，其实相辅相成。黄奇逸先生在《历史的荒原》中指出："道家是祭天神、自然神祇中产生的宗教。儒家则是在祭祖神中产生的宗教集团。这两教在中国就像日之阳德，月之阴录，同样有非凡的光辉，但它们各自以不同的非凡，来展示与理解这个世界……相反，先秦诸子不仅不是这些巫觋文化与巫觋学说的开始，而应该是后续、结尾与尾声。正是这种尾声，使诸子们正迅速逃逸、躲开宗教，使自己成为独立的思想团体；但这又使诸子丢开了自己在宗教中的实用价值，除老子学

派没有离开宗教外，孔子学派在汉代很快地获得了政治的青睐。儒家学派在汉代之前，介于政治与宗教之间，正在急切地寻求依附。其他的诸子，一离开宗教的土壤，离开实用，便如云敛天末，渐荡渐灭。春秋战国还没有结束，很快就销声匿迹。"这是很有道理的。依笔者理解，儒家和道家学术的渊薮，是人文始祖黄帝（既是原始部落共主，又是宗教首领）为代表的原始宗教团队的原始宗教实践。在当时，儒、道是不分家的。及至原始宗教实践体证的深入，对自然神与祖宗神的不同祭祀，才有分途的趋势；而随着原始宗教文明的进步，其分野才变为现实。从另一方面来看，道家出世的人生态度，在现实社会中，却是儒家入世和有为的一个必要补充，实是儒道互补，相辅相成。

据《史记·孔子世家》记载："鲁南宫敬叔言鲁君曰：'请与孔子适周。'鲁君与之一乘车，两马，一竖子俱，适周问礼，盖见老子云。辞去，而老子送之曰：'吾闻富贵者送人以财，仁人者送人以言，吾不能富贵，送子以言。'曰：'聪明深察而近于死者，好议人者也；博辩广大危其身者，发人恶也。为人子者毋以有己，为人臣者毋以有己。'"说明孔子在得到弟子南宫敬叔的资助后，首先出鲁国拜见老子，并得到了老子的当面指教。这是孔子高明与伟大之处。他老人家心知肚明，儒、道之源，最初都归于原始宗教，直到在祭祀祖宗神与自然神的深入体证和积累的基础上，儒、道遂逐渐分野。孔子选择问道老子，再反观现有儒家学派的传承，便具备了较同时代人更宽广的视野，最后通过精勤努力编撰的六经（实际流传五经），终于屹立于中华民族文明之林；孔子自身，也因此成为儒家学派划时代的集大成者。

公元前 506 年，46 岁的孔子率孔鲤与部分弟子观鲁恒公庙宥坐之欹器（一种双耳罐，双耳在罐身重心以下，以便汲水时易于倾倒，用该器汲水，则不能满罐），对孔鲤与弟子们说："吾闻宥坐之器者，虚则欹，中则正，满则覆，恶有满而不覆者哉！"他认为正确的态度应该是："聪明圣智，守之以愚；功被天下，守之以让；勇力抚世，守之以怯；富有四海，守之以谦，此所为挹而损之之道也。"（《荀子·宥坐》）比较《道德经》第二十三章："是以圣人抱一为天下式。不自见故明，不自是故彰，不自伐故有功，不自矜故长。夫惟不争，故天下莫能与之争。"是一个道理的两种说法。这类儒、道相通的例子是可以举出许多的。早在宋代，三苏父子就明确指出孔子"吾道一以贯之"的道就是《老子》"道可道"之道。苏辙说："老子体道而不婴于物，孔子自以龙比之。""圣人（周公、孔子）之所以不疾而速，不行而至者，一用（老子）此道也。"

不仅如此，孔子在撰写"十翼"时，发展《易》道之大，无所不包，遂扩展了原有思路，将就纯阳刚健之乾卦，在六爻之上，再加一爻，并象（断）曰："用九，天德不可为首也。"又说："乾之用九，乃见天则。"（说唯通过"用九爻"，方能见天之法则。）把天道的精华与法则归于用九。并以《周易·系辞》补充说："履以和行，谦以制礼"，"履和而至，谦尊而光"。看似儒家学说更广泛的表述，其实质却是类似道家思想的推演和阐释。

作为儒家代表人物的孔子，为儒家学说的弘扬与传播贡献了毕生的精力。孔子晚年却选择了近似归隐的道路，正因为这条路，使孔子学说不仅通过文献，更通过活的文献（他的弟子、再传弟子等），以教师这种特殊的职业艰难地延续下来。孔子的弟子和再传弟子们，更多的时间是靠了孔子晚年的人生昭示，用的是与道家谦下养身的人生态度。

从以上论述说明，《周易》不仅是儒家学说的纲领性文献，涵容广大，更指导了历代儒生的人生实践。在今天，《周易》仍然是"群经之首"，在儒家学说中发挥着主导与核心的作用。当然，我们也应指出，由于儒学从本质上讲是积极入世，讲究修、齐、治、平的学问，因此在儒家学人眼中，《周易》的方法论色彩更浓厚一些。

# 《周易》与道家思想

中国的道家思想，为汉代张道陵创办的道教所沿袭。既称为教，即有职业团队、栖身的宫观及唱诵科仪等，因之不仅仅是道家思想本身。道家思想最早、最权威的代表，就是老子。《史记·老子传》载："老子者，楚苦县万乡曲仁里人也，姓李氏，名耳，字聃，周守藏室之史也。……老子修道德，其学以自隐无名为务。居周久之，见周之衰，遂去。至关，关令尹喜曰：'子将隐矣，强为我著书。'于是老子著书上下篇，言道德之意五千余言而去，莫知其所终。"

黄奇逸先生在《历史的荒原》一书中论及许多早于老子的道家人物是有史料依据的。但老子通过《道德经》完整地表达了道家的思想，与较他之前的道家人物相比，他应该是一位道家学说的集大成者，与较他后出生的道家人物相比，他就是理所当然的宗师。如稍后的庄子，他通过文学手段，特别是灵活运用了寓言这一特殊文学手法，将道家思想作了全面深入的阐释和宣传，比老子所撰的五千言更生动、形象，视野更开阔，涉及的范围更广泛，而且有不少创见成一家言。但从思想深度上看，仍基本没有超越老子。道家之"老庄"，犹如儒家之"孔孟"，虽不同时，却均有建道或缔造之功。但其各自的思想体系和思想方法，则是一脉相承的。说到这里，附带说明一下，判断历史人物是不是属于道家，最好的办法是以他们的行为与《道德经》作比较。如张绪通教授在其《道学的管理要旨》中判断鬼谷子为道家人物就是很牵强的。鬼谷子的生平已不可考，但他的四大弟子，即孙膑、庞涓、苏秦、张仪，均以兵家思想和兵家之术应世，故鬼谷子先生应是一位兼收了道家思想的兵家人物。

1. 儒道之间的差异及其他

道家讲唯道所适。老子《道德经》有云："人法地，地法天，天法道，道法自然。"真正到自然之境，或与自然同体，就了无痕迹可寻，如"羚羊挂角，无迹可寻，超越自我"。这种境界，更多从个人修养、修为而言，所以与儒家礼仪等思想是有一定差异的。

《论语》有云："吾十有五而志于学，三十而立，四十而不惑，五十而知天命，六十而耳顺，七十而从心所欲，不逾矩。"孔子自述的最高境界，确实与"道法自然"的境界有区别。孔子本人也承认这一点，并且很赞赏老子的学识。据《史记·老子韩非列传》记载："孔子适周，将问礼于老子。老子曰：'子所言者，其人与骨皆已朽矣，独其言在耳。且君子得其时则驾，不得其时则蓬累而行。吾闻之，良贾深藏若虚，君子盛德，容貌若愚。去之骄气与多欲，态色与淫志，是皆无益于子之身。吾所以告子，若是而已。'孔子去，谓弟子曰：'鸟，吾知其能飞；鱼，吾知其能游；兽，吾知其能走。走者可以为网，游者可以为纶，飞者可以为矰。至于龙吾不能知，其乘风云而上天。吾今日见老子，其犹龙邪！'"

这是不是说孔子真的比老子矮了一大截呢？答案是否定的。儒道之间的差异，一是在于认识世界的角度不同。现在，一般通称孔子为圣人。《说文》：

"圣，通也。"《白虎通·圣人》："圣者，通也，道也，声也。道无所不通，明无所不照，闻声知情，与天地合德，日月合明，四时合序，鬼神合吉凶。"实际上，就与孔子在《系辞》中所描述的"大人"的含义一样。而在庄子等人心目中，老子就是真人，就是修道成就者，修道成就者自然也是通家。二是对待社会现实的态度不同。孔子更重入世，面对人生，努力使自己的思想行为符合客观现实和社会的需求，以"随心所欲不逾矩"为修养的最高境界。而老子更重出世，以无为无不为的"自然"为最高境界。

这种无为与无不为的精神，实在是很精妙的。黄奇逸先生在《历史的荒原》中指出："其实道教是通过无为来达到'无不为'。道家既存在一种强大的否定世俗的因素，又存在一种强大的帮助世俗与肯定世俗的精神，道家所要达到的是在与世俗保持平衡中来取得最好的观察与支配世俗的位置……道家讲同化于神，儒家则要求与自己有血亲关系的祖先能享配于天，让祖先能近天颜之便，进而影响天神，或者让慈颜顺和祖先神直接帮助自己。道家与儒家思想，均是一种充分服务于人类本能活动的手段。"这是很有道理的。从另一方面说，儒家"天行健，君子以自强不息"的积极利生精神，道家谦下养生的精神，共同印证"易道广大，无所不包"的襟怀。

2.《道德经》章句与《周易》卦辞深有渊源

我们在前面章节谈到，孔子晚年发愤，写出"十翼"，涵盖了《周易》的理、气、象、数，包括了卦爻的错、综、互、变，囊括了先天八卦和后天八卦的排列组合和内涵等，是对《周易》结构、内容及卦爻辞作的全面阐释。但《道德经》章句不同，有一种说法认为它是解释《周易》卦爻辞的，或者说是老子根据卦辞及部分爻辞，为阐释道家思想而写出《道德经》的。笔者认为，协韵成文的《道德经》，对《周易》坤卦系列作了最精妙的阐释，反证"易道广大，无所不包"。

黄奇逸先生从文字学的角度，发现了《道德经》章句与《周易》卦辞的对应关系，无疑为我们研究《周易》开辟了新的道路。他在《历史的荒原》中指出："《老子》一书不仅与《易》有相当关系，我甚至认为《老子》一书的成立，就是老子遵《周易》解释体系而作的。"若认真读《易》的卦辞，就可看到充分的"老子似解释"了。黄先生一共引了三十二卦的卦辞作比较，我们酌引其中几条如下：

有关卦辞与《道德经》章句的比较：

101

| 卦辞 | 《道德经》章句 |
|---|---|
| 坤卦：坤，元亨利牝马之贞。 | 知其雄，守其雌，为天下谿。 |
| 讼卦：讼有孚，窒。惕中吉。终凶。 | 多言数穷，不如守中。 |
| 小畜卦：小畜，亨。 | 道生之，德畜之。 |
| 履卦：履虎尾，不咥人，亨。 | 含德之厚，比于赤子，毒虫不螫，猛兽不据，攫鸟不搏。 |
| 否卦：否之匪人，不利。君子贞，大往小来。 | 天门开合，能为雌？明白四达，能无知？ |
| 同人卦：同人于野，亨。利涉大川，利君子贞。 | 圣人无常心，以百姓心为心。 |
| 大有卦：大有，元亨。 | 有物混成，先天地生，寂兮寥兮，独立而不改，周行而不殆，可以为天下母，吾不知其名，字之曰道，强为之名曰大。 |
| 谦卦：谦亨。君子有终。 | 为而不恃，功成而弗居。 |

从以上文字对比而言，《道德经》章句确有对《周易》部分卦爻辞作老子式解释，但要说《道德经》纯为解释《周易》而作，恐怕未必确切。老子之学，依陈撄宁老先生观点，其实仍是黄帝遗传之学问。故笔者认为，老子《道德经》更多是受黄帝学说（包括《黄帝内经》）以及古易（《连山》《归藏》）的影响而作。其表述《连山易》的《太玄经》有八十一家的形式；《归藏易》有首坤卦与处柔、处下"致役乎坤"的内涵。《道德经》知雄守雌之道，能传之久远，是因为它更多地阐发了《周易》坤卦系列，特别是《归藏易》的内涵所致。

3.《道德经》与《周易》相互发挥

《道德经》全文不仅与《周易·坤卦》的总体精神相一致，更与《周易》所包含的理、气、象、数相贯通。

从《道德经》章句看，又与《周易》六十四卦的许多卦相互阐释与发挥。如《道德经》第二十三章（益谦）、第六十一章（谦德）与《周易·谦卦》；《道德经》第三十章（俭武），第二十一章（偃武）与《周易·师卦》；《道德经》第四十八章（忘知）与《周易·损卦》等等。

如果据此认定《周易》为道家学说的产生提供了重要的依据，老子其人，根据《周易》卦辞作了道家的解释与发挥，从而写出了中国历史上第一部道学典籍，似乎言之过早。但认定《周易》卦爻辞与《道德经》章句互为羽翼，相互补充，则是无可置疑的。

因为一是《周易》阐释天道运行法则，不仅有"阴"的一面，同时有"阳"的一面，《周易》到孔子方集大成，完成爻辞的编定，老子著《道德经》，当早于孔子传《周易》。其学术本身，既为原始宗教教团所拥有，同时又为相当宗教教职人员熟知与认同，到老子阐释道家思想时，借用卦爻辞的观点，特别是坤卦爻辞的观点就很自然了，因为都同属本门学问。二是《还吾老子》证明，老子章句尚引用了周藏史的相关资料，故从更广的时空言，《周易》中偏于阴柔的卦爻辞，与《道德经》章句是互为羽翼、相互补充的。三是老子从学道家长者，在道家学术上其独有的传承。三者融合，构成了《老子》。另一方面，《老子》说天地人生，往往从"阴"处着手，偏重出世，反证儒家偏重入世。当儒道思想合一，就展现出完整的天地合一的思想渊薮。这是《易》道广大，

# 《周易》与佛家思想

我们现在一般意义上的空性智慧，即是佛家所说的"般若"。佛经有云："般若为诸佛之母。""佛"是梵文的音译，同样的意义，还有世尊、明行觉、无上士、调御大夫、天人师、世间解等称呼。汉语的意思就是觉悟和成就。用现代话说，就是一切觉悟和成就，都因空性智慧而生。所以，在佛家无论显教或密教中的各宗各派，都离不开空性智慧。从汉地显教而言，从教义要求，更直接、更步步不离体证般若的，是佛家禅宗一脉（在密教，相当于红教大圆满的所谓"且却"。在白教，就是所谓"大手印"。在觉囊派，则是中观他空见）。说到这里，还有一段公案。

最初达摩东来的时候，是以《楞伽经》教授弟子并以此为弟子印心（其木棉袈裟掩护的"正法眼藏、涅槃妙心"的密法，并没有公开传授。而《楞伽经》中有一百零八个问题，很是艰深，凡作弟子者，必须首先领悟这一百零八个问题。即先由事一心，而进入理一心的方式训练弟子，还不是五祖以后的直接悟入。为纪念这一段因缘，所以现在汉地的念珠，一般是一百零八颗）。按照佛家的说法，是当时众生大乘的种性还没有成熟，所以，有达摩禅师在少林面壁九年，等待他具缘的弟子。后来，承传达摩禅师衣钵的弟子就是二祖慧可。他断臂求法，终于得承衣钵。二祖以下，仍然以《楞伽经》印心。直到五祖弘忍，方才改为以《金刚经》印心。五祖为传衣钵，需考察弟子体证般若的程度，就吩咐众弟子各写偈语。其中神秀上座有偈："身如菩提树，心如明镜台，常常勤拂拭，勿使惹尘埃。"接下来，是慧能大师，他也有偈："菩提本无树，明镜亦非台，本来无一物，何处惹尘埃。"于是慧能得五祖传衣钵，成为著名的禅宗六祖。这里有一个问题，就是神秀上座并没有错，但是为什么没有得到衣钵的传承呢？问题的关键在于神秀讲的是渐悟法门，慧能讲的是顿悟法门。五祖选择慧能，是慧能的法门更接近当时中国人的心性。这种心性的存在，是因为中国人受《周易》的影响以至于到魏晋南北朝时期，文人学士崇尚玄学清谈的风气大盛所致。顿悟讲的是直觉领悟，这与深受《周易》影响的中国人的思维方式非常契合——禅宗的"悟道"不是思辨的推理认识，而是个体的直觉体验。这也就是来知德所谓的"思之思之，鬼神通之"的能通之所。

为说明问题，我们在两个最重要的方面把《周易》与佛学作个比较。

1. 总纲的比较

现存的佛经，大约是三千多部，已翻译成汉文的就有两千多部。这也提出了一个问题，就是如何读这两千多部书的问题。明眼的祖师就编了两个口诀，以帮助后来的学人。一个是大乘法印的口诀，以此判明是否属于大乘佛数。口诀曰："诸无常，诸法无我，有漏皆苦，涅槃寂净。"还有一个归纳大乘佛教总纲的口诀："诸恶莫作，众善奉行；自净其意，是诸佛教。"我们先不说大小乘的问题，单说总纲。我们看太极图阴阳消长之势，就有阴极阳生与阳极阴生。如来知德云："君子有一念之醒，可以从最黑暗的地方走向最光明的地方；君子有一念之差，可以从最光明的地方走向最黑暗的地方。明白此理，便一心只想做圣人……"当然是自净其意了。以否（䷋）泰（䷊）两卦看，天在上地在下为否，人体会天的精神，积极利生，众善奉行，天道的精神就会下行，从而利益众生。时时为天下百姓着想，就会以百姓之心为心，使利益众生从自愿到自觉。这样，可以变成地在上、天在下的泰卦（在《周易》错、综、互、变中是"综"和"错"的道理）。更有孔子的感慨："积善之家，必有余庆；积不善之家，必有余殃。"所以，《周易》可以说也是劝人"诸恶莫作，众善奉行，自净其意"的书。这种思想，在本质上与佛教的精神是完全相通的。

2. 因果观念的比较

佛家最重因果，所谓："种善因，得善果；种恶因，得恶果。"正因为佛家对因果观念的不断宣扬，使它在社会上具备了比道教更大的影响力。实际上，对这种因果观念的宣扬，是佛教徒的变通手法。真正佛家学说中的因果，是一种哲学思辨上的因果规律，是放在宇宙时空中说的，具有相当深刻的内涵。其影响因果的因素很多，真正错综复杂。如大知识分子、大学问家，更容易从唯识法相宗（即唐代高僧玄奘法师千辛万苦从印度学回来的那一套）入手掌握佛学的真谛；文学之士如苏东坡就更喜欢从容不迫地从禅宗入手印证佛法。这些都是因果的表现。有人刻苦努力，于是有好结果，自然是因果；有人终生刻苦努力，或因方法不对，或因心理素质不过关，却没有好结果，也是因果。从稍长的历史进程看，秦律失之于苛，故有军人的临阵反戈；汉代纠秦之弊，失之过宽，故有削藩之乱；赵匡胤鉴于唐代藩镇之祸，杯酒释兵权，又致使宋代晚期边关无守路。又哪里不是因果呢？

其实，从佛家愿意说因果，就有眼、耳、鼻、舌、身、意对应的色、声、香、味、触、法的种种排列组合，加上阿赖耶识在八识心田中的作用，其因果因缘的各种表现就变得复杂异常。世人很难将它作出仔细的分析与厘定。但是《周易》不同，《周易》恰好是最完整，也是最形象地解释了因果规律的一部大书。如太极自含八卦，六十四卦中每一卦自有六十四卦（每卦自有本宫八卦，相推成六十四卦）等。故六十四卦中纯阳的乾卦若因缘聚合可变成至阴的坤卦，或者其他的六十二卦。六十四卦相重，又有四千零九十六卦，每一卦又还有爻的变化，散之，则可百、可千、可万、可亿，聚之，则不过一太极。真正因果因缘尽在《周易》矣。

《周易·系辞》有云："《易》有太极，是生两仪，两仪生四象，四象生

八卦，八卦定吉凶，吉凶生大业……"太极变化的六十四卦等，恰恰是华严世界的种种物象与众生世界的种种生命历程。《周易》寂然不动，感而遂通，故能现自然造化之妙，这就是妙有。

妙有印证虚空，这便是空性智慧，这便是佛家的"般若"。所以，揭开这个千年谜底：全部《周易》，恰恰是释迦牟尼一代时教在东方的再现，恰恰是最适合东方人心性、最全面周详、最形象阐释佛家主要教义的大书。

# 第五章
# 包容现代科学的母体
## ——《周易》与文学、数学、化学、医学等学科的关系

李泽厚先生在其《批判哲学的批判》中曾这样说过："宗教信仰命运，文艺表达命运，哲学思索命运。"《周易》在古代中国既具有宗教的性质，亦具有哲学的意义，对人的命运（如吉、凶、祸、福）进行了深入的思考和诠释，因此它与表现人命运的文学艺术以及表现人类思维的数学等学科必然有十分密切的关系，并不能不对其产生深远的影响。

事实上，中国古代的科技或多或少都受到《周易》思想的影响，这已为近年来多数学者的研究成果所证实。对于中国古代文学，《周易》则不仅在美学思想、表现方式上，甚至还在语言上都对其产生了深刻的影响。《周易》对中国传统医学的影响则更是众所周知的事实。直到现在，中医的理论仍建立在阴阳五行的基础之上。

107

## 《周易》与中国古代文学的关系

任继愈先生在《易学智慧丛书》的序中说："《易经》这部书幽微而昭著，繁富而简明。五千年间，《易》学思想有形无形地影响着中华民族的社会生活、政治生活以及人生哲学。"因此，它也不能不对中国文学产生重大的影响。

《周易》对文学的影响主要表现在以下几个方面：

　　首先是其语言——《周易》的语言形象生动，骈散结合，有巧妙贴切的比喻。无论是经文还是传文，其语言都有较强的文学性，而且不少的爻辞还有较强的节奏感和韵律感，比如：

　　贲如！皤如！白马翰如。（《贲》）
　　突如，其来如。焚如！死如！弃如！（《离》）
　　鸣鹤在阴，其子和之。我有好爵，吾与尔靡之。（《中孚》）

　　读起来朗朗上口，很有诗意诗味。像"突如，其来如"这样的句子，后来演化成"突如其来"，大量进入文学描写和人们的日常口语之中。
　　郭沫若先生早在 1930 年出版的《中国古代社会研究》一书中，对于《周易》与文学艺术的关系就作了如下深入的阐释："经文的爻辞多半是韵文，而且有不少是很有诗意的。"

　　屯如，邅如，
　　乘马班如：
　　　　匪寇，
　　　　婚媾。（屯卦六二）

　　郭先生认为："这是写一个男子骑在马上迂回不进，他不是去从征，是去找爱人。邅班为韵，寇媾为韵，更加三个如字的语助词，把那迂回不进的情趣表现得多么充足呢。"

　　贲如，皤如，
　　白马翰如：
　　　　匪寇，
　　　　婚媾。（贲卦六四）

　　郭先生认为："与上同调，此侧重色感。"
　　对于离卦九四：

突如，其来如，

　　焚如，

　　　死如，

　　　　弃如！

郭先生解释道："这是多么哀婉的一首抒情诗呢。这当然是有闲阶级的情感，他丰衣足食之后，在百无聊赖之中，对于人生发出这样的疑问。人生诚然是不可捉摸的，人生是无常的，这便引动了他无上的悲哀。"

对于井卦九三：

井渫不食，

为我心恻；

可用汲。

王明，并受其福。

郭先生认为："读这短短的四句，好像在读屈原的《离骚》。食、恻、福为韵。"最妙的是他对归妹卦上六的解释：

女承筐，

无实。

士刲羊，

无血。

郭沫若以一个诗人敏锐细腻的感觉这样分析道："我觉得这是牧场上一对年轻的牧羊人夫妇在剪羊毛的情形，刲字怕是剪剔之类的意思，所以才会无血（古人训作刺字，实讲不通）。剪下的羊毛，女人用竹筐来承受着，是虚松的，所以才会无实。我想我这种解释是合乎正轨的。那么我们看，这是多么优美的一幅图画呢。假使你画出一片碧绿的草原，草原上一群雪白的羊，一对年轻夫妇很和睦地在一起，一位剪着羊毛，一位承着篮子。这怕会比米勒的《牧羊少女》还要有风致吧？这首诗虽然很简单，但就是这样一个白描的世界。"在这里，郭沫若完全用了"诗"、"这首诗"这样的

词汇来说明《周易》的爻辞。当然，我们要肯定《周易》不是文学，但它有一定的文学性。《周易》与文学的关系主要不在于它本身的语言文字所具有的文学色彩，而在于它的思想对于古代中国文学观念的深刻影响。然而从以上郭沫若所列举的例子中，我们也可看出，《周易》在语言、描写和韵律方面，对包括《诗经》《楚辞》之类的中国古代文学作品，仍是有较大影响的。

第二，《周易》中的"天人合一"的思想不仅深刻地影响了中国的哲学思想，而且深刻地影响了中国的文学。在刘纲纪和范明华先生所著的《易学与美学》一书中，曾这样论述了这一问题："《周易》认为，'人文'是效法'天文'或根据'天文'而创造出来的。这个'人文'的概念，囊括了人类社会所创造的精神文明及与之相关的一切东西，文学自然也包括在内，并占有重要地位。因此，从文学上看，这个看法直接关系到文学的起源和本质的解释。在中国历史上，这一类解释可以说俯拾皆是。其中，以刘勰的解释最具代表性。"

那么，刘勰是怎样解释这一问题的呢？

哈佛大学的刘若愚教授在其《中国文学理论》一书中曾将中国传统的文学理论分为六种，即形上论、决定论、表现论、技巧论、审美论和实用论（事实上，通观中国的文学，只有形上论与实用论的影响最大、最深）。刘氏将形上论追溯到《易传》那里，他认为：在形上理论中，宇宙原理通常称为"道"；这个字在中国哲学与文学批评中具有各种不同的含义。依照大多数形上批评家的用法，"道"可以被认为是"人生之道"，也可以被认为是"自然之道"。在《易传》贲卦（第 22 卦）中的象辞里，有如下的句子：

观乎天文，以察时变；观乎人文，以化成天下。

刘勰则沿着《易传》的这一思路，将其推进并具体化、系统化为一种相当周详的理论：

文之为德也大矣！与天地并生者何哉？夫玄（天）黄（地）色杂；方（地）圆（天）体分；日月叠璧，以垂丽天之象；山川焕绮，以铺理地之形，此盖道之文也。仰观吐曜，俯察含章。高卑定位，故两仪（天、地）既生矣。

（《文心雕龙·原道》）

在这一段极为精彩的论述中，刘勰把自然现象的"文"与文学现象的"文"合而为一。他还巧妙地将宇宙秩序与人类心灵之间，人类心灵与语言、语言与文学之间的多重互应关系解说得十分协调、统一。他的这一思想，毫无疑问是源于《周易》。对此，刘勰也十分坦率地承认说：

人文之元，肇自太极。幽赞神明，《易》象惟先。庖牺画其始，仲尼翼其终，而乾坤两位，独制文言。言之文也，天地之心哉！……

爰自风姓，暨于孔氏，玄圣（伏羲）创典，素王（孔丘）述训，莫不原道心以敷章，研神理而设教……故知道沿圣以垂文，圣固文而明道……

（《文心雕龙·原道》）

这种用《周易》关于"文"的思想来说明文学起源和本质，诚如刘苦愚教授所言，成为中国人对文学的基本看法，对中国文学的影响也一直延续了几千年。

第三，《周易》的某些思想和语言、概念对中国文学的影响广泛而深入地渗透到许多作品之中，成为文学作品的有机组成部分。像《三国演义》中对诸葛亮的描写，他的预测未来、神机妙算，他大布"八阵图"以及他纶巾羽扇的形象，无疑都来源于《周易》。《西游记》中特别描写了孙悟空（当时的齐天大圣）被天兵天将收服后，玉皇大帝将其交付与李老君，而李老君则将其推入"八卦炉"中烧炼。这八卦炉即是"乾、坎、艮、震、巽、离、坤、兑"八卦。孙悟空"即将身钻在'巽宫'位下。巽乃风也，有风无火，只是风搅得烟来，把一双眼睛熏红了，弄得个老害眼病，故唤做火眼金睛。"这一情节无疑是直接照搬《周易》的内容。在伟大的古典文学名著《红楼梦》中，更有大量涉及《易经》的思想，如《红楼梦》第十三回《秦可卿死封龙禁尉，王熙凤协理宁国府》中，作者借秦可卿之口对王熙凤说："常言'月满则亏，水满则溢'；又道是'登高必跌重'。如今我家赫赫扬扬，已将百载，一日倘或乐极悲生，若应了那句'树倒猢狲散'的俗语，

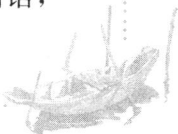

它不虚称了一世的诗书旧族了！"当王熙凤问他如何改变这一趋势，"有何法可以永保无虞"时，"秦氏冷笑道：'婶子好痴也。否极泰来，荣辱自古周而复始，岂人力能保常的。"在这里，"否极泰来"是直接引用《周易》中的两个卦名："否"表示坏运气，凶险、滞塞；"泰"表示好运气，亨通、吉利。这里说"否极泰来"实际上是"泰极否来"。说明贾氏家族走了百年的好运，现在要倒霉了。这一说法涉及《红楼梦》一书的主题和故事情节的基本走向，很显然就是来源于《周易》中变易的思想。在该书很著名的第三十一回《撕扇子作千金一笑，因麒麟伏白首双星》中，史湘云与其丫鬟翠缕还直接讨论到"阴阳"的问题——史湘云说："天地间都赋阴阳二气所生，或正或邪，或奇或怪，千变万化，都是阴阳顺逆……阴、阳两个字还只是一字，阳尽了就成阴，阴尽了就成阳……阴阳可有什么样儿，不过是个气，器物赋了成形。比如天是阳，地就是阴；水是阴，火就是阳；日是阳，月就是阴……"这无疑说明该书的作者曹雪芹对《周易》下过很深的工夫，也可说明《周易》对这部伟大的古典文学名著的巨大影响。

此外，像《三国演义》开篇所讲的"话说天下大势，分久必合，合久必分"，结尾处所讲的"是此所谓天下大势，合久必分，分久必合"。这种以"分"与"合"的发展变化来观察历史和"天下大势"的思想，也明显来自于《周易》的变易思想。即作者认为"天下大势"不是一成不变的，它处在"分"与"合"的不断变易过程中。其中也包含着"泰极否来"、"否极泰来"的思想观念。

第四，自《周易》确立了阴阳对立统一的观念以来，阳刚和阴柔的概念亦随之而产生。这两个概念很自然地进入了人们审美的领域，亦对中国文学产生了极大的影响。古代的文学家及文论家历来创作或评论文学作品时，常常使用并实践着这样的观念——我们在习惯上称之曰："阳刚之美"和"阴柔之美"。如清代文论家姚鼐在其《惜抱轩文集》中，就认为历代的"文"都可区分为"得于阳与刚之美者"和"得于阴与柔之美者"，他并进而论证：

其得于阳与刚之美者，则其文如霆，如电，如长风之出谷，如崇山峻崖，如决大川，如奔骐骥；其光也，如日，如火，如金镠铁；其于人也，如冯（凭）高视远，如君而朝万众，如鼓万勇士而战之。其得于阴与柔之美者，则其文如升初日，如清风，如云，如霞，如烟，如幽林曲涧，如沦，如漾，如珠玉之辉，如鸿鹄而入寥廓；其于人也，谬乎其如汉，邈乎其如有思，暖乎其如喜，愀乎其如悲。

这当然是《周易》阴阳观在文学作品美学风格评价上的一种运用。然而观之于文学作品，我们则不能不认为，从风格品味上确乎可以作为此之划分。当然，一位作家的作品并不纯然都是阳刚或阴柔，在多数情况下是二者兼有。比如辛弃疾，他既可写出"醉里挑灯看剑，梦回吹角连营，八百里分麾下炙，五十弦翻塞外声"，也可写出"鹅儿雪柳黄金缕，笑语盈盈暗香去……众里寻她千百度……"然而从总体上看，一位作家或一个时代的文学作品，却总可以大致作阳刚之美与阴柔之美的划分。比如宋词的豪放派是阳刚之美，而婉约派是阴柔之美；《三国演义》充满了阳刚之美，而《红楼梦》则显示了阴柔之美。以现代作家而言，鲁迅先生是阳刚之美的代表，沈从文先生则体现了浓郁的阴柔之美。

因之，姚鼐认为阳刚与阴柔是不可偏废的，他认为"等有得乎阴阳刚柔之精，皆可以为文章之美"，而且"阴阳刚柔并行而不容偏废，有其一端而绝亡其一，刚者至于偾强而拂戾，柔者至于颓废而暗幽，则必无与文者矣"。也就是说，在文学中不仅两者不容偏废，而且两者都不能走向极端。一旦走向极端，也就无文学可言了！

当然，《周易》对中国文学的影响还不仅限于此。仅仅从以上论证中即可看出，它对中国文学的影响之巨是毋庸置疑的。

# 《周易》与传统中医学说的关系

1. 医《易》同源

《易》与医学是不是真的存在某种内在的联系呢？答案是肯定的。贯通儒、释、道三家学问的唐代医学家孙思邈断然指出："不知《易》，不足以言太医。"中国医家均主张"医《易》同源"之说。明代张介宾先生在其《类经·医易文》中阐述得最为朴实中正。现将其重要论点摘录如下：

"天地之道，以阴阳二气而造化成物；人生之理，以阴阳二气而长养百

骸。易者，《易》也，具阴阳动静之妙；医者，《易》也，合阴阳消长之机。虽阴阳已备于《内经》，而变化莫大乎《周易》。故曰天人一理者，一此阴阳也；医《易》同源者，同此变化也。岂非医《易》相通，理无二致，可以医而不知《易》乎？"

"伟哉人生，禀二五之精，为万物之灵；得天地之中和，参乾坤之化育；四象应天，四体应地；天地之合辟，即吾身之呼吸也；昼夜之潮汐，即吾身之脉息也；天之北辰为群动之本，人之一心为全体之君也。由是观之，天之气，即人之气；人之体，即天之体。故康节（邵雍）曰：'思虑未起，鬼神未知，不由乎我，更由乎谁？'盖谓一念方萌，便达乎气，神随气见，便与天地鬼神相感通。然则天人相与之际，精哉妙矣，诚可畏矣；人身小天地，真无一毫之相间矣。今夫天地之理具乎《易》，而身心之理独不具乎《易》乎？"

"详而言之，则其所谓一者，《易》有太极也。太极本无极，无极即太极，象数未形理已具，万物所生之化原。故曰：'五行不到处，父母未生前。'又曰：'杳杳冥冥，其中有精，其精甚真，其中有信。'是为造物之初，因虚以化气，因气以造形，而为先天一气之祖也。医而明此，乃知生生化化，皆有所原，则凡吾身于未有之初，便可因之以知其肇基于父母，而预占共禀受之象矣。"

"以生降言之，则阳主乎升，阴主乎降；升者阳之生，降者阴之死。故日在于子，夜半方升，升则向生，海宇俱清；日在于午，午后为降，降则向死，万物皆鬼。死生之机，升降而已。欲知升降之要，则宜降不宜升者，须防剥之再进；宜升不宜降者，当培复之始生。"

"然神莫神于《易》，《易》莫易于医，欲该医《易》，理只阴阳，故天下之万声；出于一阖一辟；天下之万数，出于一偶一奇；天下之万理，出于一动一静；天下之万象，出于一方一圆。方圆也，动静也，奇偶也，阖辟也，总不出于一与二也。"

"以故一阴之生，譬如一贼，履霜坚冰至，贵在谨乎微，此诚医学之纲领，生命之枢机也。是以《易》之为书，一言一字，皆藏医学之指南；一象一爻，咸寓尊生之心鉴。故圣人立象以尽意，设卦以尽情伪，系辞焉以尽言，变而通之以尽利，鼓之舞之以尽神，虽不言医而义尽其中矣。故天之变化，观《易》可见，人之情状，于象可验；病之阴阳，有法可按。"

以上论述说明，不唯医《易》同源（源于原始宗教终极关怀的情怀，源于因终极关怀而必须的对天地运行法则的把握，及至对生老病死规律的全面认知），全部《易》道，以及由《易》展现的太极八卦之理，亦成为传统医道法则的终极目标与终极追求；同时传统中医学说更是《周易》在人的心理、生理、病因、病机等方面最生动形象的注解。

2.《易》为医之体，医得《易》之用

恩师李仲愚常引唐容川先生言，以教导于余。所谓"《易》为医之体，医得《易》之用"。再三嘱曰，传统医学，植根于古《易》，故文、周、孔子因卦而演《易》，使《易》成为群经之首；歧黄以古《易》演医，使中国古《易》的理、气、象、数，不仅成为传统中医学最初发端的渊数，更成为传统中医学后来与将来发展的灵源。以是因缘，现以理、气、象、数为纲，略摄以下文字：

（1）理

"道生一，一生二，二生三，三生万物。"道生一，无极生太极也；一生二，太极生阴阳消息也；二生三，阴阳生四相，阴阳生三阴三阳也；三生万物，四相生八卦并六十四卦相摩相荡也。所谓主宰者理。阴阳消息既分，则表里、虚实、寒热可见。

医家洞明是理，于是补可扶弱，重以镇怯，轻之去实，宣而去壅，通遂行滞，泻能去闭，涩则固脱，湿因润燥，燥行去湿，寒降热升，热升制寒，则不过以性偏之药，纠偏补正；如道家以正治国，兵家以奇用兵，交相摩荡，互变错综，圆融气机，唯使人生之太极更圆融耳！自此，天地之太极，唯人生一太极身。

犹如拳法，左手右手，自分阴阳；长拳短打，相得益彰。而一腿支撑身体（扶正），一脚御敌制胜（驱邪），总在自身阴阳平衡气机条达，不亦自在方便矣。

（2）气

当我们面对人体，也就面临了宇宙太极中的一个小太极。此太极既为活体，遂有夜间闭眼入眠的养阴，白天开目视事之用阳，所谓负阴抱阳。随时空变化，感受天空或风、火、暑、湿、燥、寒六淫的侵袭，接受地球世界春至冬来生长化收藏五行规律的调节，人体五脏对应木行，心对应火行，脾对应土行，肺对应金行，肾对应水行，动态的人生对应动态的时空，

大中含小，小中摄大，五行之中各具五行，使人生更丰富多彩，更具变化与发展。这便是流行者气的表达。若五气合一呢，便成为无上的圆转一如的太极。

医家认知此气，自能从容法则天地间气机运转，运用人的全部心志与宇宙时空中一切材料，促进、制约与克制人体的诸般动态气机，使人体自身太极的运转，与宇宙太极的运转更和谐，更趋于同一与发展。得生生之气为体，于是有中医的养生之道（敢称上工）；得生生之气为相，则有预防之用（可称中工）；得生生之气为用，于是能临证治病（得下工之效）。

简而言之，如儿童玩耍之陀螺，只要自在旋转，即不管它，而在其东倒西歪时，给它一鞭（顺其旋转方向），使其按太极圆的运行法则运转而已。

（3）象

《周易》日月天地之象，归之为圆转一如的太极，抽象分析有两仪、四相、八卦、六十四卦种种卦象，对应错综复杂、交摄涤荡的诸般变化。所谓现诸形色者象。物象的范畴，就包括了太虚中的无量无数的星系，无量无数的世界，以及每个世界上的山河大地、林泉人物，乃至一切飞、潜、动、植、羽、毛、鳞、介等有情和无情的万物。

医家深谙此象，遂能归纳由四诊探明的人体藏象，以及八纲十六目展现的人体病性的诸种表象：表虚、表实、表热、表寒、里虚、里实、里热、里寒，乃至表热里寒、表寒里热、表寒里寒、表热里热、表里俱虚、表里俱实、表虚里实、表实里虚等。再有病机十九条的诸风掉眩，诸寒收引，诸气膹郁，诸湿肿满，归摄于阴阳气机的转化与流行，从而对应法象。将仲景汗、吐、下、和、温、清、消、补八法，景岳之补、和、攻、散、寒、热、固、阴八法，或变幻色彩，或改变形状，而使交易、变易之象，总摄于太极不易的空象。太极宇宙浑然一体，空生万有，生生不息！

简而言之，如都江堰水利工程，外江泄洪排沙，内江保证灌溉，即"遇弯截角、逢正抽心"，又"深淘滩，低筑堰"，交易变易，旨在因势利导、疏堵结合、利济斯民矣。再简而言之，是使人生后天太极之圆运动与宇宙太极圆运动相统一，都成生生不息、圆转无端之太极。舒散太过者，收摄之；不及者，补益之，使生生易之本然绵绵不断、生生不息。

（4）数

天地间阴阳的消长，五运五行的生克制化，乃至日月运行、寒暑更替与物候变化，无不表现出阴多阳少、阳多阴少、阴阳平衡种种对待关系，这种阴阳对待的关系，即是数。则不论《易》之阴阳八卦先天后天之数，河洛天地日月相交之数，天地数、大衍之数乃至万物之数，大至弥纶虚空，小到退藏于密，无不在数的对待之中。所谓数天以度，数地以形，数气候以律吕，数轻重以权衡，数方圆以规矩，高下相倾，长短相形，人生亦天地间一数耳。

医家苟能通此数理，方药之用、针灸之行、薄贴之敷、浴药之汽、食疗之养、导引之运，气血随天地气机而调，心志取觉悟利生为归，家传、师传、天地之传，人道、医道、觉悟之道，唯太极之道数之加、减、乘、除已矣。

概言之，一叶落而知天下秋；一粒松树的种子能融摄全株松树的信息；而 DNA 的排列组合不同，就展现出万千百态的人生。故全部自在圆融的人生，无不在俯仰之际的"觉悟"上发端。这便是《易》与太极的精义了。

如是融通理、气、象、数，形上形下，再无挂碍。自此，世间哪一般物事，不是人生的大药？中医的理、法、方、药，何处不是济世与活人的良知！

# 《周易》与中国古代数学和其他科技的关系

《周易》既然为我们提供了一套自然观、方法论和科学观，对我们民族的整个文化思维产生过广泛深刻的影响，也就不能不影响到包括数学在内的其他自然科学领域。

《易》学的科学内涵首先就表现在《易》卦符号系统具有数学特征这一点上。《易》卦符号系统和河图、洛书的数理特征不仅展示了原始的组合数学面貌，而且包含着近现代数学的某些先驱思想。《周易》与数学的关系主要表现在以下几个方面：

1. 二进制

有的学者曾提及德国数学家莱布尼茨根据《易经》的原理而发明了二

进制，从而为现代计算机技术的出现奠定了基础。持此种看法的既有中国人，也有外国人。这一说法其实是不准确的。

进入 20 世纪以来，电脑的发展和普及对人类生活的影响越来越大，随着电脑技术的发展，不仅人类征服自然、改造自然的能力空前提高，而且一个以知识和信息为特征的"知识经济"时代正在到来。提及电脑，人们自然会想到二进制，因为电脑的基本工作原理正是建立在二进制基础上的。二进制的发明者是德国数学家莱布尼茨，那么莱布尼茨又是受到谁的启发，以什么科学材料，在什么样的基础上发明二进制的呢？

这一问题自然成为人们关注的大问题。

事实上，莱布尼茨发明二进制是在他看到《易》图之前，因此说他"接受《易经》的启发创造了二进制数学"是失实的。因为莱布尼茨是 1679 年 3 月 15 日完成《论二进制》论文的初稿的，这一年他还对客龙拉的手稿《中国语言的关键》提出了 14 点质疑。他真正看到《易经》的方圆图和六十四卦的次序图，至少是在 1701 年的 11 月之后。因为这一年他才收到在北京的一位朋友白晋（Joachim Rouret）———一位在中国的法国传教士寄给他的伏羲六十四卦方圆图和次序图。1703 年 4 月 7 日，莱布尼茨将他的论文《关于仅用 0 与 1 两个记号的二进制算术的说明并附有其效用及关于据此解释中国伏羲图的探讨》交给他的老师毕纽恩，以便在科学院的《纪要》上发表。4 月 17 日他又致信伦敦皇家学会的约翰·思，谈到他对中国几千年的难解之谜作出了二进制的合理解答。他为自己从二进制数学理解到六十四卦的奥秘而感到非常高兴。他说："几千年不能理解的奥秘由我理解了，应当让我加入中国国籍吧！"他在致德雷蒙的信中曾这样叙说他的这一贡献：

《易经》也就是变易之书，在伏羲的许多世纪以后，文王和他的儿子周公以及周公五个世纪以后的著名的孔子，都曾在这六十四个图形中寻找过哲学的秘密……这恰恰是二进制算术……在这个算术中，只有两个符号：0和 1。用这两个符号可以写出一切数字。

认为六十四卦中"哲学的秘密""恰恰是二进制算术"，这显然是粗浅的和不确切的。因为《易经》的卦图还包含着比这远为复杂得多的内容。

然而《易经》六十四卦的卦图中确实包含着二进制则是不争的事实。因此我们很赞同日本学者伍来欣造半个世纪前在《儒教对于德国政治思想的影响》中的如下论断：

二元算术与《易》，便是东西两个文明之契合点的象征。

那么，《易》图与二进制数学的关系究竟如何呢？如果我们看了以下的图示和论述，就可以知道：《易》图本身完全可以译成二进制数码。

计数可以有各种进制，在日常生活中，大都采用十进制。十进制逢十进一，而且十进制中只有0，1，2，3，4，5，6，7，8，9十个数码，不管多大的数目都用这十个数码表示。我们在日常生活中也有非十进制计数法。例如，十二进制法，十二个月一年；十六进制法，旧制十六两一斤；六十进制法，六十秒一分，六十分一小时；一百进制法，一百年为一世纪等。二进制是逢二进一，且只有0和1两个数码表示所有的二进制数字。如果把阴爻以"0"代替，阳爻以"1"代替，可以看出《易》卦可以排成二进制数码组。下图正好给出八卦和二进制数码的对应关系。

| 000 | ●●● | 坤 |
| 001 | ●●○ | 艮 |
| 010 | ●○● | 坎 |
| 011 | ●○○ | 巽 |
| 100 | ○●● | 震 |
| 101 | ○●○ | 离 |
| 110 | ○○● | 兑 |
| 111 | ○○○ | 乾 |

任何一个 $n$ 位 $r$ 进制整数 $N$ 都可以展开以 $N_r = \sum_{i=0}^{n-1} K_i r^i$ 其中 $K_i$ 是 $i$ 幂位的数字，$r$ 是计数制的底。$K_i$ 的符号个数等于进制底数 $r$。

对于十进制计数法展开式变为：

$$N_{10} = \sum_{i=0}^{n-1} K_i 10^i$$

$K_i = 0，1，2，3，4，5，6，7，8，9$

例如，十进制 $N_{10} = 3407$ 的展开式为：

$$(3407)_{10} = \sum_{i=0}^{4-1} K_i 10^i$$
$$= 3 \times 10^3 + 4 \times 10^2 + 0 \times 10^7 \times 10^0$$

对于二进制计数法，展开式为：

$$N_2 = \sum_{i=0}^{n-1} = K_i 2^i$$

$K_i = 0, 1$

例如，二进制 $N_2 = 1011$ 的展开式为：

$$(1011)_2 = \sum_{i=0}^{4-1} K_i 2^i$$
$$= 1 \times 2^3 + 0 \times 2^2 + 1 \times 2^1 + 1 \times 2^0$$

对于三进制计数法，展开式变为：

$$N_3 = \sum_{i=0}^{n-1} K_i 3^i$$

$K_i = 0, 1, 2$

例如，三进制数 $N_3 = 2102$ 的展开式为：

$$(2102)_3 = 2 \times 3^3 + 1 \times 3^2 + 0 \times 3^1 + 2 \times 3^0$$

按照二进制我们把邵雍的先天六十四卦序和扬雄《太玄》八十一首序分别译出，列表对照如下：

| | | |
|---|---|---|
| 0000 | ●●●● | 中 |
| 0001 | ●●●○ | 周 |
| 0002 | ●●●⊙ | 礥 |
| 0010 | ●●○● | 闲 |
| 0011 | ●●○○ | 少 |
| 0012 | ●●○⊙ | 戾 |
| 0020 | ●●⊙● | 上 |
| 0021 | ●●⊙○ | 干 |
| 0022 | ●●⊙⊙ | 狩 |
| 0100 | ●○●● | 羡 |
| 0101 | ●○●○ | 差 |
| 0102 | ●○●⊙ | 童 |
| 0110 | ●○○● | 增 |

| | | |
|---|---|---|
| 000000 | ●●●●●● | 坤 |
| 000001 | ●●●●●○ | 剥 |
| 000010 | ●●●●○● | 比 |
| 000011 | ●●●●○○ | 观 |
| 000100 | ●●●○●● | 豫 |
| 000101 | ●●●○●○ | 晋 |
| 000110 | ●●●○○● | 萃 |
| 000111 | ●●●○○○ | 否 |
| 001000 | ●●○●●● | 谦 |
| 001001 | ●●○●●○ | 艮 |
| 001010 | ●●○●○● | 蹇 |
| 001011 | ●●○●○○ | 渐 |
| 001100 | ●●○○●● | 小过 |

| | | |
|---|---|---|
| 0111 | ●○○○ | 锐 |
| 0112 | ●○○⊙ | 远 |
| 0120 | ●○⊙● | 交 |
| 0121 | ●○⊙○ | 奂 |
| 0122 | ●○⊙⊙ | 傒 |
| 0200 | ●⊙●● | 从 |
| 0201 | ●⊙●○ | 进 |
| 0202 | ●⊙●⊙ | 释 |
| 0210 | ●⊙○● | 格 |
| 0211 | ●⊙○○ | 夷 |
| 0212 | ●⊙○⊙ | 乐 |
| 0220 | ●⊙⊙● | 争 |
| 0221 | ●⊙⊙○ | 务 |
| 0222 | ●⊙⊙⊙ | 事 |
| 1000 | ○●●● | 更 |
| 1001 | ○●●○ | 断 |
| 1002 | ○●●⊙ | 毅 |
| 1010 | ○●○● | 装 |
| 1011 | ○●○○ | 众 |
| 1012 | ○●○⊙ | 密 |
| 1020 | ○●⊙● | 亲 |
| 1021 | ○●⊙○ | 钦 |
| 1022 | ○●⊙⊙ | 疆 |
| 1100 | ○○●● | 晬 |
| 1101 | ○○●○ | 盛 |
| 1102 | ○○●⊙ | 居 |
| 1110 | ○○○● | 法 |
| 1111 | ○○○○ | 应 |
| 1112 | ○○○⊙ | 迎 |
| 1120 | ○○⊙● | 遇 |
| 1121 | ○○⊙○ | 宠 |
| 001101 | ●●○○●○ | 旅 |
| 001110 | ●●○○○● | 咸 |
| 001111 | ●●○○○○ | 遁 |
| 010000 | ●○●●●● | 师 |
| 010001 | ●○●●●○ | 蒙 |
| 010010 | ●○●●○● | 坎 |
| 010011 | ●○●●○○ | 涣 |
| 010100 | ●○●○●● | 解 |
| 010101 | ●○●○●○ | 未济 |
| 010110 | ●○●○○● | 困 |
| 010111 | ●○●○○○ | 讼 |
| 011000 | ●○○●●● | 升 |
| 011001 | ●○○●●○ | 蛊 |
| 011010 | ●○○●○● | 井 |
| 011011 | ●○○●○○ | 巽 |
| 011100 | ●○○○●● | 恒 |
| 011101 | ●○○○●○ | 鼎 |
| 011110 | ●○○○○● | 大过 |
| 011111 | ●○○○○○ | 姤 |
| 100000 | ○●●●●● | 复 |
| 100001 | ○●●●●○ | 颐 |
| 100010 | ○●●●○● | 屯 |
| 100011 | ○●●●○○ | 益 |
| 100100 | ○●●○●● | 震 |
| 100101 | ○●●○●○ | 噬嗑 |
| 100110 | ○●●○○● | 随 |
| 100111 | ○●●○○○ | 无妄 |
| 101000 | ○●○●●● | 明夷 |
| 101001 | ○●○●●○ | 贲 |
| 101010 | ○●○●○● | 既济 |
| 101011 | ○●○●○○ | 家人 |

121

| 编码 | 符号 | 字 |
|---|---|---|
| 1122 | ○○◉◉ | 大 |
| 1200 | ○◉●● | 廓 |
| 1201 | ○◉●○ | 文 |
| 1202 | ○◉●◉ | 礼 |
| 1210 | ○◉○● | 逃 |
| 1211 | ○◉○○ | 唐 |
| 1212 | ○◉○◉ | 常 |
| 1220 | ○◉◉● | 度 |
| 1221 | ○◉◉○ | 永 |
| 1222 | ○◉◉◉ | 昆 |
| 2000 | ◉●●● | 减 |
| 2001 | ◉●●○ | 唅 |
| 2002 | ◉●●◉ | 守 |
| 2010 | ◉●○● | 翁 |
| 2011 | ◉●○○ | 聚 |
| 2012 | ◉●○◉ | 积 |
| 2020 | ◉●◉● | 饰 |
| 2021 | ◉●◉○ | 疑 |
| 2022 | ◉○○◉ | 视 |
| 2100 | ◉○●● | 沈 |
| 2101 | ◉○●○ | 内 |
| 2102 | ◉○●◉ | 去 |
| 2110 | ◉○○● | 晦 |
| 2111 | ◉○○○ | 薈 |
| 2112 | ◉○○◉ | 穷 |
| 2120 | ◉○◉● | 割 |
| 2121 | ◉○◉○ | 止 |
| 2122 | ◉○◉◉ | 坚 |
| 2200 | ◉◉●● | 成 |
| 2201 | ◉◉●○ | 阈 |
| 2202 | ◉◉●◉ | 失 |

| 编码 | 符号 | 字 |
|---|---|---|
| 101100 | ○●○○●● | 丰 |
| 101101 | ○●○●●○ | 离 |
| 101110 | ○●○○○● | 革 |
| 101111 | ○●○○○○ | 同人 |
| 110000 | ○○●●●● | 临 |
| 110001 | ○○●●●○ | 损 |
| 110010 | ○○●●○● | 节 |
| 110011 | ○○●●○○ | 中孚 |
| 110100 | ○○●○●● | 归妹 |
| 110101 | ○○●○●○ | 睽 |
| 110110 | ○○●○○● | 兑 |
| 110111 | ○○●○○○ | 履 |
| 111000 | ○○○●●● | 泰 |
| 111001 | ○○○●●○ | 大畜 |
| 111010 | ○○○●○● | 需 |
| 111011 | ○○○●○○ | 小畜 |
| 111100 | ○○○○●● | 大壮 |
| 111101 | ○○○○●○ | 大有 |
| 111110 | ○○○○○● | 夬 |
| 111111 | ○○○○○○ | 乾 |

| 2210 | ⊙⊙○● | 剧 |
| 2211 | ⊙⊙○○ | 驯 |
| 2212 | ⊙⊙○⊙ | 将 |
| 2220 | ⊙⊙⊙● | 难 |
| 2221 | ⊙⊙⊙○ | 勤 |
| 2222 | ⊙⊙⊙⊙ | 养 |

从图中可以看出邵雍的先天六十四卦序实质上是六位二进制数的自然顺序，《太玄》八十一首序是四位三进制数的自然顺序。一些报刊的文章在谈到二进制数学和《易》图的关系时的另一些错误理解是，据此而说《易》图是二进制数学。其实《易》图不能算二进制数学。《易》图本身只不过可以译成二进制数码，但它以及它的演成都并不蕴涵二进制算法。

2. 幻方及其他

在组合数学中有一个分支是专门研究拉丁方的，一个 3 阶的拉丁方是在一个 3 阶的方阵之中。若每一行、每一列中的元素完全不相同，则称此方阵为 3 阶拉丁方。例如：

$$A \begin{bmatrix} 1 & 2 & 3 \\ 2 & 3 & 1 \\ 3 & 1 & 2 \end{bmatrix}$$

以上便是一个 3 阶拉丁方。推而广之，便进而有 $n$ 阶位拉丁方。若一个 1 至 $n$ 个整数组成的 $n^2$ 个整数递推形成的 $n$ 阶方阵中，若每行、每列及两条对角线上数字的和都是等于一个相同的数，即 $\dfrac{n(n^2+1)}{2}$，称此数为 $n$ 阶幻和，则称其为一个 $n$ 阶幻方，也称纵横图或魔方。

《周易》中就有这样的幻方。《系辞·上》云："河出图，洛出书，圣人则之。"即后人称为河图、洛书——这一点我们在前面的章节中已作过介绍和说明。洛书以点排列，把点的数字记下来，则成一个完整的三阶幻方：

$$4 \quad 9 \quad 2$$
$$3 \quad 5 \quad 7$$
$$8 \quad 1 \quad 6$$

无论直加、横加还是对角线相加，其和皆为15。

横加：4＋9＋2＝15

3＋5＋7＝15

8＋1＋6＝15

直加：4＋3＋8＝15

9＋5＋1＝15

2＋7＋6＝15

对角线相加：8＋5＋2＝15

4＋5＋6＝15

也就是说，这个幻方的幻和为15。相传是在大禹治水时被发现的，这一说法已被国际上公认为组合数学最早的渊源（见徐道一：《周易科学观》）。

在《周易》中隐藏着高深严密的数学，这应该说是不争的事实。在邹学熹主编的《易学精要》中还列举了如下的例子：

一是宋代杨辉将洛书作四维挺出图：

$$1$$
$$204$$
$$30507$$
$$608$$
$$9$$

横加：　3＋0＋5＋0＋7＝15

直加：　1＋0＋5＋0＋9＝15

对角加：　2＋5＋8＝15

6＋5＋4＝15

二是明代刘世龙在《数学诗》中的《七层宝塔点红灯》，就是一道八卦运算题。从太极生两仪，两仪生四象，四象生八卦，八卦生十六卦，十六卦生三十二卦，三十二卦生六十四卦，就是八卦乘方，列表出来即如下：

| 太极 | 1 | 始数 |
|---|---|---|
| 两仪 | 1 1 | 方根 |
| 四象 | 1 2 1 | 平方 $2^2$ |
| 八卦 | 1 3 3 1 | 三乘方 $2^3$ |
| 十六卦 | 1 4 6 4 1 | 四乘方 $2^4$ |
| 三十二卦 | 1 5 10 10 5 1 | 五乘方 $2^5$ |
| 六十四卦 | 1 6 15 20 15 6 1 | 六乘方 $2^6$ |

以上是等比级数，横看为生仪法，纵看中间的数字为上面两数之和，包括六次方。这种增加是和谐平衡的，反映了《易》数的和谐平衡原理。这种和谐平衡的原理适用于宇宙，也适用于一切生命。

其实，《周易》与数学的关系还不仅仅表现在以上两个突出的方面，早在三国时期的数学家刘徽就认为：数学来源于伏羲画卦，因为八卦不仅具有对称性的排列组合和有规律的变化，而且其基本原理是"作九九之术以合六爻之变"，由此刘氏"观阴阳之割裂，总算术之根源"，而为《九章算术》作注。刘徽接受了《易传》天圆地方、地阴天阳的观念，认为阴阳是相反而又转化的。一个圆内接正方形与圆不是绝对对立的，当正方形的边数不断增加时，正多边形的周长就会越来越接近于圆的周长，而当正多边形达到 129 时，其周长与圆就非常接近了。在圆的周长还难以精确计算的古代，刘徽以正多边形周长作为近似圆周长算出了圆周率为 3.1416，将当时人们的"圆三径一"的观念向精确化方向大大推进了一步——这就是著名的"割圆术"。据说后来大数学家祖冲之将圆周率精确计算到 3.1415926，也是受了这种方法的影响。

宋代的秦九韶也从八卦的算卦方法中研究出了数学运算的某些规律。由于算卦时要用五十五根蓍草，《易传》称之为"大衍之数"，开始演算之前要藏起六根不用，剩下的只有四十九根。四十九根经过三变之后，所剩蓍草的数目只可能是三十六、三十二、二十八、二十四这四种情况，不可能有第五种情况出现。这种现象用现代数学语言来说，就叫做"同余"，也就是说作为一种计算的方法，算得的结果余数相同。经过研究，秦九韶发现这是一类数学问题，并找出了它的规律，将其写入《数学九章》这一著

125

作之中，成为我国古代数学的重大发现之一。

3.《周易》与古代科技

《周易》不仅与数学有密切的关系，并在一定意义上推动和促进了中国古代数学的发展，而且与化学、物理学等学科也有十分密切的关系。朱伯昆教授在《易学漫步》一书中说，中国古代的化学与道教以阴阳五行的消息生克指导炼丹是紧密联系的。这是完全符合事实的。在炼丹中要使用铅、汞等矿物质，按传统炼丹家的说法，汞性为阳，铅性为阴，汞遇火而升华，铅遇火则化为水（溶液）。阴阳相感，铅汞相交而生金丹——这实质上就是化学上的化合反应。又认为铅为金、丹砂为木、汞为火、黄芽为土——这就把《周易》的金、木、水、火、土的观念全部包括进去了。古人认为丹砂遇火而为飞汞是木生火，铅熔为液体是金生水，飞汞遇到铅液而凝成粉是水克火。这就是"三性会合"。而"三性会合"的基础是黄芽，所以将黄芽称为"祖宗"，这也暗合《周易》阴阳五行中土生万物、土居中央的观念。实际上黄芽只在其中起到了催化剂的作用。中国古代四大发明之一的火药，就直接与炼丹术有关：火药是在炼丹实践中由硫黄和火硝在一定比例配合时引起燃烧而发明的，它对推动人类的进步产生了意想不到的作用。中国古代的炼丹术虽未能炼出使人长生不老的仙丹来，却促进了中国古代化学工业的发展。

《周易》与中国古代的物理学也有十分密切的关系。中国人由于深受其影响，认识事物时也往往十分自觉地运用《周易》的理论来指导自己的思维。例如《易传》认为宇宙存在着两个层次：一个是可用感官感觉到的具体器物，称为"器"；一个是不能感触的内在本质，即推动器物发展变化的动力和法则，称为"道"。《易传》还认为，"道"是天地万物存在的根本原因，而器是天地万物存在的外在形式。一句话：器之为器，是道的展现和引申。用这种观点来观察事物，自然就会对事物背后的那个理即"道"进行探究。这样，在有意无意之中，就会发现事物运动变化的某些规律。

例如：宇宙演化的学说是天体物理学研究的基本问题，同时也是中国古代哲学的基本学说之一。这一学说是人类智慧发展的必然结果。在古代西方流行的是上帝创世说，中国上古时期的人们也产生过神灵崇拜和原始宗教信仰。从有了老子的思想，特别是有了《易》学以后，中国人就逐渐抛弃了这种原始宗教信仰，而以理性的精神来探讨宇宙和人类的起源，认为整个宇宙经历了由无差别的"太极"（称之为"一"），一分为二而产生了阴阳，阴阳交错产生了四象，四象又分为天之四象和地之四象，于是形成了八卦以至于万物。像这样认为宇宙经历了一分为二、二分为四、四分为八，由少而多，由一至万的分化过程，是符合事物发展规律的。总而言之，认为宇宙的发展是一个由混沌到清晰、由单一向复杂发展演化的过程。这在人类认识论的发展上不啻是一次质的飞跃！

明代科学家徐光启在其著作《泰西水法序》中说：有形有质的东西，有度有数的事物，都与《易》学中的象数之学有关，因而用象数之学去研究它们，没有不能揭示其中奥妙之理的。"水法"即喷泉，它是利用物理学的原理建造的，徐光启此说即认为《易》的象数之学完全能解开其中的奥秘。明代的另一位科学家方以智在其著作《物理小识》中用《易》学中阴阳流转和五行生克的理论来研究气、形、生、光，也使人大开眼界。他依据卦爻象的变化，观察研究自然物由性能的变化及其形态的变化，得出了气体、液体、固体相互转化及气、形、声、光相互转化的结论。他认为气在暖和的条件下会到处游动，一旦遇到阴气就会转化为水，天上之所以会下雨，就是这个原因引起的。太空之气旋转就会成风，振动时则为声，集聚在一起则为光，而凝固成一体则为形。他将此现象称为"互相转应"。应当说，他的这些见解（如"振动为声"）与现代物理学在不少地方有相似和一致之处。

从以上的例证中不难看出，《周易》与中国古代科技和自然科学的发展关系是极为密切的。作为一种世界观和方法论，《周易》开启古代中国人认识世界、探究事理、分析问题的智慧之路，对古代中国的数学及其他自然科学的发展产生了不可估量的影响，作出了极为巨大的贡献！

# 第六章
# 掌控事物走向的方法
## ——《周易》与预测学之间的关系

    毋庸讳言，在一般没有读过《周易》的民众心目中，《周易》就是看相算命、预卜未来祸福吉凶的东西，使得它成为社会上某些搞封建迷信活动的江湖术士的金字招牌。之所以如此，一方面是因为在古代它确实是产生于原始宗教，用来卜筮决疑的；另一方面也是因其古奥难懂，没有较高的文化程度很难读懂和理解它。但诚如任继愈先生所言："凡有生命的文化，都植根于现实生活之中，不能游离于现实生活之外。"《周易》经历了几千年的历史检验，不仅证明了它包含着深刻的智慧和朴素的科学认识，而且证明了它在进行预测论证方面，确有不可否认的借鉴价值。

    因此，努力揭开《周易》与预测学之间的关系的秘密，以科学、理性的态度去分析认识其预测的原理和依据，就成为研究《周易》中十分有趣、有魅力的一个问题了！下面笔者愿就认识能力和水平所及，对此问题做一些解读和破译。

## 《周易》是否能够用于预测

    这个问题也许是人们最感兴趣的问题之一，前面我们简略地介绍了有关《周易》的一些基本知识，从中不难看出其中的确包含着丰富复杂的科学内容。因此，我们也不能回避它与预测学的关系。或者说，它是否就是预测学？它是否有预测的功能？其预测的准确性究竟有多大？……追溯历史，在中国古代，特别是殷周时期，《周易》之所以对整个社会政治生活影响非常巨大，是因为那时科学技术很不发达，生产力水平也很低，所以这一时期国家所有的重大事情都得通过占卜来决定。按《周礼·春官》记载：打仗、筑城、封侯、祭祀、婚姻、疾病、灾异以及求雨、牧畜、出行……上自国家大事，下至生活小事，都要用占卜来决定。运用占卜这种沟通天人的手段来治理国家，安定社会，提高凝聚力并达成人们的共识。因此李泽厚先生认为中国的文化思想可以用"'巫史传统'一词统摄之"。他还认为"中国文明有两个征候特别重要，一是以血缘宗法家族为纽带的氏族体制，一是理性化了的巫史传统。两者紧密相连，结成一体，并长久以各形态延续至今"。他还认为："卜筮均为预见未来，它不是单纯祈祷，而是向祖先（神）提问，要求回答，并且常常是必须回答，即必有回答，以解决疑惑，决定自己的行动，趋吉避凶。"由此可知，以卜筮预知未来在中国文化中具有久远的传统，因此它必然深刻地影响着民族文化心理而延续下来。这一点是不足为怪的。

我们人类虽为万物之灵，有很高的智慧，但是我们在宇宙间还是很渺小的。迄今为止，由于人类自身的种种局限和科学发展水平的限制，我们无论对自然界还是对我们自身的认识，都还是非常有限的。

人类的思维具有两个特点：一是迫切地想了解更多的事物，特别是想预先知道未来将会怎样。可以说从古至今，人类都没有放弃过这方面的努力，而对那些能预卜先知的智者充满了敬畏。这就为人们去寻求一种预测未来的工具和方法奠定了坚实的社会基础。其次是因为任何事物的发展变化都有一定的规律，掌握了这个规律，就能够大致预知它未来的发展趋向。比如我们现在对某一项工程、某一个产品、某一个方案进行论证，用时尚的语言来说，就是可行性论证。其论证的过程实际上也就是对其进行一定程度的预测，就是根据主客观各方面的因素进行分析判断后，对它未来所能达到的目标和所能取得的效果进行一个事先的估算。

既然对客观事物可以进行预测，那么对我们人类自身又能否进行预测呢？从理论上讲当然是可能的，只不过难度更大。因为认识客观事物显然比认识人类自身更容易一些，认识自身，特别是预测人的未来命运肯定要

129

困难得多。这是因为人有主观意识，有不同的心理结构和性格倾向，其中不可测的变化因素更多、更复杂。但是如前所说，人类又有极强烈的试图了解未来的欲望，因此任何民族在古代都有卜筮者。由于中国具有前面所说的"巫史传统"，在这方面显得更加突出。根据史籍记载，在上古职官中设有史与祝，祝是管祭天祀神的，史是负责记录统治者言行和国事的。由于古代的统治者往往自己不能把握事物的发展变化，所以举凡国家大事都有卜问——通过祝祈上天来决疑，并祈福禳灾。所以巫觋在上古宗教活动中占有极重要的地位，是沟通人与神或者说人与天的媒介。他们所干的这一行在我们今天看来是很愚蠢的行为，但是他们应当说是历史上最早的"知识分子阶层"了。

在长期与天神对话的过程中，他们对于天神是否存在及是否能告诉他们什么，应当说比任何人都清楚——只是不会公开承认而已。但是这种长期的占卜活动，却使得他们逐渐锻炼出一种能力——这就是极善于捕捉事物变化的征兆，并专心一意地搜集事物可能发生变化的前期征兆。他们与其说是在求告神祇，不如说是在捕捉和分析信息——征兆也是信息；他们与其说是在通过占卜问天，不如说是通过用自己的脑筋去推断卜问时与之可能发生的对应程度。

这种愚蠢迷信的行为在长期的发展过程中却产生了一个并不愚蠢的后果——这就是由他们建立起来的一套严格的复验程序。卜史们每次占卜之后都要与后来发生的实际情况相验证，不断地总结修订，不断地归纳整理，看哪些与后来发生的实际情况相符，哪些不相符，以寻找其规律。这样就使卜史们的认识不知不觉地向规律靠拢，并逐步逼近规律。这一过程有两点值得注意：一是经验论——不断地总结经验并加以修正，使之更接近实际情况；二是统计学——不断通过占卜的具体案例来进行统计，看准确与失误究竟有何规律可循。

因此，预测的过程和结果都可说是在前人千万次实践经验的基础上建立起来的，它自然就有一定的准确性。从这个意义上说，《周易》是可以用于预测的，其预测也有一定程度的准确性。当然，我们也必须承认，仅仅建立在经验论和统计学基础上的预测，与现代的预测学是不能等同的。因为在统计学中有一个概率的问题，即对任何事物前景的判断和猜测，对的、错的都可能有 50%。科学家曾做过一个实验，将一枚硬币抛起来后用手盖住，叫任何一个人来猜它是正面还是反面，结果对、错大致各占 50％。因此用《周易》的预测方法即使对某些事物判断准确了，我们也不能把它视为具有现代意义的科学理论，而只能认为它是一种前科学或潜科学。因为用八八六十四卦能够进行预测的科学原理及其理论根据到底是什么，我们目前还不能作出一个完满而逻辑严密的回答。这就有点像中医一样：中医能治病而且有很好的疗效，在临床上其功效谁也无法否认，然而中医那一套建立在阴阳五行基础上的理论却难以全部得到解剖学上的证实，也就是说难以在现代实证科学的基础上建构起自己的理论体系来。尽管如此，我们又必须指出：虽然中医难以在现代实证科学的基础上建构起自己的理论体系，我们却不能否认它的疗效，也不能说它不是科学——因为它仅仅只是不符合现代医学（西医）那个体系的科学，但是它有自己构建的另一套解释病理和治疗疾病的体系。同理，我们也不能因为《周易》的预测方法和体系不符合现代预测学的原理和体系，就轻易否认它在预测方面的作用和意义。

## 《周易》预测原理的臆测之一

上一节已经谈到，以我们现在的认识能力，要完全解开《周易》预测的原理是有困难的。我们只能对此问题做一些臆测。但我们相信，随着人类认识能力的不断提高、智慧的继续增加和科技水平的日益进步，总有一天能够解开这个难解之谜。

20 世纪 60 年代以后，科学技术飞速发展，在自然科学和社会科学领域都出现了一些突破性的进展。特别是信息论、系统论和控制论的提出，使人类对客观世界的认识产生了一个质的飞跃。这些崭新的科学理论也为我们认识和分析《周易》提供了新的启迪和思考方法，从而使我们有可能使用这些新的思维方式去观照一下古老神秘的《周易》之所以能进行预测的奥秘。

按系统论的观点，宇宙无疑是个万物一体的大系统。不仅宇宙如此，任何事物也都是作为系统而存在的。系统由要素组成，要素按一定方式联系起来，形成该系统的结构。在内力和外力的作用下，如果系统的结构走

向无序，发生混乱，系统的熵就会增大（熵是事物走向无序程度的标志）。如果系统的结构走向有序，系统发生进化，系统的结构信息量就会增大（信息是系统走向有序程度的标志，所以信息又叫负熵）。

既然宇宙是一个大系统，宇宙之间的万事万物也各自是大大小小的系统，那么它们无疑都能发出信息来。只不过在这些信息中有的我们能够感觉到，有的我们暂时还不能感觉到。我们把能感觉到的称为"显信息"（即某一事物的存在方式和运动状态被另一事物反映出来），把暂时还不能感觉到的称为"潜信息"（即某一事物的存在方式和运动状态还没有被另一事物反映出来）。"月晕欲风，础润而雨"，古人都懂得事物在发生前是有征兆的，这个征兆实际上也就是信息。地震前的物候、气候的异常，就是地壳即将发生变异的先兆，这个先兆也就是一个信息。因此，我们只要掌握了这一信息，就能预知未来。这一点并没有什么神秘之处，也是大家都能理解的。我们人类实际上正是生活在丰富多彩、千姿百态的信息"海洋"里，只不过有些信息常被我们忽略、视而不见罢了。事物之所以会有信息是来自客观世界的运动、发展和变化。物质世界如果一直处在宇宙大爆炸之前的均匀分布状态，世界一片混沌，就没多样性可言。如果世界在某一刻凝固下来，永远保持某一状态和模样，也就没有信息可言。世界之所以有信息不断地产生，就是因为它处在不断的运动、变化过程之中。

宇宙万物作为一个大系统，其运动变化每时每刻从不停息，理所当然地要发出大量的信息来。这些信息或大或小，或强或弱，其中很多是人们平时注意不到的。但古人通过长期摸索，总结出某些事物在不同时刻、不同方位、不同情况下的表现状态，并通过人（占卜者）这个极为灵敏的中介，以卦象的形式综合地将其反映出来。人们有了卦象，便能根据对卦象的分析推测事物的发展变化，从而对未来作出较为准确的判断。在这里，人们事实上是把时间（起卦的时间）、地点（起卦的地点）和起卦者三个因素结合在一起，并以认定起卦者是能够接受和传递信息为前提而建构的一个认识宇宙的模式的。

因此，我们猜测《周易》能够预测的原理，主要是建立在信息论基础上的。这一信息通过占卜者之手反映到八卦的卦象上来，再通过对卦象的分析作出判断，这实际上是对信息的一个还原和破译的过程。至于为什么信息能够通过这种方式反映出来，虽说我们还没有完全弄懂，但是根据这种分析，《易经》预测是经过"信息→起卦者→卦象"这样一个传递过程，即宇宙间的信息传递给起卦（或占卜）者，再由起卦者将其完成为一个卦象。也就是说，人们所要预测事物的信息通过一个完整的过程，凝结在这个卦象里了。通过对卦象的分析和解读，就能对未来作出判断了。

我们在介绍了《周易》的预测原理和方法之后，也必须严肃地指出，这种方法虽然有朴素的信息论因素，但毕竟不能与现代科学意义上的信息论等同。毫无疑问，其中明显包含着唯心主义和神秘主义的糟粕。我们是唯物主义者，了解其方法、分析研究其原理是无可非议的，但是要相信它、迷信它，就显得非常可笑了。

# 《周易》预测原理的臆测之二

通过上节的分析，我们基本上可以认为捕捉和归纳分析信息是《周易》预测的原理之一。那么这些信息又怎样使人可以作出判断的呢？这就牵涉到《周易》的阴阳五行等基本概念。

阴阳五行的观念是《周易》的基本观念，也是它建构其庞大体系的基础。《系辞》中说："是故《易》有太极，是生两仪，两仪生四象，四象生八卦。八卦定吉凶，吉凶生大业。"

我们认为，阴和阳，实际上就是对宇宙间万事万物都具有对称性结构的一种深刻认识后作出的高度抽象的归纳。世间的万事万物都是对立统一的，这种对立是宇宙对称性结构的表现形式：有白天，就有黑夜；有上，就有下；有冷，就有热；有雄性，就有雌性；有正数，就有负数；有物质，就有意识；有正电，就有负电……这些都是人们所能认识的起码常识。人们经过长期的仔细观察，终于认识到宇宙间这个最普遍的规律，于是便用高度抽象的"阴"和"阳"两个概念来加以概括。这无疑是一种极强的哲学思维能力，在几千年前能够做到，不能不令人佩服惊叹！古代的中国人不仅认识到了阴阳的对称性存在和对立统一，还认识到阴阳对立的此消彼长。我们所看到的太极图是一个圆圈中互相环抱的阴（用黑色）阳（用白色）两部分，然而黑色的部分（称为阴鱼）中有一白色圆点，白色的部分（称为阳鱼）中又有一黑色圆点，这就表示阴中有阳，阳中有阴。"一阴一

阳之谓道，生生之谓易"。阴阳的对称互变，此消彼长，构成了宇宙之间万事万物的发展变化。"阴极生阳，阳极生阴"，事物发展到了顶点就要向相反的方向转化。比如一天到了正午（十二时，午时），是"阳极"之时，就要开始向夜晚即向阴转化；到了午夜（零时，子时），是"阴极"，就要开始向白天即向阳转化。一个人也一样：人刚出生时，所为"纯阳"，可谓"阳极"，但他（她）必然由纯阳向纯阴转化，一直到衰老死亡……这种阴阳消长，构成了宇宙间万事万物的动态平衡。

美国学者卡普拉在其专著《转折点》中说："中国人引进极性相反的阴和阳，给这一循环思想一个明确的结构，用两极规定变化的循环；阳极生阴，阴极生阳。……自然和生命的现象都具有相反的两极。它们属于单一整体的极端。……没有什么事物只是阴或只是阳。一切自然现象都是在两极之间的一个完整的过程中发生。自然秩序是阴阳之间的动态平衡过程。"

《周易》的理论体系不仅讲阴阳，而且讲五行。五行是指物质的五种基本形态，古人不了解物质的结构奥秘，更没有现代的化学知识，仅凭他们长期的观察，将物质世界划分为金、木、水、火、土五行。后来，五行被抽象出来，不是实指自然界的五种物质，而是指物质的五种基本形态，金、木、水、火、土是这五种形态的代号。用今天的术语来说：金是固态，水是液态，火是气态，木是等离子态，而土是综合性的，可包容一切而称为"第五态"的物质。

自然界的阴阳相互作用，产生了五行；五行的相互作用，则产生了万事万物无穷的变化。古人用五行的生克来加以说明。因为在事物的相互关系中，基本的作用方式就是相生与相克。前面我们提到的那位美国学者卡普拉对此也有如下的表述："对于阴阳符号，中国人使用了一个'五行'系统……'行'意味着'行为'或'做'，并且与木、火、土、金和水相联系的五个概念，表示在一个很明确的循环秩序中相继并且相互影响的量……中国人从'五行'导出一个延扩到整个宇宙的相似系统。感官、天气、颜色、声音、身体部位、感情的状态、社会关系以及各种各样的现象都被分为与'五行'相应的五种类型。当'五行'理论与阴阳循环一起运用时，结果是一个精巧的系统，其中宇宙的每个方面都被描述为一个动态图像整体的一部分。"

既然如此，即任何事物都可以归纳到阴阳五行之中。换言之，阴阳五行即宇宙间一切事物及其相互关系的高度抽象。那么，我们只要根据代表某一事物的卦象所显示出来的阴阳五行的生克制化关系进行分析推断，就可以预知此事物发展变化的未来大概情况了。这便是《周易》进行预测的基本原理。由此可知，《周易》进行预测的理论基础并非全是迷信，而是在祈神外衣的包裹下，古人建构的一个反映宇宙全息的"万能模型"。

# 《周易》的主要预测方法是什么

使用《周易》于预测的方法很多，但流行于民间并经常使用的方法较少。这些方法在操作上虽然不完全一样，但都是建立在对卦象的解释判断之上的，其理论基础仍是阴阳五行的生克制化。以下我们着重介绍比较古老也比较重要的方法。

首先是蓍草占筮的方法。这是一种最古老的方法。上古的占卜，按孔颖达在《周易正义》中所说是用龟卜的："卜之用龟，灼以出兆，是龟以金、木、火、土之象而告人。凡动、植、飞、走之物，物既生讫而后有形象，即为形象而后滋多，滋多而后始有头数。其意言龟以象示人，筮以数而告人。"这就是说，在殷商时代，占卜是用龟壳在火上灼烧，观其裂纹的状况来进行预测判断。所谓"龟以象示人"，具体而直观。之所以用龟壳，是因为古人认为龟是灵异之物。到了周代，也就是有了《周易》之后，就使用蓍草占卜，即所谓"筮以数而告人"。数与象比，是一种抽象，一种进步，但要复杂得多。

占蓍法是以蓍草进行演算而得卦，然后通过分析所得卦的卦象和卦爻之辞而推断吉凶。《周易·系辞》中有"大衍之数五十（有五），其用四十有九"之说，当指占筮时用四十九概括蓍草，一分为二，经过"十有八变而成卦"。按所得卦象进行分析推断。这种用蓍草进行起卦的方法，从周代至唐代，长达两千余年。

据考证，在蓍卜之前曾用竹签来起卦，所以筮字从竹、从巫。东周以后，用蓍草代替竹签，这大概是古人认为蓍草亦为神灵物之故（《白虎通》中有记载："龟千岁而灵，蓍百年而神。"）"蓍"字从草，下有"老"、"日"，表明此草"百年而神"之意。蓍草卜筮的具体操作根据《系辞》上

135

述记载和"分而为二以象两，挂一以象三，揲之以四，以象四时，归奇于扐以象闰；五岁再闰，故再扐而后卦"的记述，推测如下：行筮时，将四十九策（即四十九根蓍草）合在一起（象征天地未分时宇宙是浑然一体的"太极"），然后将四十九策分而为二，放在案前左右两边（象征"太极生两仪"，也就是天地分开了）。然后从左边那堆策里取出一策放在左手的四、五指间，此叫"挂一以象三"，"三"即天、地、人，故为"三才"。

这套程序完成之后，再"揲之以四，以象四时"。即以四根蓍草为一组，先用右手一组分数左边的蓍草，再以左手分数右边的蓍草。四根一组，象征四季。由于四十九根去掉一根以象"人"后，所剩的四十八根能被四整除，所以不管左右手各持多少，分数完左右手的策后所剩的余数挂在指间，左边余下的蓍草挂左手的中指与无名指间，右边的同样挂右手的中指与无名指间。

接着"再闰"，即仍以四策为一组，一组一组地分数完。由于四十八能被四整除，所以"再闰"时也肯定是四的倍数，这时两手蓍草的剩余数亦有一定的规律，即它们相加不是四就是八。也就是说左手若余一根，右手必余三根；或左、右相反；左手若余两根，右手必余两根；左手若余四根，右手也必余四根。反正只有这四种情况。这时，左手指缝间的蓍草不是四根就是八根，加上原先置于无名指和小指间那根象征"人"的蓍草，左手不是五根就是九根。将此减去，即：

$$49-5=44 \quad 或 \quad 49-9=40$$

这叫完成了"一变"。然后将两边的蓍草合在一起，即以余下的四十四根或四十根以同样的方法进行"二变"。在"二变"时，同样应先拿出一根以象"人"，所以可分的只有三十九根或四十三根，分完左右手的余数只能是三或七，再加上那根象"人"的，就是四或八。将此四和八从四十或四十四根中取出，剩下的就是三十二根、三十六根、四十根中的一种，即：

$$44-4=40 \quad 44-8=36$$
$$40-4=36 \quad 40-8=32$$

接着按同样的方法进行"三变"。"三变"的结果是将余三十六、三十二、二十八、二十四这四种情况。然后以四除之，一爻遂定。其结果不外以下四种情况：

$$36÷4＝9，可变之老阳爻；$$
$$32÷4＝8，不变之少阴爻；$$
$$28÷4＝7，不变之少阳爻；$$
$$24÷4＝6，可变之老阴爻。$$

一爻定了，其他五爻的推演亦同一爻。三变定一爻，六爻需要六次重复"一变"、"二变"、"三变"的程序，因此说"十有八变而成卦"。然后根据卦象判断吉凶休咎。

除此之外，在民间还广泛流传"梅花易数"。此种方法据说是由北宋哲学家、《易》学家邵雍创造的。邵雍，字尧夫，其先范阳人，后居河南，一度隐居苏门山北源上，人称"百源先生"；死后谥康节，故又称"康节先生"。初从北海李之才习图书先天象数之学，与宋代名相司马光、哲学家程颢、程颐兄弟都有往来。宋嘉祐时，屡授官职，均称病不就。在哲学上，他以"先天学"解释先天地而存在并创造万物的道理，认为宇宙的本原是"太极"，即"心"、"道"，所谓"万化万事皆生乎心"、"天由道而生，地由道而成"。认为万事万物乃至天地之所以生成，必然有一个生成它们的道理在先，这一见解不能完全说是唯心主义的。其所著的《梅花易数》提出了一种简便实用的预测方法，因而产生了很大的影响。

"梅花易数"起卦的方法有按年、月、日、时起卦，用三个麻钱摇卦，按来人方位起卦，按字的笔画起卦，按声音、颜色起卦等等。从以上所举来看，"梅花易数"的起卦方法范围甚广，将世间诸多事物赋予象征性的意义用来起卦，比之蓍草起卦的方法简单多了。尽管如此，它带有明显的随意性和神秘主义、唯心主义的色彩，是毫无疑问的。

由于"梅花易数"前些年在群众中广为流行，一度产生很大的影响，其中一些案例更是被吹得神乎其神。然而我们必须指出，所谓的"梅花易数"不仅有明显的唯心主义、神秘主义色彩，有很强的主观随意性，而且其科学依据也是不充分的，对其预测的准确性更不应迷信。特别是在人类

已经进入知识经济和信息时代的今天，我们更应当积极引导人们努力学习现代科学知识，充分掌握信息以运筹规划我们未来的前途，以跟上时代的步伐，而不宜引导人们特别是青年去热衷于那些古老失传的预测法或算命法。作为一种历史文化知识去了解当然是应当和必要的，但作为一种方法在现代社会中广泛地去应用，则显然失之于偏颇了。

# 我们应当如何看待《周易》与预测

以上我们简单介绍了关于《周易》与预测学的一些基本知识，并对将其用于预测是否准确这个许多人所关心的问题作了一些分析和解释。那么我们到底应当如何看待《周易》与预测这一颇带几分神秘色彩的问题呢？

我们认为，对这个问题应当从以下几个方面去思考：

首先我们应当肯定，《周易》不是迷信，不是荒诞的无稽之谈。尽管其预测的原理我们还没有完全弄懂，方法多已失传，但是在两千余年的历史进程中，将其用于预测还是起过一定作用的。而且在古代一些有识之士也利用它来达到自己的某些目的，譬如通过警示未来灾变（如日食、地震之类），来劝谏国君去恶从善、任用贤良、体恤民艰等等，都曾收到过很好的效果。当然，这种方法在科学不发达的古代是可行实用的。在人类已经进入 21 世纪的知识经济时代，再把天灾或自然界的变化与人事或社会问题相联系，则显得滑稽可笑了。

其次我们还要认识到，《周易》的内容博大精深，人们称其为"群经之首"，它与中国古代的文学、艺术、音乐、科技，特别是哲学，都有很密切的关系。它那阴阳五行、相生相克的思想体系，奠定了中华民族思维方式的基础。因此《周易》并非仅仅用于预测，预测只是它的功用之一。即使我们对预测本身不予承认，也不能构成否定《周易》的理由。

在这两个前提之下，我们再来讨论如何看待《周易》与预测的问题，才是理性的、科学的、有意义的。

最后我们要指出，不要把《周易》的预测功用绝对化，不应当绝对相信卜筮预测的结果。因为世间的任何事物都不能绝对化，一旦绝对化，不仅会形成迷信而丧失理性，也不符合研究《周易》的宗旨，更不符合《周易》本身所昭示的辩证思维的要求。纵使我们不完全相信王充在《论衡》中所说的"枯骨死草，何能知吉凶乎"，将《周易》的预测功能全盘否定，也应该学孔子那样以一种实践理性的态度，从《周易》本身去看待卜筮的预测——这是《论语·子路》中有过明确记载的：孔子在称赞"人而无恒，不可以作巫医"后，引《易经·恒卦》"不恒其德，或承之羞"后接着说"不占而已矣"。意思是一个不能坚持自己操守德行、寡廉鲜耻的人，去卜筮自己的凶吉休咎有什么用呢？所以说，《周易》的宗旨在于人的德行素质的培养和锻炼，卜筮前途的吉凶不过是达到这个宗旨的手段而已。我们万不可只去钻研手段而忘掉了宗旨。对于生活在科学昌明的现代的人们，尤其应当如此。

# 为什么说"善《易》者不卜"

由于在《周易》的发展史上，一直与占卜之事联系在一起。特别是以"占卜之书"逃脱秦代大火之后，更多的有关占卜的人与事，便往往附会到《周易》身上，使人难以分辨真假。于是人们就认为《周易》仅仅是一部卜卦算命的书，这就给一些江湖术士的活动提供了借口和空间，从而产生了不少的流弊。事实上，在本书前面的章节中，我们已经介绍过，《周易》在古代虽然是一部用来占卜的书，但是它的内容大大超过了占卜的内容。它论述了事物发展变化的规律，教育人们怎样做人、做事，怎样分析和思考问题，怎样把握事物发展变化的规律等等。如果我们已经掌握了它的这些精髓，又何必仅仅拘泥于用其来卜卦呢？因此先贤们才诤言告诫与劝诫后学者："善《易》者不卜。"之所以这么说，乃是因为：

1. 明理不必卜

一部《周易》，用哲学思想讲三才之道，其基本内涵不在占卜，而在哲理。既已明理，何必要卜？

《周易·系辞·下》有云："天地之大德曰生，圣人之大宝曰位。何以守位，曰仁。何以聚人，曰财。理财正辞，禁民为非，曰义。"孔子在这里就提出了一个很大的命题，就是天地之德与圣人之位的问题，圣人在位（比如尧舜之时），要体现天地之德，必须对百姓体现仁爱之心。但仅仅有

仁爱之心是不够的，因这仅仅是统治者主体一方面，还有客体方面，即民心向背，所谓"聚人"的问题。统治者的仁爱之心必须物化，使人民得到经济方面的实惠。如果广大民众过着缺衣少食，甚至饥寒交迫的苦日子，统治者还能说有仁爱之心，在施仁政么？当然，统治者仅能领导人民发展生产、繁荣经济还不够，还应正号令，制定律条，以禁民为非作歹，使人人能过上富裕而稳定的生活。这样的在位者就称得上圣人在位体现天地之大德了。这样，对治理国家而言，既明其理，关键在于实行。照此执行数十年（如尧舜之时），则吉凶祸福不卜可知了。

说小一点，人有生老病死，事有难易否泰，绝不会因为你占卜了，就没有生老病死、难易否泰了。人立身处世，凡干大事业，必有大艰难；干小事业，亦会有小艰难。要回避艰难，则只好什么事也不干。这就是明理不必卜的道理。

2. 明事不必卜

掌握了事物发展的规律也就不必占卜了。如孔子在《周易·系辞·下》中说："君子安其身而后动，易其心而后语，定其交而后求。"这就提出了大原则之下的一些具体规律。如"定其交而后求"一句，看似简单，其实有很深刻的道理。如第一次见面，饭桌上喝酒，开口就说："喂，老兄，我生意上卡起了，先借我十来万。"你看别人会怎样想？举凡这种事，不用占卜也是能知道结果的。

中国的传统文化有一个很重要的特点，就是用强烈的道德意识来取代信仰意识。因此非常重视个人的道德、人格修养。孔子在《论语》中对此多有论述。追溯其源流，可以在《周易》那里找到根源：比如他把非常重视强调的道德内涵与《周易》中八卦的卦象联系起来解说，就是一个很好的证明："是故履，德之基也；谦，德之柄也；复，德之木也；恒，德之故也；损，德之修也。"这就说到履、谦、复、恒等，说的是德业的根基、关键、生长、改造等。明朝有一个学者，名叫袁了凡，深通《易》理，他为教育子孙后代，著了《了凡四训》，很多内容值得我们借鉴。

袁先生在书中说到道德的根基、生长、改造等问题。如春秋时代有些官员见到别人的说话和动作，就能凭着自己的推测，来评论这个人未来的祸福遭遇，往往很准确。这从《左传》《国语》这些书里可以看得到。大抵吉凶的预兆虽萌芽在心里，而发现常在于四体。行为敦厚的往往得福，过于刻薄的往往遭祸。现在，我们要想得福而远祸，暂且不论行善，先须决心改过。改过第一要发羞耻心。应思从前的圣贤们，他们为什么百世可师，而我们为什么一身瓦裂？孟子说，耻的问题，对于人们是最重要了。因为知耻则勇于改过，德业日新，成为圣贤；无耻则肆意妄为，人格消失，成为禽兽。所以改过是得福远祸的最切要的一着。第二要发畏惧心。我的过恶虽在隐微之间，虽遮盖得很秘密，伪装得像样，但是肺肝早已露出，到底难以隐瞒。一经被人看破，我的人格真是不值一文了，怎么能不凛然怕惧呢？第三要发勇猛心。《周易》卦上说"风雷益"，就是说，雷厉风行，痛快地去干，是容易得到效益的。如能具备以上这三种心，那么，有过就能立即改掉了。譬如春天的冰遇到了太阳，是没有不消融的。

袁先生在书中又说到谦和的效益，恰好是孔子"谦，德之柄也"的注解。他说，在我国传统教育中，都详明剀切地告诫我们，谦虚是进步受益的基础，而骄傲自满是堕落失败的阶梯！《易经》里的谦卦中六爻都吉。《易经》云："满招损，谦受益。"谦与骄真是福祸关头，不可不慎啊！

袁先生接着说，他每次结伴投考，往往见到寒士将要发达，必有一段谦光洋溢，虚怀克制自己的景象。可知谦抑的人心气越收敛，光彩便越焕发。如在辛未年，他赴省考举人，嘉善县参加考试的共十人，只有丁敬宇年纪最轻，态度却极其谦虚。袁先生对费锦玻说："此兄今年必定登科。"费问他："你怎么知道呢？"他说："惟谦受福。你看十人之中，哪有信实厚朴、不敢先人，如敬宇的态度的？哪有恭敬对人、一切顺受、小心谨慎，如敬宇的态度的？哪有受侮不答、闻谤不辩，如敬宇的容量的？一个人能够做到这样，岂有不发达之理呢？"到了开榜，丁敬宇果然登科了。由此看来，趋吉避凶，这是断然由我自己做主的。因此，须要自己约束行为，丝毫不得动恶念、行恶事，这样才是受福的基础。凡是骄傲自满的人，必非远大的人才。这种人即使发迹，也是不得长久受用的。稍有见识的人必"不忍自狭其量，而自拒其福"。

真正照袁先生这样说法，完全明白事理的来龙去脉，事相归于心相，哪里需要占卜呢？

3. 明象不必卜

古人有云："世事洞明皆学问，人情练达即文章。"有文章和学问，自然对世间形色诸相，了然于胸，有自己的主张、判断和选择，哪里还要占

卜呢？

《周易·系辞》云："将叛者其辞惭，中心疑者其辞枝，吉人之辞寡，躁人之词多，诬善之人其辞游，失其守者其辞屈。"孔子在这里教导我们的就是人情世故，具体是通过听人说话判断其人吉凶真伪的办法。大意是说，一个人将要背叛你的时候，他语言中有歉然和惭愧；心中有疑惑的人，说话就缺少主题，显得枝叶蔓延；大凡有大作为的人，都说话不多，言必中的；性情浮躁的人，说话就喜夸夸其谈；凡诬陷别人，言语就闪烁游移不定；丧失了操守的人，说话就支支吾吾，理屈词也屈。这其实就是告诉我们要善于观察问题，分析问题，要学会透过现象看本质。

孔子的这些话，并没有对应《周易》某一卦爻而说，而是感悟于心而说，全是真传。了悟这样的事相，何必占卜，又何需占卜呢？

从以上这三个"不必卜"的论述中，我们可以知道《周易》在古代虽然是一部与占卜有密切关系的书，但是在以"实践理性"为特色的儒家代表人物孔子那里，并不是很强调它占卜的功能。也就是说，孔子对其神秘主义的一面并不强调和迷信。孔子所看重的是它关于人格修养、经世致用的社会文化功能。这就纠正了当代人仅仅将其视作看相算命工具的偏颇认识。

# 第七章
# 升堂入室
## ——《周易》三十二卦卦爻辞浅释

　　一种事物之所以被世人视为神秘，大概有两个原因：一是它很有价值，世人渴望了解它、掌握它；二是它具有难于窥测的个性，世人大多难于窥测它的底蕴。如果失去一个，或者它已失去价值，或者世人已了解它的底蕴，它也就不神秘了。譬如爱因斯坦提出的相对论，全世界都承认它的巨大科学价值，但不仅普通世人，许多科学家都难窥其奥秘，所以迄今仍被世人敬重。

　　《周易》也是一样。它既是日月之道，又是天地之学，于是在形式逻辑之上，构筑了辩证逻辑体系，为世间一切科学与人事提供哲学的指导。此外，《易》从伏羲到周文正的创建时期，帝王依靠它来传达天帝或祖先神灵意旨，关系到神稷的兴衰存亡，故除去巫祝（或者就是帝王兼任的）而外的其他官僚百姓均不让窥其底蕴。在当时它就够神秘了。随着时代的变迁，虽然人的头脑不断进化，但资料流失、文辞古奥、真伪掺杂等众多原因，使《周易》神秘依旧。这个道理，宋代苏洵在《易论》中就说得很清楚，现引一段如下：

　　圣人……作《易》：观天地之象以为爻，通阴阳之变以为卦，考鬼神之情以为辞。挥之茫茫，索之冥冥，童而习之，白首而不得其源，故天下视圣人如神之幽，如天之高，尊其人而其教亦随而尊。故其道之所以尊于天下而不废者，《易》为之幽也。

但自汉代以来，学者们并没有望而却步，而是知难而进。他们或注重象数，或侧重义理，或四者兼而治之，其杰出者却有一个共同主题，即或以经解传，或以传解经，从而使经传统一，其次才是参考各家注释和论说。在这个基础上才谈得上自己的创见。如果避开这条艰难的道路去走什么捷径，或者不读经传而去冥思苦想，求助于自诩的天纵聪明；或者拣出经传中某些词句而望文生义，随意发挥，用以自欺尚可原谅，若用以欺世，则对他人和社会有害了。

当然，对有志学《易》者来说，虽说不惧艰难的精神值得肯定，但也有个方法问题。方法对了，可以事半功倍。唐代李长者通过领悟《华严经》，而后以华严解《易》，将光光相融、事理互补以及体、相、用三位一体等说得非常透彻，而开方山易一派的先河。明代有来知德，在深山治《易》，穷二十九年之精力，将理、气、象、数熔为一炉等都是很典型的例子。当代，到笔者恩师李仲愚先生手上，不仅承传来氏、方山之学，更以医证《易》，总结出"守本卦为体，参互卦明象，掌变卦应机，通错综致用"的口诀，为后来者掌握《周易》准备了钥匙。

其具体的方法，是要明五行与八卦卦体对应之德，参以本卦的卦爻辞，运用河、洛等数理公式，把理、气、象、数的法则，通过错、综、互、变，将卦爻的含义，规定得更确切。从而将天地运行的精神，落实于具体的人事，使天、地、人三才贯通，把"人法地，地法天，天法道，道法自然"的进程，与每个人的生命历程紧密地联系在一起，使生命的历程充满觉悟的喜悦和谦逊的庄严，让生命的意义超越生命的极限，达到因果不昧和生死无悔。笔者用这个方法试解六十四卦中前三十二卦的卦爻辞如下，愿对初学《易》者有所启示，并就教于方家。

## 乾卦和坤卦，刚柔一体的问题

《周易·系辞》有云："乾、坤，其《易》之门邪！乾，阳物也；坤，阴物也。阴阳合德，而刚柔有体。以体天地之撰，以通神明之德。"说的是乾、坤两卦，是全部《周易》的门户。也就是说，要理解全部《周易》六十四卦，需要从乾、坤两卦入手。先入门户，才能窥视堂奥。

乾、坤两卦总的性质是什么呢？《周易·杂卦》说："乾刚坤柔，比乐师忧。"就是说，乾的性质是刚，而坤的性质是柔。刚的反面是柔，柔的反面是刚。加上"阴阳合德，而刚柔有体"。这也就明白地告诉我们，乾、坤两卦，实际上讲的是阴阳合德与刚柔有体的问题，是一个问题的两个方面。如太极图，只有阴或只有阳，那会是什么情况呢？那就不是太极。所谓"孤阴不长，孤阳不生"就是这个道理。集中到一点，乾、坤两卦，犹如太极图中的阴与阳，是互为其根的，双方都不能离开对方而单独存在。所以，从某个角度讲，单独阐释乾卦或坤卦，无论说得怎样天花乱坠，都是有欠周全的。

我们看本卦。乾卦的本卦即是未变的乾卦，有一爻动，即形成所谓变卦。乾卦的卦爻辞如下："☰乾，元亨利贞。初九，潜龙勿用。九二，见龙在田，利见大人。九三，君子终日乾乾，夕惕若，厉无咎。九四，或跃在渊，无咎。九五，飞龙在天，利见大人。上九，亢龙有悔。用九，见群龙无首，吉。"

这里，乾是指卦名，元、亨、利、贞四字，是文王所系的卦辞，以说明判断这一卦的总体性质。孔疏引子夏传云："元，始也；亨，通也；利，和也；贞，正也。言此卦之德，有纯阳之性，自然能以阳气始生万物，而得元始亨通，能使万物和谐，各有其利。又能使物坚固贞正。"来知德先生说："元亨者，天道之本然，数也；利贞者，人事之当然，理也。《易经》数理不相离。因乾道阳明纯粹，无丝毫阴柔之私，唯天与圣人足以当之，所以断其必大亨也。故数当大亨，而必以贞处之，方与乾道合，不贞则非理之当然，安能大亨。此圣人以反身修省之切要也。"来先生在这里说到理和数，其实气象也自在理数中。明白这个道理，乾卦各爻的爻辞也就容易理解了。乾卦爻辞，从"初九，潜龙勿用"到"用九，见群龙无首，吉"。举一个简单的例子，有大学新毕业的学生分在一个单位工作，部门里就是级别最低的科员或干事，犹如乾卦的初爻，无论其人抱负多大，志向多高，都有一个"潜龙勿用"的过程，这个过程或长或短，但必须经历。它不是说什么都不用，而是要按照"扬长不如避短"的办法，虚心向同事和上司学习，学习他们的工作方法与观察问题的方法与角度，学习单位的工作规范，以避免工作上的失误。同时勤奋工作，使书本知识尽快转变成为工作

能力，这就是把握初爻的道理。接下来，会"利见大人"。因工作熟悉了，书本的相关知识可能与实际工作相结合，又勤奋谦逊，自然可得部门首长以上甚至单位主要负责人的赞赏，这便是"利见大人"。再下来，会升任一定职务。但同时，工作层面不同，需要妥善处理新职位面临的上下左右关系，以及主要目标任务。若目标不达，或应对失措，会因此跌跤。故要求时时警惕，将乾道利生的精神，表现在敬慎的工作态度上，即所谓"君子终日乾乾，夕惕若，厉无咎"。厉，危也。白天老实工作，每到夜间则反省自己，居安思危，自然免祸平安。"九四，或跃在渊。"是说不执著于得失，不急功近利，而是"居心于有意无意之间"，或厚积薄发，等待时机；或主动进取，争取机会。这便是九四爻的要点。到九五爻，因为有从初爻到四爻的积累，会在岗位上站稳脚跟，迎得美誉和信任，实现由"见龙在田"到"飞龙在天，利见大人"的转化。但此时，因地位上升，威望树立，容易忘乎所以，凭好恶办事，碰钉子是肯定的，自然就"有悔"了。这就是"上九，亢龙有悔"的真谛。所谓盛极必衰也。其实，严格说来，人世间并没有真正意义上的无愧与无悔的人生，但有愧知愧，有悔知悔，并且真诚改悔，其心地自会更加坦荡，步伐自会更加从容，生命的前景亦会更加多姿多彩。方法是什么呢？就是"用九"爻的爻辞："见群龙无首，吉。"说白了就是凡有大成就的人，必不以其刚健而强为众人之首，而是襟怀宽广，涵守万物，利益众生而不争功。所谓"海纳百川，有容乃大"是也。

乾、坤两卦有一个特点，就是只有错卦，没有综卦（另外还有坎与离，大过与颐，小过和中孚也只有相错而无相综）。即乾卦相综也是乾卦，坤卦相综还是坤卦；乾卦相错得坤卦，坤卦相错得乾卦。所以，体会乾卦的运用，应该同时观察坤卦。

坤卦的卦爻辞是："☷坤，元亨，利牝马之贞。君子有攸往，先迷，后得主利。西南得朋，东北丧朋，安贞吉。初六，履霜坚冰至。六二，直方大，不习无不利。六三，含章可贞，或从王事，无成有终。六四，括囊。无咎无誉。六五，黄裳元吉。上六，龙战于野，其血玄黄。用六，利永贞。"

我们先说坤卦的爻辞。在乾卦的初九，是"潜龙勿用"，错成坤卦的初六"履霜坚冰至"。相当于说：霜期已到，冰雪还早吗？这是由"时"和"位"决定的。这里的"时"和"位"，按孟子的说法，是"天时"和"地利"。既无"天时"，又无"地利"，当然只有讲"人和"了。要靠"人和"

去争取好的时机和地位。这不是短时间可以解决的，唯有等到一定的时间，当你已锻炼得比较成熟，营造出对你比较有利的境遇时，方才可以到六二："直方大，不习无不利。"不曲为直，安静稳重为方，能肩负重任为大。到此时，纵使你不去刻意修饰营造，也无不利，即前程无量了。下一步，还应"慎终如始"，如乾九三："君子终日乾乾，夕惕若，厉无咎。"错成坤六三："含章可贞，或从王事，无成有终。"章，美也；贞，正也。谓虽以你的美质和卓越才华，纳事于正，但不露锋芒，请命而后行，不敢当其成功，唯尽职尽责而已。然后有乾九四："或跃在渊，无咎。"错成坤六四："括囊。无咎无誉。"也是讲敬慎。孔疏曰："闭其智而不用，故曰囊括。功不显物，故曰无誉。不与物忤，故曰无咎。"有这样的基础，自然到乾九五："飞龙在天，利见大人。"错成坤六五："黄裳元吉。"如来知德云："六五以阴居尊，中顺之德充诸内而见诸外。"是得柔德，当然大吉了。再后有乾上九："亢龙有悔。"错成坤上六："龙战于野，其血玄黄。"乾上九说有过之龙有悔，坤上六即说阴极转阳，战必见伤。到乾之用九，说"见群龙无首"，错成坤之上六，是"利永贞"。这就完成了乾、坤两卦相错的对比。乾卦说"元亨利贞"，坤卦说"元亨利牝马之贞"。所以，乾、坤两卦是互相发明与阐释的。错是交错，向反方向转变的意思。交错之理，相反相成。

然后有变，即乾初九爻变，得姤初六："系于金柅，贞吉。有攸往，见凶。羸豕孚蹢躅。"乾九二爻变，得同人六二："同人于宗，吝。"乾九三爻变，得履六三："眇能视，跛能履。履虎尾，咥人凶。武人为于大君。"乾九四爻变，得小畜六四："有孚，血去惕出，无咎。"乾九五爻变，得大有六五："厥孚交如，威如，吉。"乾上九爻变，得夬上六："无号，终有凶。"这样，乾卦每一爻可能的变化都表现出来，这即是在"乾"的规定范围内，可能发生的变化，也是另外一种机遇，人处乾卦之时，掌握这种变化机缘，便为生命的升华提供了机遇及可能，人的生命历程就会更加从容不迫。这个道理，用在其他各卦各爻都是一样的。

前面说到，《周易》六十四卦每一爻的爻辞，都因错、综、互、变的规定得来。看乾、坤两卦，乾道的精神与坤道的精神是缺一不可，而且是相互补充和相互印证的。如乾之时，有"勿用"的初爻，有亢而悔的六爻，有用六爻的"见群龙无首"等。即乾的精神，应当不能缺少坤的表象。坤之时，有"直方大，不习无不利"的二爻，有"黄裳元吉"的五爻，有

"永贞"的用六爻。所以，坤道的精神，又应当有乾的行为，即"至柔而动也刚，至静而德方。后得主而有常，含万物而化光。坤道其顺乎，承天而时行"。其"承天而时行"一句，直接说明坤卦顺承天道而时行，实际即天道精神的另一种表现。在这里，乾、坤两卦就只是一卦。

实际上，这便是《周易》简易之理。这里又提出一个问题，即乾、坤两卦就真的这样简单吗？应该说，既是也不是。所谓"理可顿悟，法要渐修"，说明悟理还只是入门功夫。正如爱国高僧能海法师告诫行人的，所谓明心见性，瞬间开悟，只是才见大道，正宜精进不止，勇往直前。所以，还有从理无碍到事无碍再到理事双无碍的过程，也相当于"由博返约，由约转博"的过程。这个过程，在儒家的说法，是"知行合一"；道家的说法，是"体真修道，追望三清"；在佛家，是要"从闻思修，到信愿行"，或"以信、解、行、证，转换四大，实证涅槃"。可见，实证的过程是很重要的。

所以，回到主题，真正获得乾、坤两卦的精髓，不仅要把乾、坤两卦的卦爻辞结合起来理解与把握，还要将乾、坤两卦的精神结合起来实践并力行。

说到这里，顺便说明一下，印度的智者释迦牟尼，在教导弟子时提出"六度万行"的功夫。所谓六度，是指布施、持戒、精进、忍辱、禅定和智慧，说做到了这六方面内容，即具备了万种行持。"六度"从实践一以贯之，具体说来，布施着力于外，持戒着力于内，精进、智慧表现于外，忍辱、禅定多重于内，恰好是乾、坤两卦精神的另一种阐释。我们当然不能说佛家吸收了《周易》的思想，但其思想本体却与《周易》相通，这无疑说明中印两个能代表东方文明的民族，在认识宇宙法则方面都不约而同地取得了某些重要的共识。

## 屯卦和蒙卦，正心与致知的问题

我们看屯卦和蒙卦，画成卦就是☷☳和☶☵。是一对综卦，即正看是屯卦，换一头看就是蒙卦；若正看是蒙卦，换一头看就是屯卦了。故把握这两卦，除了本卦的卦义，更要注意它们各自综卦的相关意义。

先说屯卦。屯卦的结构是震下坎上。震有动意，坎指险或陷。《象传》说："刚柔始交而难生。"故屯卦的本意说在内当动而外有险，其势又难以生长的情况下，应该把握的原则和可能的机遇。

屯卦的卦爻辞是："䷂屯，元亨，利贞。勿用有攸往，利建侯。初九，磐桓，利居贞，利建侯。六二，屯如，邅如，乘马班如，匪寇婚媾，女子贞不字，十年乃字。六三，即鹿无虞，惟入于林中，君子几不如舍，往吝。六四，乘马班如，求婚媾，往吉，无不利。九五，屯其膏，小贞吉，大贞凶。上六，乘马班如，泣血涟如。"

其卦理即能动而终必动，有险后必出险，是大通的先兆。但暂时不能马上前进、进取，对国家应立君以保证其统治，人身之君为心，实际上即是正心诚意而立志的功夫。国也好，人也好，初建初立之时都是很难的，故孔疏曰："屯，难也。"在第一爻的时候，印证卦意，要像磐（巨石）和桓（大柱）一样定得住，利于居正，利于正心。在第二爻的时候，仍不能冒进，更宜有坚贞不渝的决心。以婚姻比喻，女子处正，哪怕再等十年，也要得一个好的夫君，绝不能凑合。到第三爻的时候，要善于判别真假机遇，从而放弃不切实际的努力。比如说，狩猎逐鹿，没有带路的人，而到林中，追下去没有获鹿的把握，不追又不甘心，这样的机遇，不是真机遇，若再追下去，就不利了，不如舍弃。到第四爻，求贤人与志士，现在是很好的机遇了，只要努力追求，便能得手。到第五爻，"屯其膏"。膏，泽。谓虽得位得时，仍须谨慎。因为此为屯卦之时，即刚柔初交而有难之时，如能体察时艰，施泽于民，虽小亦吉。否则，不得时而大施恩泽，就会招致凶事了。到第六爻，就麻烦了。一个人不管处于低贱或高贵，但凡穷途末路，到眼中哭泣出来的都是血的程度，都是很不好的境遇。

我们再看蒙卦。蒙卦的结构是坎下艮上，下边是水，上面是山，水有陷意，山有止意，是很难的一种境象。这一卦告诉我们教育人的方法和人生在蒙昧不明的时期应该把握的原则。

蒙卦的卦爻辞是："䷃蒙，亨。匪我求童蒙，童蒙求我。初筮告，再三渎，渎则不告。利贞。初六：发蒙，利用刑人，用说桎梏。以往，吝。九二：包蒙吉，纳妇吉，子克家。六三：勿用取女，见金夫，不有躬，无攸利。六四：困蒙，吝。六五：童蒙，吉。上九：击蒙，不利为寇，利御寇。"

其大意是：蒙昧不明不是永久的，也是能亨通的。不是我要去求教那些蒙昧不明的人，是他们求教于我。因其蒙昧，譬如求我占卜解疑。我就应该将第一次卦意，也即利贞之意告诉他。贞，正也。故象辞曰："蒙以养正，圣功也。"对于蒙童立志之前，先正其心。如舍此而不由，而东猜疑，西猜疑，或再或三，则有渎圣功，有悖童蒙求我之意，不如不告。初爻时，"发蒙"，开启人的蒙昧。古时候，小儿上学，也称发蒙。而对成人，教化之恩威并用，或刑加其罪，或为之开脱引导以免其罪，较之小儿发蒙，又有不同。此孔疏谓："刑罚不可不施于国，鞭扑不可不施于家。"吝，鄙吝。若一味用惩罚的手段来开启蒙昧，那就鄙吝而不好了。第二爻时，面对自己的教育对象，要有大度、慈悲之心，包容不遗。这样，德施于外，物莫不应，娶媳妇必贤淑，儿子也能成家、当家了。到三爻的时候，"金夫"即今之"男子汉"，或有美女不守贞操，不求自就。当此之时，应该做到见女色不动心，见金钱也不要动心。因这一阶段，最易陷入痴迷不悟的境地。到六四爻的时候，"困蒙，吝"。谓仍然困于蒙昧而有鄙吝。到六五爻，真能如发蒙的儿童一样，有纯真向学之心，能听从师长的教导，当然是很好的事了。到上九爻，"击蒙。不利为寇，利御寇"。谓既已出去蒙昧，合上下众人的愿望，物皆来应。如贪婪而自取用之，则为寇害，有失众望，故不利。如为众人揎慰寇害，则是民心所归了。故象曰："利用御寇，上下顺也。"

这两卦，都有亨字，表明终必亨通的意思。但观其爻辞，许多过程又是艰难的，且两卦的第六爻，仍是艰难的处境，并且没有结束的迹象。这就带出一个问题，即所谓"亨通"应从何说起呢？

从两卦的卦爻辞看，确实不易亨通。说明人致力于正心诚意、格物致知功夫是很艰难的，不能要求一蹴而就。人首先要依正道而行。在此基础上，还要做好两点：一是立志；一是教育。一个人单有志向不行，单有学问也不行。但两者若有机结合起来，那就了不得了。或者立志成才而积累学问，或者誓愿立言而教化天下，其行事肯定是"亨通"的（至于能不能"通达"，则是以后有关卦要解决的问题）。这就是综卦的道理。具体说来，处"屯"之时，要有"蒙"的准备；处蒙之时，必有"屯"的基础。说白了，就是正心诚意与格物致知的辩证关系。

说到这里，顺便说明一下，古代中国的传统教育方式中，很重视"有教无类"和"因材施教"。除此之外，还有一种重要的教育思想和教育方法，即是孔子所谓的"不愤不启"。类似于蒙卦中的"击蒙"。过去师徒授受，其师徒之间的情感哪怕超越父子，但授业的过程仍然是异常艰苦的。不论教师怎样钟爱学生，在弟子不能提出问题时，决不轻易灌输，从而避免弟子在没有自觉要求的情况下囫囵吞枣。即应让其首先学习基本知识，待能提出深层次问题时，方才在解答问题时导引出另外的问题，又再予以解答，使弟子从内心更加珍惜真知灼见之难得，从而加倍努力学习。

至于世间传颂甚广的张良之遇黄石公、禅宗二祖慧可之遇达摩祖师，则有另外的机缘而难以仿效了。

## 需卦和讼卦，等待、持正及其他

需卦和讼卦也是一对综卦，也是相反相成的卦，故理解这两卦，也要综合看待。

我们先看需卦。《说文》："需从雨而遇雨，不进也。"故又有等待之义。从卦象看，下卦为乾卦，是刚健之体，其势必进。但上卦是坎卦，主险与陷，故要等待时机。这种等待，不是消极的，而是积极的。犹如闲居隆中的诸葛亮，也如早年以诗酒自遣的刘基。

我们看其卦爻辞："䷄需，有孚。光亨贞吉，利涉大川。初九，需于郊，利用恒，无咎。九二，需于沙，小有言，终吉。九三，需于泥，致寇至。六四，需于血，出自穴。九五，需于酒食，贞吉。上六，入于穴，有不速之客三人来，敬之终吉。"

需卦的大意是：需，要等待时机。有诚信于内，心地的光明自然达于外，从而使自由通达的人生道路可以走得更远。初爻的时候，如你在庄园的郊野，尚无险碍，只要安常守静，以戒为师，脚踏实地，虽无大的进展，但决无祸害。二爻的时候，已经有了一段进程，譬如走到沙滩而尚未涉水。已初尝人生之艰难，或遇讥讽之言，只要不因此而退缩动摇，坚守敬德修业之心不改，结局也是好的。三爻的时候，如由沙滩而再进入泥沼，更近于险地，或有贼寇来袭击，但只要有充分准备，暂时放慢脚步或停步以待时，便只会有惊无险。四爻的时候，已遇险情，须敬德修业保持谦和并退

让以避险。故曰："需于血，出自穴。"言出穴以避险也。五爻时，未越险地，唯待酒食以宴乐，故曰："需于酒食，贞吉。"（如刘备之种菜，现饮食之道。）到六爻："入于穴，有不速之客三人来，敬之终吉。"既已越险，无须再避，故"入于穴。""三人"众多人也。既已事业有成，必有众人来投。对他们敬慎谦和则得吉，骄傲简慢则得罪，故曰："敬之终吉。"

整个需卦，大意就是如此。其深刻的思想内涵是没有冬天的等待，自然没有春天的来临。等待也是一种坚持，常说的坚持就是胜利就是这个道理。在曾国藩眼中，"坚持"也即"挺得住"。相传，曾国藩由此悟出《挺经》。我们看需卦的道理是不是了不起！

我们看讼卦。它与需卦是一对综卦，但从其卦辞"终凶"等看，它与需卦又有许多相反的意义。讼是争讼的意思，用现在的话来说即是"诉讼"，也就是上法庭断公道。既上法庭，当然想方设法要争个输赢，不然面子上也过不去。这还是相当理智的。更有甚者，就是私下较劲，看人笑话，落井下石，或"今天你请我吃午饭，明天我请你吃晚饭"。弄得冤冤不解，甚至延续到子孙后代、故吏门生。所谓"讼，不亲也"。讼卦卦体坎下乾上，从象上看，坎为水，水具湿性，往低处流；乾为天，天具轻性，往高处走，两者相违甚多。从人事来说，是下边的形式主义对付上边的官僚主义，即我们今天说的，"上有政策，下有对策"。若上边的以权势压人，下边人则选短期行为，弄些险事让上边的"捡脚子"搞不赢。从心理上说，是因为世界上的人还有贪吝心、嫉妒心、傲慢心、疑惑心；从语言表象上看，就有大话、假话、怪话、下流话、恶意伤人的话、挑拨是非的话；从行为上看，则有偷盗、奸淫、哄骗、烧杀和劫掠。所以，人间的讼事不断。正因为如此，理解"讼"的深刻含义，把握"讼"的内在根源和外在表现，就有非常重要的意义。

讼卦的卦爻辞是："☰☵讼，有孚窒惕中吉，终凶。利见大人，不利涉大川。初六，不永所事，小有言，终吉。九二，不克讼，归而逋，其邑人三百户，无眚。六三，食旧德，贞厉，终吉，或从王事无成。九四，不克讼，复即命，渝安贞，吉。九五，讼元吉。上九，或锡之鞶带，终朝三褫之。"

卦辞大意是："孚"，信矣。"窒"，塞也。谓凡涉讼事，必物有不和，情有乖争。在不亲不和不通畅的时候，须守中守正，适可而止，不一味争胜，从而早日息诉，则吉。若不问理法，只求压倒对方，反而会得到不好的结果。但既处"讼"时，自然会有许多可能争讼的因果因缘聚合，或感情用事，或小事不忍，或细节不慎，从而把局面弄得很坏。故唯有认清讼事之凶险，小心警惕，依靠"大人"裁断，早日了结讼事，而决不要再涉险惹祸，弄得不可收拾。初爻的时候，不要延长诉讼的时间，更不要扩大讼事的范围。在讼事初起时，只宜在言语上说清楚事情发生的前因后果和双方的是非曲直以及自己应负担的责任，结果就会很好。二爻的时候，遇讼，又不能胜，应该躲藏归隐以避祸，这就是人们所说的"大丈夫能屈能伸"，斗得赢就斗，斗不赢就躲，这就可以无灾祸。三爻的时候，虽未败诉，仍以昔日政绩而保其俸禄，但未离险境。如能坚持正道，谨慎从事，就会避灾呈祥。但若放松警惕，扬功显己，气势凌人，也就危险了。四爻的时候，"不克讼。复即命，渝安贞，吉"。复，反也；即，就也；渝，变也。谓官司已败诉，现在反而改变了原来的判决。此时更宜坚守正道，既已为己改正了错判，恢复了名誉，而不要得理不饶人。这样就会有好的结果。五爻时，阳刚中正，中则不过，正则无邪。对于诉讼，必是秉公判断，使是非更明，达小惩而大戒的目的，大吉。六爻时，是刚而居上位，又处讼之终，谓已胜诉。若因胜而骄，依势逞凶，侵凌败者或傲视他人，哪怕因胜而受赏赐，也会很快被剥夺。故孔疏说："若以谦让蒙赐，则可长保有。若因讼而得胜，虽或赐以鞶带，不可长久。"

对比需卦和讼卦，人处需卦之时，本是应该前进的，但若不能戒急戒躁，安守需道，即会向另一方面转化，成为讼卦。处讼之时，虽说坎坷艰危，但若能慎终如始，则能避免"讼"的不良后果。

是不是"讼"就什么都不好呢？与人打官司，不管是被告还是原告，肯定是不好的。无谓之争本身就没有意义，即使有谓之争，自己站在理上，也容易走到最初想象结果的反面，加上人类共有的心理弱点等，简单的讼事可以变得异常复杂，并牵涉更多的人事与精力，又埋伏下另外可能不好的纷争或隔阂。这也是讼的内涵本身所决定的。如果真正掌握了这些道理，能正确表现"讼"的精神，以争讼为手段，以公正为标准，就能求得是非分明，惩恶扬善，从而达到息讼的目的，将坏事变好事，并因此推动社会的发展与人类自身的进步。《读书》杂志 1993 年 7 月号《从一桩判案看制度的质与量》一文中有这样一个事例："在 18 世纪中后期，坐落于伦敦的英国皇家法院，首先在保险、汇票、船只包租、销售合同、合作协议、专

利以及其他商业交易方面积累了足够的经验。简单地说，即皇家法院能完全以审慎、公正的态度对待外国的诉讼当事人，使英国的商业信用变得更加可靠和可以预测，从而为其赢得了国际声誉。"这个事例，相信到今天仍有其借鉴的价值。这又是讼卦积极方面的意义了。

# 师卦和比卦，正道与诡道之间

师卦，师，率众之意，古时以二千五百人为一个师，故师卦讲的是领兵打仗的道理。古人谓兵为诡道，视兵为不祥之器。比卦，《说文》："比，比叙也。"上下亲密之意。故比卦讲的是容民畜众，可谓正道。那么，为什么要把正道的比卦和诡道的师卦放在一起加以说明呢？从卦体上看，两卦是一对综卦。从卦理上说，正道之中有诡道，诡道之中有正道，只有真正明白这个道理，才能掌握师卦与比卦相织综的哲理，进一步得到它们的精髓，从而积极用世，达到利国、利民、利己的目的。比如，儒家讲积极入世，倡导仁、义、礼、智、信五德等，本是好事，但历朝历代江湖帮派的首领，哪个不以"仁义大哥"自居；而民国时期上海滩的青洪帮首领更以"先生"自居，就是正道中有诡道。另一方面，唐代大将军郭子仪，终生带兵打仗，动不动"斩首数万"，双手染满鲜血。但他以杀治杀，不仅挽救唐王朝的命运，更维护祖国统一与民族团结，救万民于水火，又是莫大的功德，可谓诡道中的正道了。

我们看师卦。其卦体坎下坤上，要从水之德与土地之德去规范。从卦象看，地下有水，有聚积之象；水有险，地有顺，所以师卦的根本原理在以险道顺行。相当于以奇求正之意，故说兵家为诡道。

师卦的卦爻辞是："☷☵师，贞，丈人，吉无咎。初六，师出以律，否藏凶。九二，在师，中吉，无咎。王三锡命。六三，师或舆尸，凶。六四，师左次，无咎。六五，田有禽，利执言，无咎。长子帅师，弟子舆尸，贞凶。上六，大君有命，开国承家，小人勿用。"

其卦爻辞的大意是：聚众统兵打仗，关键在于目的要正确，其统兵之帅，要选择人品、才干和谋略为大家所认同并敬仰的持重练达的"丈人"，才能取得战争胜利，而不会有祸国殃民之害。初爻时，出师，必号令严明，纪律整肃；相反，则不论战争胜败，都会有不好的结果。二爻时，将帅得国王专信，帅师得其中正，结果一定是好的。三爻时，阴爻处阳位，以柔乘刚，事权不统一，若三爻变，即成巽卦，有不果之象，进无所应，退无所守，结果当然不好了。四爻时，行兵之法，右背山陵而前左水泽，即现代兵家之所谓控制制高点，就无凶咎了。五爻时，阴爻处高位，用于战争，不宜先发制人。譬如狩猎，主动出击虽不利，但若飞禽到田中偷食庄稼，从而建言主张擒获之，则不是坏事了。当敌人来犯，也不宜亲统大军，应任用人品才干居上而能服众之臣属为帅，虽属被迫迎敌，亦能同仇敌忾。但若让新进小人参与军事，统帅之才，必受牵制，纵然正义，也会失败。六爻时，为此卦之终，战争结束。坤错为乾，有大君之象，故胜利班师之后，当按大君之命，论功行赏，或开国（封侯）或承家（任为大夫），但不要任用品德不好的小人居高位。这一卦讲从出师至班师的进程及其用兵之道，重中正，重选才，重纪律，重政令畅通，并告诫勿用小人。尤其强调兵为凶器，不得已而用，用则顺天时，尽地利，致人和，战则胜，攻则克，与《孙子兵法》有异曲同工之妙，甚至全部《孙子兵法》均可作师卦的注解读。

我们再看比卦。比卦坤下坎上，本具五行中土与水之德；从象上看，水附于地，有相亲相比之象；从爻上看，有一人抚万邦之象。这一卦讲容民畜众，也即讲人和的道理。这一卦值得回味的是，或因当时社会经济不发达，这一卦没有更多说明经济关系对人际关系的影响，或者是其不足处。但即使到现代社会，经济发展如此，人与人之间相处，没有自己人格的力量，即使你再有钱，也难以交到德业才干俱佳的真心朋友，更难以服众，树立自己的威信。用自己人格的魅力影响更多的人追求正直、善良与相对自由如意的人生路。

比卦的卦爻辞是："䷇比，吉。原筮，元永贞，无咎。不宁方来，后夫凶。初六，有孚，比之，无咎。有孚，盈缶，终来有它吉。六二，比之自内，贞吉。六三，比之匪人。六四，外比之，贞吉。九五，显比，王用三驱，失前禽，邑人不诫，吉。上六，比之无首，凶。"

其大意是：人与人亲密帮助，所谓"二人同心，其利断金"，肯定是吉利的。既欲相亲比，则当先原察其情而卜筮其意。有这样的基础，自然元大、长久而贞正，所谓友谊长青了，当然没有祸害。比卦一阳位处九五，

刚中而应（德），于是四方新来比附者多。这中间，落在后面去比附的人，因把握时机不准，结果肯定就不如意。初爻时，如人初识，以诚信相交，始终如一，自然鱼水相得，如管仲之于鲍叔牙。诚信既笃，犹如水之充实瓦罐，必然誉声外传，后必有他人前来比附，预示事业有成。二爻时，居中得位，其应在五，只能与内（国或家）之人相亲比而贞吉，不能像初六那样有他人前来亲附。三爻时，处下卦之极，不中不正，形容与人相比不择对象，不能得"直、谅、多闻"之友，而相比者，为不好之"匪人"（朋党）也。四爻时，处上卦之初，而傍五爻，五爻德位均正，人亲附，自然得正而吉。五爻时，五应于二，显明附于己者。虽不偏不党，但比道狭窄，不能普遍相亲。犹如狩猎，设三面之网，迎面冲来的禽兽则放过，背己而走者则射之。是爱于来附而恶于背己者。因爱憎分明，征讨有常，伐仅及其叛逆。故邑人得安居而无须劝诫，结果是好的。六爻时，因处全卦之终，亲比已无能为先，他人皆已亲比完毕，比道势成，上六独落在后，失去良机，肯定是凶兆了。

所以，正道中有诡道，诡道中有正道，则要解《易》者仔细体会了。师与比，两卦是综卦，其卦理是相互综合、相互补充和相互完善的。至于"正人行正道是正，行诡道亦是正；邪人行诡道是邪，行正道亦是邪"的说法，还待德业才干真正修养到一定程度，才会"如人饮水，冷暖自知"，从而自悟自明的。

## 小畜卦和履卦，水往高处走的秘密

人们常说的是水往低处流，水哪里能往高处走呢？其实不然，从大的方面说，天上的云，落到地上即是水；地上的水，升到天上即成云。从小的方面说，无论水面本身高低，放一块土布或搭一张帕子下去（注意不全放进去），水就会往高处走，走的高度并不一致，但或多或少，总要顺着纤维的纹路高出水面一部分，这就是水往高处走。其办法，是一种"柔进"的办法，即所谓"浸"的办法。这种办法发展到现代，就是所谓流体力学的"毛细现象"，意义就更深远了。这里要说的是小畜卦和履卦，这两卦有一个共同的特点，就是都采取了"柔进"的办法来处理"小畜"阶段和

"履"的阶段的一些难题，并且进一步说明，"柔进"的办法与小畜卦和履卦是相应的。

我们先看小畜卦。这里小畜卦的"小"字，即是阴柔的意思，也有柔进的意思。"畜"字可作聚讲，也可作止讲。所以，这一卦既有聚意也有止意。其卦体乾下巽上，从卦象看，乾为刚健，巽为阴柔，以阴畜阳，力量不大，故以小畜名之。从卦体看，小畜卦本具刚健与顺逊之德，也就注定了此卦的发展过程是一个渐进过程。

小畜卦的卦爻辞是："☴小畜，亨。密云不雨，自我西郊。初九，复自道，何其咎，吉。九二，牵复，吉。九三，舆说辐，夫妻反目。六四，有孚，血去惕出，无咎。九五，有孚挛如，富以其邻。上九，既雨既处，尚德载，妇贞厉，月几望，君子征凶。"

其大意是：小畜是亨通的。柔进的办法虽然慢，但总能解决前进道路上的一些具体问题。犹如水生木的时间，天上乌云密布，阳上生阴，但能畜止雨气，一定时间不会化成雨水降下来，是郊游的好时机。初爻的时候，是阳爻，以阳升阴，以刚济柔。又处下卦之初，想动而加以畜止，不能乱动，反复琢磨前行，哪里会有过错呢？很好嘛。二爻的时候，刚处中位，与初爻牵连上升而居下卦之中，以其得中，不自闭固，也是很好的。三爻的时候，"舆说辐，夫妻反目"者，说通脱。谓此爻居下卦之极，阳刚而不中，与四爻位的阴爻贴得太近，当止不止，犹如行车，则有辐条脱落、轮毂破裂之象；以夫妻之道论，不能正身，岂有正家之理。则有夫妻反目之象，结果就可想而知了。到四爻位的时候，是全卦唯一的阴爻，居九三之上，以柔进之法牵动大局，若能以诚信对待同志，则能以柔克刚，除惧免血，可以无咎。五爻之时，阳爻居尊位，刚中而应，处实而不独富，又诚信牵引志同道合者相应，故能"富以其邻"。六爻时，处小畜之极而为阳爻，阴阳不通，已得其雨，故言"既雨"。三爻之犯已固，不忧危害，故言"既处"。但此为以柔制刚，月亮快要圆了，君子若不能看见月圆将缺，就会有凶事了。

我们再看履卦。履卦卦体兑下乾上，具有兑之德与乾之德，即内和悦而外刚强。从卦象看，天在上，泽在下，即天尊于上，泽逊于下，有跟进之象。这里的履，一是讲跟进，二是讲礼法。所谓"礼之用，和为贵"。其实也是讲柔进，要柔进，必处理好人际关系，必有礼法的运用。所以两方

面意义都可说是柔进（若柔进暂不能行，其时也不妨畜止一时，这又是"小畜"的道理了。所以，综卦的含义绝不仅仅是换一头看）。

履卦的卦爻辞是："☰☱履虎尾，不咥人，亨。初九，素履往，无咎。九二，履道坦坦，幽人贞吉。六三，眇能视，跛能履，履虎尾，咥人，凶，武人为于大君。九四，履虎尾，愬愬终吉。九五，夬履，贞厉。上九，视履考祥，其旋元吉。"

履卦卦爻辞大意是：履卦是以柔履刚，禀性谦退，犹如人跟进在老虎的后边，却不被老虎咬，当然亨通无事（这个比喻看起来很奇特，其实，老子也有类似的说法，即"含德之厚，比如赤子。毒虫不螫，猛兽不据，攫鸟不搏……"）。初爻时，履卦之始，履喜素而恶华。此为阳爻当位主进，但位低，唯有以赤子之心无私、无饰、无畏而行，方能应其志愿，好事未到，但好事已向你招手了。二爻时，阳爻处阴位，履道尚谦，以谦退履进，道路自然是平坦的。幽者隐也，不露声色。照最初的志愿，"和其光，同其尘"，不占先机而幽静安恬地走你平常又不寻常的人生路，前途仍然是光明的。三爻时，因履为谦退之卦，今三爻以阳居阴，质柔而志刚，虽能看却瞎一眼，虽能行却跛一脚。如跟在老虎后面，时常有被老虎咬噬的可能，当然很凶险了。又如欲以己之刚愎强暴威陵国君想做皇帝一样，真是痴人做梦，暴顽至极。四爻时，逼近九五之尊位，又以阳承阳，居危险之地。但此为以阳居阴，如初爻时跟在老虎后面走，时时警惕，最后的结果还是好的。五爻时，以阳爻得尊位，夬者决也。以刚决正。虽以其处尊位，义当决断，但主张太过，而履道恶盈，故与全卦不相应，是以危厉。六爻时，审视考查履道的征祥，上九为履之极，履道已成其谦柔而处高位，在下必心悦诚服，自然会有大吉大利的结果。

以上简要说明了小畜卦和履卦的基本含义。两卦之间，相互补充而完善。这两卦其实讲的都是"人和"，所谓"天时不如地利，地利不如人和"，可见"人和"是很厉害的。其具体方法，是柔进的方法。老子有云："天下之至柔，驰骋天下之至刚。"讲的就是柔的功效。历史上的名相张居正教幼皇，用的就是柔进的办法，而偏重"小畜"的卦理；一代天才董仲舒，连侍二王而无杀身之祸，则偏重于"履"的卦理。

人是天地的核心，真正"人和"变了，天时地利也就随之改变了。这该是以上两卦对我们应有的启示吧！

# 上下通气

## ——兼谈否、泰两卦卦理

"上下通气"四个字，看起来很简单，其实是中国古代政治思想的核心问题。社会要治理，在还没有达到法制社会的时代，必然要选择治理社会的人，这种人就是君王、皇帝。他们需要卿相的辅佐和大夫、士为之羽翼，于是有相关的官僚政治制度。这种政治制度，在上是中央按职责范围划分有司，各司其任；在下是通过地域区划的设置，如三代的分封诸侯，秦代的郡县制，清代的行省制，各在其区域内再划定不同层次的地域范围，诸侯国（省）下的州县等，各置官吏御使百姓。特别是秦汉以后，中国长期存在一个统一的封建王朝（分裂的时间相对短暂得多），拥有庞大的政府机构。如何把皇帝和中央政权的意图一贯到底，保证全国统一，做到令行禁止，并且能使下情上达，使皇帝和中央政权了解地方和民众的实情，简单地说就是要上下通气，不致梗塞，才能保持国家的统一和社会的安定。这就成为中国政治思想的核心问题。

那么，我们在这里，为什么要把中国政治思想的问题，与否卦和泰卦的卦理联系到一起呢？其实，全部否卦和泰卦的卦理，说的就是上下是否通气的问题。上下通气既是自然规律，又是人事规律。《周易》在这里是把两者合起来讲的。

泰卦的卦体是乾下坤上，否卦的卦体是坤下乾上，既是一对综卦，又是一对错卦。泰是通的意思，否是不通的意思。不往通的道路上走，肯定是不通的。往通的道路上走，也不一定就得通。世间人事之理如此，否、泰两卦卦理亦如此。

我们先看泰卦。从卦理看，泰卦本具天地之德；从卦象看，内刚健而外柔顺，外小人而内君子，天气能够下降，地气能够上升之象，也即是上下通气的象。

泰卦的卦爻辞是："☷☰泰，小往大来，吉亨。初九，拔茅茹，以其汇，征吉。九二，包荒，用冯河，不遐遗，朋亡。得尚于中行。九三，无平不陂，无往不复。艰贞无咎。勿恤其孚，于食有福。六四，翩翩，不富以其

邻，不戒以孚。六五，帝乙归妹，以祉元吉。上六，城复于隍，勿用师，自邑告命，贞吝。"

其卦爻辞的大意是：泰之时，地气上升，天气下降，天地阴阳相交而万物通畅无阻。初九爻时，"以其汇"者，汇同类。因初九、九二、九三皆欲上行，是以类相从，如拔茅草，连根而起，交友行事均无阻碍，是吉利的象征。九二爻时，阳爻居柔位，内刚而外柔，用心宏大，亲邻而不弃远，公而忘私，不结朋党。所谓"得尚于中行"者，一卦之中，二爻、五爻均为中位，称中行。尚者，配也。今二爻堪与大吉之五爻相配，当然也是大吉之象。九三爻时，泰之下卦为乾为天，上卦为坤为地，今三爻恰于下卦之极，上升而复其位，而上之坤亦下降而复位，故曰无往不复。怎么办呢？此天地复位之际，时将大变，世将大革，昔为平坦之路今亦坡险难行。但此爻应天地复位，拨乱反正，虽为时艰，亦必泰而无咎。又因天地复位而国泰民安，风调雨顺，故诚信自明，福禄自全矣。六四爻时，此爻乃坤卦之初，阴阳交泰，处大变之时，顺命而下复其处坤之位，故曰："翩翩（而下）。"五爻六爻相邻，故不用财富而以其志相同，以从诚信昭明，不戒可也。六五爻时，五爻位尊而处柔，愿以其尊位而与二爻相配中行，是卑其位也。有如帝乙殷纣王亦称帝乙之下嫁其妹。故有太平福祉之象，大吉。上六爻，处泰之极，泰道将灭，卑不再上承，尊不再下交，上下梗塞，将变为否。如城墙之为城墙，靠在下之基本培扶，今下不扶上，必将倾废而回复到干涸的壕沟。以喻人世，为政者当此之时，切不要兴师动众以招祸。这是因为，为政者之命只能及于所辖，今所辖臣民已不奉上，其命不行，如明末崇祯帝虽已诚正，也无力挽回败局了。

我们再看否卦。前面说到，否与泰，既是综卦，又是错卦，恰如《周易·说卦》云："否、泰反其类也。"说明它们的性质是相反的。所谓"否"，即指闭塞不通，否卦卦体是坤下乾上，即天是天，地是地，相互隔绝而不交通。其志也不同。所谓"否极泰来"，或"泰极否来"，又说明否与泰是相互转化的。

否卦的卦爻辞是："☷否之匪人，不利君子贞，大往小来。初六，拔茅茹，以其汇，贞吉亨。六二，包承，小人吉。大人否，亨。六三，包羞。九四，有命无咎，畴离祉。九五，休否，大人吉，其亡其亡，系于苞桑。上九，倾否，先否后喜。"

其大意是：不通畅的否卦，上乾下坤，与泰卦正相反，是天地不交、阴阳阻塞之象。内阴而外阳，内柔而外刚，内小人而外君子，是小人道长、君子道消的昏暗之世，对守贞信的君子显然是不利的。这期间，易失而难得，君子不可躁进以求禄，只有俭德以避难。初六爻时，此爻为三阴之首，三阴同类，若能审时俭德，则如拔茅草而连根起，二、三爻皆从之。倘能如此，则是处乱世而以其贞正得吉、得通。六二爻时，以阴爻处阴，有至顺包承之道，虽是当否之时，小人得群，小人得势，但必有"大人"秉承此道而否塞小人得势的局面，而得亨通。自古以来，就有不少进德修业之人处不通之时，能以不通作为资粮，最终得通畅之结果。犹如苦难折磨人，但也成就人。民间所谓"寒门出将相，草莽出豪杰，蒲柳人家出英才"是也。六三爻时，阴爻处下卦之极，但以小人之道承其上，非其位而包承重任，名不正而言不顺，自然"蒙羞"也。九四爻时，受九五爻节制，有顺受之象，没有祸害，且造福于他人。九五爻时，休，美也；苞，本也。此爻为阳爻而在上，居尊得位，能行美善之事于否塞之时，时时警惕，阻塞小人之路，故言"大人吉"。但阻退小人非易事，必有险恶，必须存危亡之心如系于桑树之本那么牢固，才能渡过难关，从此走向吉祥。故言"其亡其亡，系于苞桑"也。上九爻时，处否卦之极，否道已终，由先之不通畅而最终达于通畅。

纵观否、泰两卦卦爻辞，则不仅阐述上下通气的问题，更说明天地万物浮沉兴亡之理，并且从不同爻的层面（也即不同阶段），对如何是否的情况，又如何向泰的方向转化；如何是泰的过程，又如何向否的方向转变等等，作了种种详细的比喻与分析。否可以转化为泰，泰可以转化为否，世界上没有永恒的泰，也不存在永恒的否。这个道理用于人之修身处世就是：君子在处顺境时，有一念之差，骄而妄行，会泰极否来；在处逆境时，君子有一念之醒，信而贞正，便会否极泰来。

真正明白这个道理，则全部《周易》，又不过是否、泰两卦的注解罢了。

# 大同世界的两个基本条件

## ——兼谈同人、大有两卦卦理

现在有的人认为，陶渊明所写的《桃花源记》表现了中国最早的空想共产主义的思想。其实不然，中国最早论述空想共产主义思想的应该是《礼记》，《礼记·礼运·大同》就描绘了一个美丽的大同世界。所谓"大道之行也，天下为公。选贤与能，讲信修睦。故人不独亲其亲，不独子其子，使老有所终，壮有所用，幼有所长，鳏寡孤独废疾者皆有所养。男有分，女有归。货，恶其弃于地也，不必藏于己。力，恶其不出于身也，不必为己。是故谋闭而不兴，盗窃乱贼而不作，故外户而不闭，是谓大同。"大意是说：大道之行，如天之道，绝无私心。故选择贤明圣德之人共治天下，讲求信用，一诺千金；修和睦，使世间无纷争。所以人人视他人之父母为己之父母，视他人之儿女为己之儿女。老者衣食足而有善终，幼小者能够健康成长，受到关心爱护，寡、孤、独、废、疾之人衣食无缺。男人能各自选择自己爱好的职业，女人都有自己感到幸福的家（单这一点，何其难得！现代社会那样多离婚的人，既要离婚，当初何必又要结婚呢？如果结婚成家幸福，又何必要离异呢）。货物绝不浪费，但不是据为己有。对社会有益的事情，厌恶自己没有出力，但不是为了自己。因此各种奸计阴谋、歪理邪说就不能兴风作浪，也没有人愿意做盗贼行拐骗，出门也没有上锁的必要，这就是大同世界啊！

这里描述所谓大同世界的文字并不多，但说到了多方面的内容。其最根本的内容是在两个方面：一是大有作为；二是将这种作为表现于具体的人与人的关系上。其实，这两方面的内容恰恰是同人、大有两卦卦理的精华。

我们先看同人卦。同人卦的卦体是下离上乾，即明于下而刚健乎上；从卦象上看，天在上，火在下，下卦火性，上与天同，同人之象也。

同人卦的卦爻辞是："☰☲同人于野亨，利涉大川，利君子贞。初九，同人于门，无咎。六二，同人于宗，吝。九三，伏戎于莽，升其高陵，三岁不兴。九四，乘其墉，弗克攻，吉。九五，同人先号咷而后笑，大师克相遇。上九，同人于郊，无悔。"

其卦爻辞的大意是：同人卦二与五爻阴爻居下阳爻居上而正位，是亲密的，通畅的，故能与他人和同。即使身在荒野，度化"野人"，涉渡大河无凶险。内明敏通于理，外刚健勇于义，合于君子之德。初九爻时，居同人之首。谓既能和同于人，胸怀坦荡，则出门到野外，遇人皆能携手和同，自然没有凶咎。六二爻时，阴爻得位，本和同于九五爻以阳爻得位。乾道宏大，今却仅同于自己之宗党，就不好了。九三爻时，处刚及下卦之极，不能包容上下与之和同，而欲下据六二以自重，上与九五对峙相争。其力不敌，又不相让，故有埋伏甲兵于草野，而登高陵以待时机之象。如此狂悖，纵使三年的时间也是不能兴盛的。九四爻时，处刚而居上，有临下攻九三而取六二爻之象，虽其位其力皆足以乘其墙。但以强凌弱，违义伤理，攻必不克。若能迷途知返，悟己之非，改过和同于下，结果也是好的。九五爻时，以刚直处尊位，与六二相应。但九四、九三与之相争，志不能遂，须用大军胜之才能与六二相遇，故言先哭泣而后笑。宜兴师卫道，扫除障碍，自得可喜结果。上九爻时，居同人卦之终，最在于外，如僻居郊野，虽志在同人，人必疏之。虽没有达到同人但也与人无争，故无言亦无悔咎。这就是同人卦总的精神和相关阶段的情况。其根本点，是与人同，甚至同于"野人"，人同而后物归。大而言之，是个人进步与带动社会进步的关系问题。

我们再看大有卦。大有卦与同人卦是一对综卦。其卦体是下乾上离，火在天上。卦德则刚健而明敏，一柔居尊位而众阳皆从，有所有之大和无所不有的意思。

大有卦的卦爻辞是："☲大有，元亨。初九，无交害，匪咎，艰则无咎。九二，大车以载，有攸往，无咎。九三，公用亨于天子，小人弗克。九四，匪其彭，无咎。六五，厥孚交如，威如，吉。上九，自天佑之，吉无不利。"

其大意是：大有之时，内具刚健之德，诚心正意而形诸于外，因善而通达。初九爻时，处初位，上不能应，对外交往受到限制，难以发展，但也没有祸害。但既处大有之时，虽满而未溢，倘失谦退中和之道，后必有患。故须居安思危，艰难其志，则无咎。九二爻时，与六五相应，阳居阴得中，能容而不骄，才堪此大任，有如大车载重，远行而无倾危，故言

163

"有攸往，无咎"。九三爻时，处大有之时，居下卦之极，乘刚健之上行以得其位，威权之盛莫予伦比，是以能通于天子。故言"公用亨于天子"。但小人无此德，纵使得居此位，也必致祸害，故言"小人弗克"。九四爻时，最近九五，九五乃至尊之家，而下匹九三，为威权极盛之臣。处两强之中，其地位之危殆可知。唯有专心承顺九五，而不与九三争权，才可免祸。故曰："匪其彭，无咎。"匪，非也。彭，旁也，喻九三也。六五爻时，厥，其也；孚，信也；交，交接也。"厥孚交如"者，九五居尊而以诚信交接臣僚，名分正而治事严，恩威完备，结果自然吉利了。上九爻时，处大有而富裕之世，不以物累系其心，高贵其志，有如上天相佑，故大吉大利。

我们仔细分析两卦卦辞及爻辞，恰好相互印证，这也恰是《周易》综卦的特点。同人卦的根本点在于与人和谐共处，就有"老有所养，壮有所为，幼有所长"等等。从大有卦来看，其根本点是"选贤任能"，其表现是使各类不同人物尽其才而大有所为，各得其所。这是《礼记·礼运·大同》的精要，也恰恰是同人、大有两卦的精义之所在。

说到这里，顺便说明一下，所谓"大同"世界并没有说明商品经济发展的情况，但无论现代社会情况发生怎样的变化，将人力资源的作用充分发挥，从而争取"大有"作为，都是有积极意义的。

# 从"劳谦君子有终吉"说起
## ——兼谈谦、豫两卦卦理

"劳谦君子有终吉"是谦卦九三爻的爻辞，孔子通过《周易·系辞》又作了说明。该段原文是："劳谦君子有终吉。子曰，劳而不伐，有功而不德，厚之至也。语以其功，下人者也。德言盛，礼言恭。谦也者，致恭以存其位者也。"这段话是孔子特为谦卦而设的。谦卦之所以在《周易》六十四卦中具有特殊重要的位置，为孔子看重，一方面在于它是六十四卦中唯一的六爻三吉三利的卦；另一方面，孔子通过谦卦表达了实现他的思想核心"仁"的重要步骤。你看，如"致恭以存其位"，"劳而不伐，有功而不德"，不就是《论语》中讲的"克己复礼为仁"，"能行五者（恭、宽、信、敏、惠）方全天下为仁"的注脚吗？不能克己，不恭、不宽，何能称仁？

如何理解"劳谦"二字呢？按照孔子的解释，所谓"谦"，既有"恭"的意思，又有处柔处下的意思。做到"恭"，还只是外形，其实质，还要能克己以处柔处下，才能使心智与身形合一。真正处得柔、处得下，并不简单。正如《道德经》讲的，人在活着的时候，其关节、筋骨都是柔弱的、柔软的，到人死去之后，就变得冰冷而僵硬了。草木之类，其生时柔脆，在死后就枯槁了。这也就说明，人类求活，首先要处得柔，直到处得下，就要无半点私心，并有海纳百川的胸襟与度量。处柔处下又并非一味退让，古语有云："林密不妨流水过，山高岂碍白云飞。"《道德经》中又有柔弱胜刚强的道理。前面说到"谦"，遇事谦让不是孔子思想的全部，必须加上一个"劳"字，当然主要不是指劳动，或勤劳，或操劳，或勉励发奋，而是如《周礼·司动》讲的："事功劳。"要建功立业，还要讲天时、讲地利、讲个人所处的社会位置。比如教书、行医、经商、办企业，各有不同的位置，其日常处理事情的内容不同，对国家、人民作贡献以建功立业的方式也就不一样；做政府公务员，就得按自己的职务大小，依法行政，不能乱来。这个"劳"是要与"谦"配合，二者相反相成，一个人如无"谦"德，自高自大，目中无人，工作中不愿居人之下而争权夺利，何能称"劳"而建立功业？反之，如不建功立业而终生懦弱无能，生又何益？《周易》六十四卦中的豫卦，就讲到了这方面的内容。这就是综卦的妙处。

谦卦和豫卦，是一对综卦，说明唯有综合理解、综合把握与运用，才能够透过其表象，真正掌握它们的实质。谦卦的结构是山在下而地在上，山比地还矮，是不是很谦虚？豫卦的结构是地在下，雷在上，雷出地上是不是要震动？响雷甚至可以震撼山岳。

我们先看谦卦。其卦理在收敛而不伤人，以顺应乎外，即朱熹所说"有不居之意"。其卦是山高而居下的象。谦卦的下三爻都吉。上三爻稍次，亦言利，这是谦卦最大的特点。

我们看其卦爻辞："☶谦亨，君子有终。初六，谦谦君子，用涉大川，吉。六二，鸣谦，贞吉。九三，劳谦君子，有终吉。六四，无不利，撝谦。六五，不富以其邻，利用侵伐，无不利。上六，鸣谦，利用行师，征邑国。"

其大意是：谦是通达的，君子以谦道处世行事，则不论什么事，都会有善终的结果。初六爻时，爻位最低，处谦而在低下之位，像君子行谦道，

任何艰难险阻如涉大河，都不会构成灾难，因此是吉的。六二爻时，得中居正，有谦于内，而柔谦之声誉鸣于外，又能与五爻相应，当然是正道，也是吉道。九三爻时，虽处下卦之极，却为全卦唯一的阳爻，无其他刚健之人与之争权夺功，故能以"劳"发挥"谦"，君子有善终。六四爻时，扬，犹离；"扬谦"，离散其谦，谓无所不用其谦。此爻处上卦之下，以其谦柔以承上，而下之九三虽为阳爻，更有利于其以柔得位而能以谦待下，上下皆宜谦而行谦德，当然无不利了。六五爻时，柔居尊位，虽不富裕，行谦道也能使邻邦倾心归服。即使有不服，也在个别，运用征伐的手段，也可使之归顺，没有不利的。上六爻时，处全卦之终，最为居外，不能参与内政，其谦之誉并无实际功业，故曰"鸣谦"。欲遂其志，只要坚持谦道，不滥伐无罪，而在讨伐叛逆之邻邦时也可建功立业。这便是谦卦卦爻辞的大意。

其实，仔细分析，谦卦各爻位仍有较大的差异，可见行谦道也是不容易的。既受客观环境和所处地位的限制，也受自身禀赋等影响。荀子《劝学篇》中说到，性情太刚，容易有折断之失；而性情太柔，又容易受到限制。所以，全面理解谦卦，还要理解豫卦。

豫卦的卦爻辞是："☷☷豫，利建侯行师。初六，鸣豫，凶。六二，介于石，不终日，贞吉。六三，盱豫悔，迟有悔。九四，由豫，大有得，勿疑，朋盍簪。六五，贞疾，恒不死。上六，冥豫，成有渝，无咎。"

豫卦的"豫"字，孔颖达释为"豫者，取逸豫之义。以顺而动，动不违众，故众皆说（悦）豫"。来知德释为"豫者，和乐也"。和孔颖达的意思完全一样，但说得通俗些。豫卦卦体是雷在上、地在下，上动而下顺，有雷出地上，内顺内信而外动和畅之象。其卦爻辞大意是：豫以顺而动故得人和，有利于封侯建国，兴正义之师，以讨伐叛逆或抵御外侮。初六爻时，处下卦之初而行逸豫之道，与九四爻之阳刚难以相应，逸乐过甚，是为荒怠，声扬于外，故曰："鸣豫，凶。"六二爻时，阴处柔位，得中得正，故事上交下，逸乐皆守中，事上不谄，交下不渎，不求苟合。其志耿介，如磐石不可动摇。故处世行事，必查祸福之机，改恶向善，不待一日之尽，故是吉象。六三爻时，处下卦之极，处非其位。"盱豫悔"者，盱，喜悦之貌。谓为喜悦而求豫，是耽于豫逸，故有悔也。"迟有悔"者，谓生下卦之极，迟求豫亦将得罪于邻，故亦有悔。九四爻时，居震之始，独为阳爻，故为豫卦动之主，下坤众爻皆从，可因人事和乐，致人心和乐，大行其志。不用迟疑，以诚感天下，必得志同道合者。六五爻时，"贞疾，恒不死"者，谓虽居尊位，但下乘九四爻，乃全卦之主，刚而得众，专权难制，是为心腹之患。然既众皆和乐思安，不会随其篡逆，故言"恒不死"也。上六爻时，"冥豫"冥昧不明。六爻处豫之极，逸乐已甚，蒙昧不明而不知返，乐极哀生，危亡之象也。"有渝，无咎"者，渝，变。如能醒悟，悔而知变，痛改前非，就没有凶事。

豫卦的和乐，既是好事，也是坏事。一方面要有谦的积累，一方面又要不失正道："和乐"有得吉，"和乐"也可致凶。究竟掌握运用如何，那就要看个人的修养程度和决断水平了。说到谦卦，有用"轻"，有用"重"；有用恭、用柔下，也有刚烈用兵之时。豫卦与谦卦相综，有蒙昧不明，有太明而过；当与上下不相应时，坚介如磐石；正应之时，诚信天下，而行大有之事，又得同人之果。该是《周易》的昭示吧！

# 时势造英雄
## ——随、蛊两卦卦理及其他

为什么说时势造英雄呢？《周易》六十四卦中的随卦，具有震下兑上之体，有少女从长男之象，因此提出了"随"的命题。"随"指随从、跟从。那么，"随"是随人，还是随事呢？历代注家各说不一，其实要达到"和悦"的结果，随人、随事都是不准确的。真正要随的是"时"。从小处说，不仅能通达时变，而且能当其时；从大处说，即英雄应时势，时势造英雄。这恰恰是随卦的精义。其实，随卦的精义，孔老夫子早就发现了，他为随卦所系的彖辞即说："刚来而下柔，动而悦，随。大亨贞无咎。而天下随时，随时之义大矣哉。"说的就是"随时"，也即是"时势"的问题。

我们看随卦，其卦爻辞曰："䷐随，元亨，利贞，无咎。初九，官有渝，贞吉，出门交有功。六二，系小子，失丈夫。六三，系丈夫，失小子。随有所得，利居贞。九四，随有获，贞凶。有孚在道，以明，何咎。九五，孚于嘉，吉。上六，拘系之，乃从。系之，王用亨于西山。"

其大意是：随卦卦体为震下兑上，震刚而兑柔，上以柔制下之刚，如

天降瑞雨于干旱，君施惠政于烈性之民，此谓随时，是以大通。但随正道，乃利，若纵强暴以图侥幸，媚鄙俗以求得众，就堕于邪僻了。故曰："利贞，无咎。"利于随正，才得免除祸患。初九爻时，"官有渝"，掌权者为国之官，心为人之官。此以官喻人之心。渝，变也。此爻处随卦之初，如人之初入社会，心无所偏系，觅正道而从，故其立志有变通，随正则吉。"出门交有功"者，谓离家初入社会，所交皆贞正之人，故得好结果。六二爻，此为阴爻，不得独立，只能以柔随人，而初九居阳，即随之。初九位置低下，故言"系小子"。六二居下卦之中，本应与九五相应，但因随初九，而失九五尊位，故言"失丈夫"。六三爻，此亦为阴爻不能独立，但二爻已附初九，只能系于四爻，故谓"系丈夫，失小子"。九四不能拒，故谓"随有所得"。但三爻不正位，而系于人，不宜自作主张，轻举妄动，而只可守正以待命，故谓"利居贞"也。九四爻，随五爻，近君位，下据二阳爻而众来随，己不忍拒，故曰"随有获"也。但为兑卦之初，自居臣位，声名大而镇主，有凶险之象，故曰"贞凶"。唯以体刚居兑之初而得民心，志在济民，心怀诚信，著信于正道以明心迹，如郭子仪大将军退还诏书，化险为夷。故曰："有孚在道，以明，何咎。"九五爻，体刚健而居中位，履正而尽随时之宜，故得孚信于善，结局必然好。上六爻时，居随之终，不再相随，居王位之九五爻，欲其相随，只得拘系之，故曰："拘系之，乃从。""系之，王用亨于西山"者，兑为西，山喻艰险。谓欲拘系之，必用兵，为兑卦之艰险也。这便是随卦全卦的大意。

各爻相随的次第是：一爻随二爻，是刚随柔。二爻随初爻，是柔随刚。三爻随四爻，既是柔随也是随上。四爻随五爻，则是随上。五爻居尊位，由人随。六爻无所随，故有叛逆之象。这里，还有一个刚随和柔随的问题。所谓刚随，是要讲原则的，如伊尹之随成汤，魏征之随唐太宗，都是刚随的典范。柔随就不行了，因其不讲原则，自身结局也不好，如蔡京之随宋徽宗，和珅之随清乾隆。正因为有柔随的存在，致使不讲原则与道德的人与事交相滋长，时至而蛊生，有如云南的蛊毒，危害就很大了。

我们再看蛊卦。蛊卦的"蛊"字，是上边一个"虫"字，下边一个器皿的"皿"字。是个会意字，有虫和器皿之象。说到这里，有一个问题，就是神秘的蛊毒问题。实际上，蛊毒在世界范围内的很多地方都真实地存在过，把它归于神秘文化现象是不正确的。制蛊的方法，就要用许多种不同类型的器皿，确实也要用虫类，使产生另外一种精怪的东西，人沾上它，从此受放蛊的人控制。这种精怪的东西，实际就是一种毒素，不过，一般人破解不了，而要找到制蛊和放蛊的人。在中国，沈从文先生的作品就描述过湘西苗人用蛊的部分情形。现在的云南及海南岛地区，据李仲愚先生实地考察，蛊毒在民间仍然秘密地流传。蛊毒是不是都很坏也是一个问题。三国时代的神医华佗，为人手术时所用的"麻沸散"，据笔者恩师李仲愚先生研究，其实就是毒药。《周易》的蛊卦，也有蛊毒的意思，但主要讲的是既成的事业或事物，经过长久积弊而至于败坏的情况，如肉腐而虫生，是客观现实。

蛊卦的卦爻辞是："☴☶蛊，元亨，利涉大川。先甲三日，后甲三日。初六，干父之蛊，有子，考无咎，厉终吉。九二，干母之蛊，不可贞。九三，干父之蛊，有小悔，无大咎。六四，裕父之蛊，往见吝。六五，干父之蛊，用誉。上九，不事王侯，高尚其事。"

其大致的意思是：蛊卦卦体为巽下艮上，与随卦之上柔而下动相反，为上刚而下柔。上刚则有决断之明，以制下柔，事必得谐。故处蛊之时，预示着大亨大通的到来，所谓"大乱大治"，虽然像经过大河一样，必涉历艰险，也无大碍。"先甲三日，后甲三日"者，甲，创制之结令也。功业成就必有创制，创制三日而施行，以求先布告天下，民皆习之，犯令者乃施刑，此先教而后刑加焉之义。初六爻，"干父之蛊，有子，考无咎"者，蛊作事解；考，父也。谓父业有子担承，其父则无患。"厉终吉"者，厉，艰危也。谓此爻为巽之初，处柔而位低，担承父业将遭遇艰难，但最终的结果一定是好的。九二爻时，居中而阳刚，以其居中，宜承母事；以其阳刚而承阴柔之母事，虽其力能胜任，但孝之至道在顺亲心，故须屈己之刚，不宜固守贞正，故曰："干母之蛊，不可贞。"三爻时，阳爻处下卦之极，若处世太过刚强，或有轻重缓急失序，或有上下四方关系失调，会有暂时的困境，但以其刚毅资质担承父事，终不会受到太大的责难。故曰："干父之蛊，有小悔，无大咎。"六四爻时，以阴柔之体而当位，与九三爻之以阳刚干父事相反，虽有能刚断而成大业，但以其温慈济众，不致滋事端、惹祸患，守成父业而有余裕。若一味宽厚，遇事优柔，众不敢相随，任蛊惑蔓延为患，则渐致凶事矣。故曰："裕父之蛊，往见吝。"六五爻时，体阴柔而位居尊，位居尊则从者众，行慈厚之政以临众则得人心，故承父业，

则如周成王之继文王、武王，清康熙之继太祖，美名满天下。故曰："干父之蛊，用誉。"上九爻时，处全卦之终，下无应承，已成局外人。不能立功，退求立德与立言。其心志，也可为后世的法则。故曰："不事王侯，高尚其事。"

自然、社会、家庭之蛊，其产生的根本原因是在于失去了"生生不息"的契机。审视历史，一代王权或一个显赫家族，其在欣欣向荣、艰苦创业时，决不可能产生蛊祸。当帝（家）业已兴，继承祖业之子孙如不能思创业艰难，守成不易，居安思危，则必有蛊惑兴于内庭，妖言传于井市，所谓"国家将亡，必兴妖孽"。认识到这一点，就可保证祖、父之业继续兴旺发达。纵使出现蛊患，也能看见大通大亨的前景，即把握了《易》道。判定了蛊患的原因和形成过程，也就能开出治蛊的处方，从而治理蛊患。这就是蛊卦的精神。

对照随卦和蛊卦，随卦有柔随和刚随，柔随本来就可以导致蛊的发生，而刚随又恰好是防治蛊患的有效方法。蛊之时，民不相随；取法得人与得人心，则又蛊患自息，天地随人矣。随卦与蛊卦，真正昭彰不昧。

## "八月有凶"的秘密
### ——从临观之义说起

临卦和观卦的内涵，其实相当丰富，一个是二阳在下而四阴在上；一个是四阴在下而二阳在上，两卦相辅相成。故孔子为其下的评语是："临观之义，或与或求。"

我们先从临卦说起。临取进临之意，卦体是兑下坤上，卦象是泽上有地，泽为地所临，表明事物的一种发展势态。

其卦爻辞是："䷒临，元亨利贞，至于八月有凶。初九，咸临，贞吉。九二，咸临，吉无不利。六三，甘临，无攸利。既忧之，无咎。六四，至临，无咎。六五，知临，大君之宜，吉。上六，敦临，吉无咎。"

也就是说，近临之时，清阳之气从初爻进至二爻，犹如太阳从东方升起，不久之后，即会太阳当顶，普照万物，所以"元亨利贞"。问题就在这里，为什么会"至于八月有凶"呢？八月从何而来？凶又从何而来呢？前面我们看到十二辟卦，有阳长阴消的过程，有阴长阳消的过程。临卦是二阳居下，四阴居上，其综卦即二阳在上，四阴在下之卦，恰配合建酉之月的八月，其时四阴逼阳，哪里会不凶？能观知阴阳消长之理，观明世事人生，或有凶险之象，亦决无凶险之事，这又是观卦的妙处了。

初九爻时，"咸临"，咸，感也。此爻为兑之始，有感于坤之始爻临之，水与地相应，乃自然之理。四履正位，而己以阳爻之刚正应之，结果自然不差。九二爻时，亦是相感而临之象。二爻居中得正，与六五之尊位相应，结果是没有不利的。六三爻时，"甘临，无攸利"者，谓此爻居下卦之极，但乃兑之唯一柔体，不中不正，有临人之位，无临人之德，唯以甜言蜜语取悦于人，自然"无攸利"。若能忧其处境，知困自反而改其非，责难也会消除。六四爻时，位正而体柔，下应初九，初九体刚，易以刚犯柔，不惧而应，乃至善之德，故曰："至临，无咎。"六五爻时，柔得尊位而居中，与九二阳爻正应。"知临，大君之宜"者，谓仁爱之君不忌刚烈之臣，委之重任以临事，是以其智慧君临天下，行英明君主所当行，结果肯定好。上六爻时，居坤之极，敦厚而为临，可见其志不外骛，守内以助贤。当然结果会好，而没有灾害。

人立身处世，必有当行能行之时，所谓："苟利国家生死矣，岂因祸福趋避之。"（林则徐语）既已临事，则不可退缩；既能以国家、民族利益为重，则吉凶祸福全然不必计较；行难行能行之事，所谓"兼济天下"。即使临事有咎，亦在所不辞，则又可超越《周易·临》的范围，达到更高的境界（这也是《方山易》中，正位舍命的精义所在）。一般说来，学艺有"会、通、应、化"四阶段，会指将一般原理掌握，通是通达原理与过程，应是相互感应、照应，化是趋于化境，于无声处听惊雷。学《周易》，到最后，要忘掉《周易》，则能如文天祥"人生自古谁无死，留取丹心照汗青"，打破有限生命的局限。真如此，则全部《周易》又成人生注解矣。

我们再看观卦。观卦的卦体是坤下巽上，有风行地上之象，亦有二阳在上，为下四阴所仰观之象。前面说到，观卦联系着"八月有凶"之秘，这个问题该如何看待呢？临卦二阳在下，虽数量不如阴爻，但生机盎然，为阳气增长之象。观卦四阴在下，而二阳在上，从生命形式说，则真阳已趋剥落，四阴进逼二阳，构成短命之象。这个象，当然是凶象。但综观观卦，则不说"八月之凶"，而说"风行地上"；"中正以观天下"；"圣人以神

道设教而天下服矣"（均见此卦之象象词）。前面已说到，周朝是充分运用宗教改革，特别是以祖先崇拜消除多神崇拜，首先收复民心而推翻商朝的。所以祭祀在周朝是最神圣的礼仪。因此，观卦的不说"八月有凶"，是通过卦象指示给后人一种化解"八月凶"的思想和方法。从这个意义上说，《周易》六十四卦，既没有绝对的凶卦，也没有绝对的吉卦。

观卦的卦爻辞是："䷓观，盥而不荐，有孚颙若。初六，童观，小人无咎，君子吝。六二，阚观，利女贞。六三，观我生进退。六四，观国之光，利用宾于王。九五，观我生，君子无咎。上九，观其生，君子无咎。"

盥是洗涤，荐指祭祀贡品，颙为严正之貌。此卦的大意是：处"观"的时候，君王、士大夫治理家、国、天下，运用刑名、钱粮、教化的手段，有如祭祀之斋戒，应审视沐浴更衣、登台洗手等是否至善，以示心诚。而对贡献祭品的多少好坏反而不必审视。治理国家天下则必以至诚广施教化，百姓方拜服而仰望。初六爻时，体阴柔而上有阴爻挡道，又距九五之尊位最远，看不真切，不能自进，行观道而有所作为，行小人顺从之道则能免祸，故曰："童观，小人无咎。"但若君子，处观之时，仅得童稚之观，当然是不好的，故曰："君子吝。"六二爻时，虽与九五尊位有应，但体阴柔而处内，犹如从门内向外窥视，若是女孩子，算是得正。故曰："阚观，利女贞。"六三爻时，三居下卦之极，有可进之时；又居上卦之下，是可退之地，处上下之间。故己之出处应伺机而动，该进则进，该退则退，"穷则独善其身，达则兼济天下"。六四爻时，距九五尊位最近，九五光明，自然易于明习国体，故曰："观国之光。"既识国体，便可为君作臣，故曰："利用宾于王。""宾于王"者，为王朝之客卿也。九五爻，居君王之位，为观之主。理应观天下百姓是否衣食足而礼义兴，爱民勤政则无咎。上九，处观卦之极，不在君位，但仍关心国计与民生，是君子正德，虽位不正，也决无害。

将临、观两卦合起来看，"临"为"观"准备了条件，上观下与下观上的不同，又为临事之时提供了不同地位之人观察问题可供借鉴的方法。而可观与能观又有程度区别，"八月之凶"因"可观"而不行，亦可因"能观"而化解。临观之义，尽在于此。

# 法家思想究竟是从哪里来的

## ——兼谈噬嗑、贲两卦卦理

先秦学术史上有一个重要的问题，那就是法家思想究竟是从哪里来的？其实，答案很简单：法家思想是从儒家思想派生出来的，特别是从孔子思想和《周易》中派生出来的。我们知道，儒家学派在战国时期，有一个很有名的代表人物，即是生活在战国中后期的荀子。荀子有两个很得意也很著名的弟子，一个是韩非，一个是李斯，都成为法家学派的代表人物。所以，研究荀子的思想，就很有价值也很有意思了。

荀子其人，虽是儒家学派的传人，但他首先从人性论的角度，提出了与孟子所谓人性善相反的命题，即人性恶。荀子的思想，在许多方面与孟子相反，他不像孟子一开始说人性就进入了道德的领域，而是从人的物质性入手说人。荀子认为人"生而有欲"，故人首先是物质的人。正因为物质的人"生而有欲"，所以对人以外的外界事物有客观的需求，如衣、食、住、行的需求，职业与名誉的需求，性与生育的需求等，最接近人性的是所谓"食、色"的需求。因为需求，于是产生争夺（争夺，不论自己愿不愿意，都是无法避免的），争夺过程本身表现出人性本有的"恶"。这就是人性恶的来源。

如何对待人性固有的"恶"呢？荀子采取的是儒家固有的积极入世的人生态度，他要拯救这个苦难世界的民众，因此为世人开了一剂良方，共三味药，一是礼，二是学，三是法。即以礼去规范人的行为，净化人的思想；以学保证对人的教化，使人改恶归善（著名的《劝学篇》即因此而产生）；以法对人加以强制，以惩戒保证强制的力度，这就是荀子的主要思想。这种思想是不是都是荀子的创造发明呢？其实不是的。这中间确有荀子的创造发明，但更多的是对孔子思想和《周易》中噬嗑卦和贲卦卦理的继承和发挥。

我们先看噬嗑卦。噬同啮，嗑同合。噬嗑，即用牙啃或咬口中之物。必待牙动咬破口中之物，下咽并通过肠胃加以消化，才是饮食通顺之道。其卦体是震下离上，震为刚、为雷，离为明、为电。阴阳分而不混则明，

173

雷电合而不乱则彰，既明且彰，则物无不通。如口中之物经过噬嗑下咽而通也。

其卦爻辞曰："☲☳噬嗑，亨，利用狱。初九，履校灭趾，无咎。六二，噬肤灭鼻，无咎。六三，噬腊肉，遇毒，小吝，无咎。九四，噬干胏，得金矢，利艰贞，吉。六五，噬干肉，得黄金，贞厉，无咎。上九，何校灭耳，凶。"

其大意是：处噬嗑之时，犹如行饮食之道，嘴中有物堵塞，则上下牙齿不能相合，只有通过噬嗑而将物咬碎下咽吞食，才能亨通。用于人事之道，国家的政令常因违法犯科之徒阻塞，只有用噬嗑之道即刑罚来加以惩治，才能扫除障碍，维持社会正常秩序，达到上下相通，安定团结。故曰："利用狱。"初九爻时，"履校灭趾，无咎"者，校指刑具。此为初爻，以喻初犯，故断其趾而不断足，通过小的惩罚而求得最大的教诫。于理上说，是没有过错的。六二爻时，"噬肤灭鼻，无咎"者，肤为皮，阴柔之物。谓此爻以柔顺居中，有严格顺从判决之义。又居震之中位，喻施刑者有雷霆之威，虽判劓刑，割去鼻子，从理上说，也是没有过错的。六三爻时，阴柔处下卦之极，其位不正，喻治狱时，遇久拖不决，而案情复杂、牵涉面亦广的案件，一时难于判决，或判而欠当，受刑者不心服而必有责难，有如所噬嗑者为干腊肉，硬而难噬，下咽不易，又以其味苦涩，难免怨毒。故曰："噬腊肉，遇毒，小吝。"但因体为阴柔，柔不乘刚，刑不侵顺，于德无大失，故没有更大的责难。所谓"无咎"也。九四爻时，阳爻而为阴离之主，居非其位，虽刚而不中，犹如复杂案件中遇当事人不服，虽艰难终能以其刚正解决。故曰："噬干胏，得金矢，利艰贞，吉。"干胏者，干肉也。金矢以喻刚直。六五爻时，以阴柔处两刚之中而居尊位，以阴处阳，以柔乘刚，施用刑赏则乏雷霆之君威，故被刑者难于慑服。但以其尊位而行仁慈之政，存危惧之心以正刑罚，存公心，去私欲，以柔乘刚，行中正之道，虽危厉而可免祸。故曰："噬干肉，得黄金，贞厉，无咎。"黄金所以喻守中道而行为刚决。故没有过失。上九爻时，阳刚而处全卦之终，犹如罪大恶极者，罪至斩首。故曰："何校灭耳，凶。"何通荷，负也。校为枷械类刑具，以喻用刑。古无割耳之刑，灭耳者，谓斩首则耳离身也。是无法逃脱的。这便是噬嗑卦的大意。从饮食之道说刑法的道理，在爻辞以及卦辞中都完整地表现出来了，说明这还不全是孔子的思想，至少在周公时运用刑罚的思想已较为完备了。回顾周公一生，何其温良恭俭让，但晚年摄政时平叛，又何其坚决、果断，证明周公是深明其理的。

我们再看贲卦。贲有文饰的意思。其卦体是离下艮上，离为电为明，艮为山为阳，电在下而山在上，山下有电光照耀而明，是以阴柔文饰阳刚。

贲卦的卦爻辞是："䷕贲亨，小利有攸往。初九，贲其趾，舍车而徒。六二，贲其须。九三，贲如濡如，永贞吉。六四，贲如皤如，白马翰如，匪寇婚媾。六五，贲于丘园，束帛戋戋，吝，终吉。上九，白贲，无咎。"

其大意是：贲道，是以阴柔文饰阳刚，刚为主而柔附之，是亨通的。但因柔来附刚，分居上位，不得中正，有如行路，也能前行，但走不远。故曰："贲亨。小利有攸往。"初九爻时，为贲卦之始，体刚而低位，若人之足趾，故曰："贲其趾。"以其刚正不阿，宁舍不义之车舆，而徒步行走。故曰："舍车而徒。"六二爻时，"贲其须"者，须为饰面之物。谓六二以阴爻居离之中，六五爻不应，只能如胡须之饰面。附其上之九三，与之共荣辱也。九三爻时，"贲如濡如永贞吉"者，濡如，润泽貌。谓以阳体居离之极，刚正得位，又有六二来饰，有文有质，故得华美丰润，长久贞正，得吉。六四爻时，"贲如皤如，白马翰如，匪寇婚媾"者，皤如，素洁貌；翰如，鲜洁貌。谓此爻处上卦艮山的开始，体阴柔而在位，欲与初爻相应，遇九三阴爻之阻，足越过三爻与之相应，还是保持自己的素色本质罢了呢？故洗洁白马，准备好车舆而暂不成行，等待时机消除了三爻之阻才与初爻相应。六五爻时，"贲于丘园，束帛戋戋，吝，终吉"者，丘园，素洁之地；戋戋，众多也。谓此爻体阴而处尊位，为文饰之主体。若文饰在素洁之处，不求豪华奢侈，无须花费许多金钱，哪怕有人讥为吝啬、不够气派，但有利于家园，最终结果肯定是好的。上九爻时，"白贲，无咎"者，谓处全卦之极，贲极而反，故以白为饰，反而无文采，即去文就质，所以没有灾害。这便是贲卦的卦意。

虽从文饰下手，但实际也是对礼仪和学习的规范，礼仪与学习的表层结构太甚，势必成文过饰非之状，又是礼仪和学习的不足了。两卦合成一卦，说的就是礼仪、学习和强制，恰恰与荀子思想相通。

这里我们再看孔子对这两卦特别是噬嗑卦的认识。孔子通过噬嗑的象曰："颐中有物曰噬嗑。噬嗑而亨，刚柔分，动而阴，雷电合而章，柔得中而上行，虽不当位，利用狱也。"又通过象辞曰："雷电噬嗑，先王以明罚敕（谓朝廷颁布法令）法。"这就说明孔子虽然认为治国首先是靠德政，但并不是不用刑罚。所以在回答季康子问为政是否可以"杀无道就有道"时，他的回答就很巧妙："子为政，焉用杀。"孔子不讲滥杀，是讲先教化后用刑，犹如周公处理殷遗民的政策，比周人相对要宽厚。孔子认为："不教而杀谓之虐。"这是孔子的理论主张，并非证明他在实践时不用刑。孔子年少时做过相当于现在的会计、保管、小管事至县长等职，加上他理性的思考，其实践的功夫绝对不差（可惜他为官的时间相对太少）。我们看孔子做大司寇，杀少正卯，是认为非杀不可，其行为何其果敢。

所以，回到主题，孔子早就从《周易》得到刑罚思想的正理，因无战国时期更严酷的现实逼迫，法家思想所以不显，而到了商鞅、荀子及李斯手上，法家学派方才发扬光大起来，又是历史的必然要求了。

# 一阳生的秘密
## ——从剥、复两卦卦理说起

剥卦的卦体是坤下艮上，有孤阳在上、阴盛阳衰、势将剥落之义。有山附于地，即将倾颓之象。以生命形式而言，则有百病缠身、即将作古之象。

其卦爻辞是："䷖剥，不利有攸往。初六，剥床以足，蔑贞凶。六二，剥床以辨，蔑贞凶。六三，剥之无咎。六四，剥床以肤，凶。六五，贯鱼，以宫人宠，无不利。上九，硕果不食，君子得舆，小人剥庐。"

其大意是：坤为地居下，艮为山在上。山高峻而依附于地，有倾斜剥落之危，故卦名曰"剥"。在阴剥阳的时候，小人道长，相当于天下大乱的时间，君子宜俭德避难，不要急于忙着入世（这是为君子谋啊）。初六爻时，"剥床以足，蔑贞，凶"。蔑，侵削也。谓此为剥之初爻，剥道从下而起，有如剥落人借以休息的床之足，基础动摇，侵削贞正，自然见凶。六二爻时，"剥床以辨"。辨者，床足与床身的接笋处也。谓已剥完床足近床身了，剥势还在增长，凶象是肯定的。六三爻时，"剥之无咎"者，谓此爻处坤之极，虽仍在剥位，但与艮之极阳爻上九相应，是在剥中相对无害的阶段。六四爻时，"剥床以肤，凶"者，谓六四切近六五之尊位，犹如剥势至床到切近人皮肤的地方，祸已及身。六五爻时，"贯鱼，以宫人宠，无不利"者，贯鱼，连贯之群鱼，喻其多也。谓此爻处剥之尊位，为剥之主体，为众朋即群小所包围。若有至尊之朋，御众阴像嫔妃、宫女、阉官等宫人一样不得干预朝政，使小人听命于君子，当然就很好了。上九爻时，以阳刚而处剥之极，孤阳在上，未被众阴剥落，犹如仅存之硕果，未被吞食，故曰："硕果不食。"此位之重要于此可见。如此位为君子所居，能覆荫于下，民受其利，已亦可得民之仰载而为乘车舆之卿大夫。如此位为小人窃得，则在下之广大民众不仅受不到庇护，各户庐舍亦将剥落而流离失所了。

复卦与剥卦刚刚相反，剥卦一阳在上，复卦一阳在下。所以，《周易·杂卦》云："剥，烂也；复，反也。"正因为有果实的腐烂，方才有种子入地的再生，剥、复两卦，又互为前提与条件了，这就是《周易》综卦的妙处。

复卦的卦体是震下坤上，有真阳初生之义，震为雷，又有雷在地中，终必奋发之象。

其卦爻辞曰："䷗复，亨。出入无疾，朋来无咎。反复其道，七日来复，利有攸往。初九，不远复，无祗悔，元吉。六二，休复，吉。六三，频复，厉无咎。六四，中行独复。六五，敦复，无悔。上六，迷复，凶。有灾眚，用行师，终有大败，以其国君凶，至于十年不克征。"

其大意是：阳气反复，必然亨通。因为出则刚长，入则阳生，出入皆没有害处，故曰："复，亨，出入无疾。"朋谓众阴，众阴结朋而来，也无咎病。故曰："朋来无咎。"阳顺道而行，剥尽而复反。如天道之冬至后则阳气生，至夏至而达于极，转为剥落，剥尽又反阳。夏至到冬至或午时到子时要多少时间呢？十二辟卦的内涵说明，其数是"七"。一至七，其间距是六，现存彝族十月历，每月有三十六天（六个六），与十二辟卦之理相互印证。故曰："反复其道，七日来复，利有攸往。"初九爻时，"不远复，无祗悔"者，谓处复初，阳气刚生，要时时不离复道，稍离即反，喻人有过即改，则无大的悔恨之事，前途大吉。六二爻时，处柔居中，上无阳刚之牵制，故能屈其身以附初九之阳刚，是谓亲仁善邻，故曰："休复。"休复者，复道之大美也，故吉。六三爻时，"频复，厉无咎"者，频，频感。谓处下卦之极，离复道稍远，被迫而行复道，虽不免危厉，亦无大过矣。六四爻时，"中行独复"者，谓此爻为上卦之初始，处五阴爻之中，独立认同

177

初九之阳爻，是从正道的行为。六五爻时，"敦复，无悔"者，谓处坤卦之中，是敦厚于复之道。用以喻君上。只要能以诚信无私之德，以天下利益为立身处世之本，虽未必有大建树，但能免招物议，哪里会有悔恨呢？上六爻时，此爻处复之极，离复最远，迷阔于复道，又不知以其迷阔而强行，必招祸患。故曰："迷复，凶，有灾眚。"用迷复以对外出师打仗，必然丧师辱君。至十年之久，亦难雪耻。故曰："用行师，终有大败，以其国君凶，至于十年不克征"也。

以上便是复卦的大致含义。一阳来复，本属天道，用于修身，则是过不惮改。其机会甚珍贵，其道理甚深刻，犹如古人总结的"浪子回头金不换"，又如佛家所说"苦海无边，回头是岸"。但达到此境也不易，非有大决心、大毅力亦难成复道。孔子弟子三千，贤者七十二人，孔子最为赞叹的是颜回。他说："颜氏之子，其代庶几乎，有不善未尝不知，知之未尝复行也。"说颜回其人，每有过错的事，必然立即知道，知错即改，并且努力行持，从此不再犯。其实，这恰恰是复道的精要所在。深入一点说，儒、释、道三家之修（正）心修身的方法，无一不从"一阳来复"发端。尘世凡夫欲成登地圣人，均从复道而反其本。所谓千年黑巷，可因一灯而照明！

# 诚信与积累的辩证法
## ——兼谈无妄、大畜两卦卦理

诚信即无妄，是人立身处世的前提条件。积累，无论是道德、学问还是生存必需的财富积累，都是人生进步的必然要求与必然经历的阶段。对一个人的成长来说，两者都是必需的。

要说明它们之间的关系，还要从诚信不虚妄说起。前面在"五德养五脏"部分，对五德、五脏及其对应的五行关系等作了相关的说明。诚信不虚，就是忠实真诚的人生态度，是实实在在做人做事。它在五德中属信，在五行中属土，在五脏中属脾。其实，问题的关键就在这里，诚信不虚妄并不单纯是五德中的"信"德，没有信、仁、义、礼、智其他四德都不完备，更不用说五德浑然一体，分别体会还有相生相克的内在逻辑，从五脏来说，脾为后天之本，肝、心、肺、肾必赖脾的运化功能，将食物的养分按期送达，不然，身体就会产生疾病。从五行来说，"土王（旺）于四季"，春、夏、秋、冬四季，生、长、收、藏之理尽在其中。试想一下，没有土地的存在，生、长、收、藏又如何说起呢？从五德来说，有仁爱之心，而不讲信用，是不是真的能仁？有谦下之心，而行事不实，如何成礼？有羞恶之心，而说过的话不算数，又哪里能称义？明辨是非，又临阵反悔，能不能称智？所以，诚信是人立身处世的前提条件。当然，人生的进步同时是需要积累的。

从信入手，逐步贯通仁、义、礼、智，就是基本的道德积累；世间工作所谓"七十二行"，总要选择一行，总要干得下一行，才不致成为社会的负担，这就需要学问、技术的积累；能解决自己和家人的生活，不向父母亲伸手要钱，进而能供养父母、长辈，并支持社会福利事业和公益事业等，则需要财富的积累了。这些积累，都需要诚信的人生态度，不然，则有抓拿骗吃、欺哄瞒诈等情况的发生。既已积累，若无诚信的人生态度引导，则有吃、喝、嫖、赌、抽等不良习惯的滋生，又走到积累的反面去了，是绝对不可取的。诚信与积累既然如此重要，故在《周易》六十四卦中，就有无妄和大畜两卦专门讨论这两个问题。《周易》的这两卦，不仅通过数学模型对以上两个问题的发生发展的相关规律作了说明，更有孔子解这两卦的心得，即《周易·杂卦传》云："大畜，时也。无妄，灾也。"积累讲时机比较好理解，诚信不虚又如何会有灾难呢？在历史和现实生活中，这种情况是存在的。我们在前面说到的周公，可说诚信不二，大公无私，但有被成王变相放逐的时候。唐代的郭子仪大将军，可说公忠体国，但也受到被解除兵权的屈辱。

现在我们不妨来分析这两卦。先看无妄卦。其卦体是震下乾上，以理言，无妄是无虚妄，亦有以无妄之心对待一切事物之义。又有天在上，雷在下的动象，天动无妄，人动则可能有妄。

其卦爻辞是："☰☳无妄，元亨，利贞。其匪正有眚，不利有攸往。初九，无妄，往吉。六二，不耕获，不菑畬，则利有攸往。六三，无妄之灾，或系之牛，行人之得，邑人之灾。九四，可贞无咎。九五，无妄之疾，勿药有喜。上九，无妄，行有眚，无攸利。"

其大意是：乾为天，震为雷，天下雷声震响，万物恐肃，故无敢妄为。人处无妄，真实不虚的人，必然大通利正。故曰："无妄，元亨，利贞。"

在无妄，即天下震肃之时，若不走正道，存侥幸之心、妄动之心，便犹如眼睛上长了翳，看不清道路。所以，不利急功近利，妄行贪求。故曰："其匪正有眚，不利有攸往。"这便是全卦的总体精神。初九，"无妄，往吉"者，谓以刚阳处下，应九四爻刚阳，故刚正无私，这样的积极进取当然是好的。六二爻时，"不耕获，不菑畬，则利有攸往"者，谓以阴柔得位处中，但谨守其位，不妄为创首。如古时数户共种一公田，不为领先之耕播而为俟后之收获，开荒不为创始之菑（第一年的翻草培土），而为次年之畬（松土以种），则吉利。六三爻时，"无妄之灾"者，谓阴爻居下卦之上，位置不中不正，与六二相反，有违顺从之道，会有意想不到的灾害。"或系之牛，行人之得，邑人之灾"者，行人，官名。以喻有司。譬如耕稼之事，不能如六二是"不耕获"而僭为唱始以耕种。有司拴其牛以制止，故有司收尽职之功而有得。不仅唱始者受罚，同耕之人亦因无牛而受连累了。九四爻时，"可贞无咎"者，谓处上卦之下，以阳居阴，以刚乘柔，而位近九五之至尊，所以能同守其贞正而无责难。九五爻时，已处尊位，刚正自修，为无妄之主，下亦无妄，自然国泰民安。譬如人体，疾病多来自寒暑失调或饮食不慎，自当医药调理。若是无妄之疾，身体原本健康，不过偶有病痛，不用医药也会痊愈。故曰："无妄之疾，勿药有喜。"上九爻时，处无妄之极，物极则反，只宜静保其身。如贸然前进，必为妄行，非常危险。故曰："无妄，行有眚，无攸利。"这里有个问题，就是从卦爻辞的意义分析，卦辞与各爻辞之间的差别，恰如"前途光明，道路曲折"一样。其具体过程，又待学人自己去体悟了。

我们再看大畜卦。其卦体是乾下艮上，有天藏山中之象。以阳畜阳，有所畜之力很大的意思。

其卦爻辞曰："䷙大畜，利贞，不家食，吉，利涉大川。初九，有厉，利已。九二，舆说辐。九三，良马逐，利艰贞。曰闲舆卫，利有攸往。六四，童牛之牿，元吉。六五，豮豕之牙，吉。上九，何天之衢，亨。"

其大意是：其大无比的天，为巍巍大山所畜止，犹如人积蓄深厚的道德与学问，当然依于正道，能畜止刚健。故曰："大畜，利贞。"此时，为效力于国家必会选贤任能，不让贤人赋闲在家自食，故曰："不家食，吉。"接下来，亦一定能够克服艰难险阻，对国家和民族大有作为。故曰："利涉大川。"初九爻时，"有厉，利已"者，谓以刚应四。四以阴柔为艮之初，必抑制己之来犯，故以自止为上，贸然前行或有祸害，止不行则利己。九二爻时，"舆说辐"者，说通脱，脱落也。辐为稳固车轴之直棍。谓车轮辐条脱落，有不得不止之象。以喻六五畜盛，不与相应。但以其位正，可以自止，故没有祸害。九三爻时，"良马逐，利艰贞"者，谓此爻处乾卦之极，与六四、六五之不应初九、九二相反，与之相应的上九处天道之通途，履当其位，行得其时，喻如良马奔驰于大道，虽道路漫长，而无患。"曰闲舆卫，利有攸往"者，闲，阂也。阻碍也。谓车舆前行时虽遇阻碍；卫，护卫，谓可以护卫越险，有利于远大的前程。六四爻时，"童牛之牿，元吉"者，牿，护牛角之横木。谓处阴爻，有畜止初爻之象，初爻位低，犹如小牛，角未长全，且角前有横木，畜止是容易的，故吉利。六五爻时，"豮豕之牙，吉"者，豮，防止。豕之牙，横滑刚利，难制之物，此以柔处尊位，蓄势更甚，能阻止刚暴之九二进犯，以柔克刚，犹如防止豕之牙，所以大好。到上九时，"何天之衢，亨"者，何，叹词，衢为大道。谓六九处畜之极，势极而通，大道只在眼前，乘势而走，君子自有一条相对自由如意、通畅无阻的人生路。

以上两卦说明，诚信不虚与道德才学的积累，不仅是修身治国的基础，实际上还应贯穿到人生实践的每个过程，以及过程中的不同阶段。

# 从自养与养人说起
## ——兼谈颐、大过两卦卦理

自养与养人，实际上是人生的根本问题，不能自养，即无法养人。所谓"王者养天下，诸侯养贤士"。自养与养人既是自身成就的必备条件，又是对社会贡献大小，即立德、立功、立言最重要的表现方式。即使是庶民百姓，不养他人，也要养自己的父母、妻室、儿女，再求其次，至少要能够自己养活自己。至于残疾人，本来难以自养，但能自强不息，努力自养，即是大养之道。这便是自养与养人的基本含义。至于养人，则又有以德养人，以力养人，以财养人，以无畏养人等，其最高境界，是以"无我"养人，说起来就比较复杂了。

说到这里，问题就出来了，那就是自养与养人涉及那样多的内容与方

面，如何才能走上正道，才能少走弯路并取得事半功倍的效果呢？按照儒家传统说法，要从周公所标榜的"以祖为宗，以孝为本"为根本思想，并以实践"孝"的具体内容为起点。所谓以祖为宗，用现在的话说，就是不讲封建迷信，不搞鬼神崇拜，始终不忘祖宗美德，牢记我们都是中华民族的儿女，我们都是炎黄子孙。以孝为本，即是以孝作为立身处世的根本，由家庭而单位而国家，实现利己利人，亦即自养与养人。我们撇开后世加在"孝"上的封建特征，我们会欣喜地发现"孝"的朴素唯物主义的内涵以及它展现在人类智慧上的惊人光华。

为正本清源，我们看孔子的《孝经》。其《开宗明义章第一》有云："夫孝，德之本也，教之所由生也……身体发肤，受之父母，不敢毁伤，孝之始也。立身行道，扬名于后世，以显父母，孝之终也。夫孝，始于事亲，中于事君，终于立身。"这一段最不好理解的是"身体发肤，受之父母，不敢毁伤，孝之始也"。笔者最初读此，亦认为迂腐之极，但至结婚生子，孩子好动，学走路时从楼梯上滚下去，致成脑震荡，半年方愈；因冷热东西乱吃一气，致成脾胃虚损之症，又调养经月；上小学后，因贪凉在地上午睡，致生寒湿，感冒之后并发支气管哮喘之症，虽家中父母均知医道，为治愈其病，仍颇费周折。回忆笔者少不更事，刚强有余而涵容的功夫大缺，常常与人打架，或打伤别人，或被别人打伤，使母亲担忧而流泪，中夜思之，无不耿耿。笔者因此明白，爱惜自己的身体，不因一己之好恶而随意损伤自己的身体（从大处说，酗酒、贪色、吸毒，甚至杀人越货、偷盗诈骗、身陷囹圄，又何尝不是损伤自己的身体呢），因此不让父母为己之健康成长担心，确实是行孝之本啊！从不让父母担心到让父母放心，进一步让父母以自己的成长而骄傲，能"留取丹心照汗青"，孝道不是延长了吗？行孝之道，从另一方面说，能行于社会，孝道于是广大；而到立身完美如圣贤，可以说孝道由此而圆满。

接下来，《孝经》又讲到了天子之孝，所谓"爱敬尽于事亲，而德孝加于百姓，刑之四海。盖天子之孝也"。再有诸侯、大夫、士、庶人之孝，并孝行的扩展种种方面。真正是微言大义。孔子在这里不仅传授了自养与养人之道，更系统地说明了行自养与养人正道的种种方便法门，不同种类的人都可以由此走入正道。离开正道，便是过失。《周易》的颐卦说自养与养人，但如果不能正确履行自养与养人之道，则是"大过"的结果。

我们先看颐卦。其卦体是震下艮上，有以口接食物以养生之象，其义则是自养与养人。

　　其卦爻辞曰："☲颐，贞吉，观颐，自求口实。初九，舍尔灵龟，观我朵颐，凶。六二，颠颐，拂经于丘颐，征凶。六三，拂颐，贞凶，十年勿用，无攸利。六四，颠颐吉，虎视眈眈，其欲逐逐，无咎。六五，拂经，居贞吉，不可涉大川。上九，由颐，厉吉，利涉大川。"

　　其卦爻辞大意是：颐卦为震下艮上，即山下有雷，下动而上止。以家颐之用于饮食言语。如能在处颐的时候，循自养和养人之正道，节饮食，慎言语，自能得吉。故曰："颐，贞吉。"观察圣人养物之正道，自养则求其口中之实。故曰："观颐，自求口实。"所谓"衣食足而礼义兴"之义也。初九爻时，"舍尔灵龟，观我朵颐，凶"者，灵龟，灵验龟兆，以喻人之明德。朵颐，咀嚼貌，以喻贪婪。谓此爻为动之始。无力养人，宜慎言语节饮食以守道自保。今舍其明德而躁进以求美食，起贪欲心，所以必然致凶。六二爻时，"颠颐，拂经于丘颐，征凶"者，颠，颠倒。拂，违背。经，此指义，事之当行者。丘，古时田里之区划，以喻常处之所。此谓处下卦之中，阴爻不能自养，但违背应奉上之六九爻之常义，反而求养于初九。颠倒颐道，故往必凶。六三爻时，违背所养之道，不求下卦同体之爻，而求高位异体之上九爻，是自纳于上，以谄媚也，必遇凶事。故曰："拂颐，贞凶。"悖行于此，所谓理极数穷，十年无法改变，故曰："十年勿用，无攸利。"六四爻时，"颠颐吉"者，谓体属上体而应于初九，是以上养下，得颐之宜，是以吉。"虎视眈眈，其欲逐逐，无咎"者，逐逐，敦实貌。谓此乃以上养下，不可以亵渎，故虽眈眈，而其欲动则敦厚慈下，威而不猛，故没有过错。六五爻时，"拂经，居贞吉，不可涉大川"者。谓五为尊位，今以阴居阳违背颐养正道。但若能守谦退之义，不养下而亲附于上之上九，才能得吉，所以不可贸然而行艰难之事。上九爻时，"由颐，厉吉，利涉大川"者，由，从也。由颐，谓刚阳居上位，位于下之四阴不能独立为主，皆相从以求养。位不中正，贵而无位，心历危险，但居高而有众，结果必是好的，并且利于自养、养人的大事。这便是颐卦的精神。自养、养人，根基又在自养，自养成就，则养人之道，可以推己而及矣。

　　我们再看大过卦。大过卦卦体是巽下兑上，巽为木为风，兑为泽为少女，巽有顺意，兑有悦意，水又生木，卦体本吉。物极必反，水过盛淹木则为灾。故名"大过"。从根本意义上说，大过卦是颐卦的错卦，即因相反而相成。简言之，自养、养人不足，或自养、养人有差，因为动摇到人立身处世的根本，则势必有"大过"之患。从另一个方面说，注重自养、养人之道，即以正心处顺，以正心得悦，则可改变"大过"的危害程度，从而走入自养、养人的正道。再从大过卦和颐卦的对比而言，能正心处顺，正心得悦，则自养、养人之道，又更加圆融无碍了。

大过卦的卦爻辞是："☰大过，栋桡，利有攸往，亨。初六，借用白茅，无咎。九二，枯杨生稊，老夫得其女妻，无不利。九三，栋桡，凶。九四，栋隆吉，有它吝。九五，枯杨生华，老妇得其士夫，无咎，无誉。上六，过涉灭顶。凶，无咎。"

其大意是："栋桡，利有攸往，亨"者，谓处大过的时候，犹如支撑房屋之中梁木桡弱，屋将倾危，以喻处衰难之世。但乱世出英雄，必有圣贤拯救，力挽狂澜。初六爻时，"借用白茅，无咎"者，谓以阴柔居下位，必须处处以敬慎的态度奉上。犹如取茅草，以为物之铺垫，则物无损伤，自己也没有过错。九二爻时，"枯杨生稊，老夫得其女妻，无不利"者，谓刚爻处柔位，处大过之时，能越过其本分而拯救衰弱。如枯老之杨树遇雨水滋润而发嫩枝，老年男子娶得少女而生儿育女，家族因之繁衍，故是有利的好事。九三爻时，"栋桡，凶"者，谓居大过之时，处下卦之极，以阳处阳，势不能拯救衰弱，但又不能淡泊自守，而醉心于应上，犹如房屋的中梁桡弱，不加固而强为支撑，故是凶事。九四爻时，处上卦之初，以阳处阴，能拯济其弱，又以居上体而不为下卦之二阳阻挠，如坚实而能载重之隆起的中梁，故曰："栋隆吉。"但其应唯在初爻，虽是拯弱，心欠宏阔，故曰："有它吝。"九五爻时，以阳处阳而得尊位，无所阻挠，也未拯济危弱。犹如老妇人与少壮男子成亲，枯老之杨树开花，不会受到责难，但也不会受人赞美，因于老妇之生育和枯杨之再生亦无补。故曰："枯杨生华，老妇得其士夫，无咎，无誉。"上六爻时，"过涉灭顶，凶，无咎"者，谓处大过之极，涉难太过，致遭灭顶之灾。故曰："凶。"如其志在拯济衰危，如龙逢、比干忧时忧国，不避诛戮而直言极谏，置身家性命于不顾，"苟利国家生死矣，岂因祸福趋避之"，则义又"无咎"矣。

我们仔细分析大过卦，可知拯弱扶危是义举，实行起来则艰难多凶。更何况忧时忧国，拯救国家危难，挽狂澜于既倒，则须付出巨大牺牲，是不言而喻的了。

说到这里，附带说一个问题，历代均有少数欺世盗名、骗人钱财的江湖术士，有意曲解"枯杨生稊"和"枯杨生华"的爻辞，胡说老男娶少女或老妇嫁少男是取坎填离，合乎阴阳之法，以此作为"采阴补阳"或"采阳补阴"等邪法的所谓理论依据，最终都以害人害己告终。虽然荒诞不经，早已为国人所唾弃，但随着改革大潮泥沙俱下的机会，又有死灰复燃之势，迷惑一些好色贪生之徒，引诱无知青年。故此予以说明。

## 残酷的世间"八风"
### ——兼谈坎、离两卦卦理

所谓世间"八风"，并非实实在在的风，也不是所谓"六淫之气"中"风、火、暑、湿、燥、寒"的风，而是理念的风，这八风，是指人世间贫富、贵贱、穷通、毁誉对每个人的考验。有一种人，年轻时还比较正直、善良，后因一时不慎，或因受外界引诱，或因私欲膨胀，卷入"八风"，在风中摇曳滚爬，失掉本性，堕入丧心病狂、作奸犯科的境地，真正是不幸之中的大不幸。

所以有一种说法，能逃脱世间"八风"，或不为这"八风"所动，便是尘世间的"圣人"。因为"八风"是客观存在的，任何人都逃不脱。只能用正确的思想态度去面对，即以平常心老老实实做人办事。但永远保持平常心也不易。有一段小故事：传说苏东坡少年得志，入仕即连续升迁，文名满天下。后因与新党政见不合而由京官外放州郡。又以诗文中有讥讽朝政之内容，被贬谪黄州监管，此前，还饱尝铁窗风味。至此，他对人生的体验便与往昔不同。他在这期间写出了他一生的绝唱，即著名的《赤壁怀古》。有一天，朋友聚会时，当时与他很要好的佛印法师问他："苏居士，人赞你诗文大进，不知你禅定的功夫是否同时有进？"苏东坡意气风发，故意叉手做了两个大指交叉的佛家特有手印，笑曰："八风吹不动！"不想，佛印法师勃然发怒，骂曰："放你的屁！"骂完便转身离去。苏东坡想了一夜，仍不了解法师的禅语。至第二日，又专门乘船从江北岸过江，请教佛印法师"如何是放屁。"佛印法师抚掌大笑："八风吹不动，一屁到江南。"

我们可以由此想见，不为这世间"八风"所动，是何其艰难。

这就要说到坎、离两卦的卦理。人之性灵，既非像荀子所说的人性均恶，亦非如孟子所说的人性本善，所谓善恶本于一心，一心即包括善恶。一心只做大奸大恶、十恶不赦之人，确实不多；一心只是利益大众，不贪恋富贵声色者，亦非易事。所以，人世间表现出来的人与事，往往善与恶交织在一起。真正能有诚于内而形于外，确实少之又少，不得已而附丽他人，得暂时的明与丽也不一定如意，这便是离卦卦理。稍有不慎，向相反的方向发展，于是进入坎卦，从而走入人生的陷阱。

我们看坎卦，坎卦的卦体是下坎上坎，坎有险意，亦有陷意，全卦即有重险重陷之象，有阳陷于阴之象。但水向下流，又不满，所谓"海纳百川，有容乃大"，又是坎卦之义了。

其卦爻辞曰："䷜习坎，有孚，维心亨，行有尚。初六，习坎，入于坎窞，凶。九二，坎有险，求小得。六三，来之坎坎，险且枕，入于坎窞，勿用。六四，樽酒，簋贰，用缶，纳约自牖，终无咎。九五，坎不盈，祇既平，无咎。上六，系用徽纆，置于丛棘，三岁不得，凶。"

"习坎"者，《周易》各卦，唯此卦名前加一字。习有两义：一是重叠，一是熟习。坎，陷也。上下皆坎，其险难可知。要越过险难之坡坎，须经摔爬滚打，反复操习。所以名"习坎"。"有孚，维心亨，行有尚"者，孚，信也。尚，尊崇。谓坎为水，阳爻居内而阴爻居外，内刚外柔，其内明洁，故能立信。阳不外发而在内，故言得亨通。以此历险，何坎不可越，故言行有尚。初六爻时，"习坎，入于坎窞，凶。"窞，坎中小坎。谓处水卦下体，其陷越深，其险更甚，已涉险失道而无外援，结果必是凶事。九二爻时，"坎有险，求小得"者，谓处坎卦之中，险情仍在，但以阳刚居中，有六三之阴柔来附，故小有所得。六三爻时，"来之坎坎，险且枕，入于坎窞，勿用"者，枕，止也，安也。谓处下坎之极，处上下两坎卦之间，犹如脑后有险，眼前亦险，只能止步等待，如冒险前行，是以阴柔步入重险之中，出险无望，故万不能用。六四爻时，"樽酒，簋贰，用缶，纳约自牖，终无咎"者，谓以得位，以承于九五，上下谐和，各安其位。有如用竹瓦之器盛酒饭以荐王公，宗庙，诚挚而简约以奉上，到最终，没有过患。九五爻时，"坎不盈，祇既平，无咎"者，谓九五居中为坎之主，而下皆阴柔不能应辅，坎难未尽，有如水将满而未满，必满始得出险。今坎不盈，所以没有完全摆脱祸害。上六爻时"系用徽纆，置于丛棘"者，徽纆，结实的绳索。丛棘，犹棘丛。言被绳束系缚，因于丛棘之中，"三岁不得，凶"者，言以阴居险之极，所陷益深，数年不得出，所以是凶事。这便是坎卦的基本内涵，可谓险象环生。

我们再看离卦。这里的离，不是讲分离，而是明丽、附丽的意思。卦体是离下离上，离为火，为日、为电。有日则明，今为重日，故为明丽。火附丽于物，物燃烧始得火，故离也有附丽之意。

其卦爻辞曰："☲离，利贞亨，畜牝牛，吉。初九，履错然，敬之无咎。六二，黄离，元吉。九三，日昃之离，不鼓缶而歌，则大耋之嗟，凶。九四，突如其来如，焚如，死如，弃如。六五，出涕沱若，戚嗟若，吉。上九，王用出征，有嘉斩首，获匪其丑，无咎。"

其大意是："离，利贞亨"者，谓离卦上下两阴爻居中，阴柔本非刚正，故处离之时，利于正心诚意以求亨通（若无正心，则成朋党）。"畜牝牛，吉"者，谓离之为体既以顺柔为主，外强内顺。故畜刚猛之牡牛不如畜牝牛以养柔顺之德，可以得吉。初九爻时，"履错然，敬之无咎"者，谓阳爻处下卦之初，不知如何行路方上大道，前进容易走错。但敬慎处世行事则可成日后大行的资粮，故没有责难。六二爻时，"黄离，元吉"者，黄为中色，谓此爻为居中之离，守中道而得明丽，所以大吉。九三爻时，"日昃之离"者，昃，日偏西时的侧影。谓处下离之终，如太阳西下其明将没。"不鼓缶而歌，则大耋之嗟，凶"者，缶，古打击乐器。嗟，忧叹之辞。谓人到耄耋之年，应于此时乐天知命，歌舞自娱，如不鼓缶而歌，徒自嗟叹，则只有等死了。九四爻时，阳爻处上离之始。三爻已如太阳西下而暗，今九四忽明，故曰："突如其来如。"但其逼近五爻至尊，又与三爻两火相接，欲进其盛以焚炎于上，结果只能自己也同时被焚，死亡和被众所唾弃。故曰："焚如，死如，弃如。"六五爻时，以阴体处尊位，柔不能御下之阳爻来犯，故深自忧惧，而自滂沱泪下。但如以忧惧敬慎之心处之，必得众人扶助，可以无凶事，相对得吉。上九爻时，"王用出征，有嘉斩首，敬匪其丑，无咎"者，谓处离卦之极，离道已成，王权已稳固，是出师征讨叛逆之时。而己有阳刚之才，故王得用其帅师出征，嘉奖其斩获之功。这便是离卦的大致卦意。

坎、离两卦，是一对错卦。处坎陷之时，或在坎中灭亡，或出坎而至离卦的境地，但也仅仅是附丽而已，并非真正的成就。即在附丽阶段，稍不留意，又会错成坎卦，而处险陷之地，把人生弄得很难堪，人也就陷于"八风"之中而不能自拔。

这该是坎、离两卦的启示吧。

# 咸卦与恒卦
## ——男人、女人及其他

咸卦与恒卦是一对综卦。两卦卦义之间相辅相成。"咸，速也；恒，久也。"一个讲迅速，一个讲长久。迅速的目的是长久，长久的精义在迅速。这两卦，以正确的男女之道来比喻是很恰当的，但男女之道也是最难说清楚的。

我们先看咸卦。咸卦卦体是艮下兑上，从卦理说有上逊下止之意，从卦象看有少男少女之象、有泽与山之象。所以，咸卦的"咸"即是感，整个咸卦讲的就是感通。说到这里，回顾上经三十卦，从乾坤开始，说天地。下经首咸卦，说人事。对应《周易·说卦》："天地定位，山泽通气。"可见《周易》六十四卦排列组合之妙。

咸卦的卦爻辞是："䷞咸，亨，利贞。取女吉。初六，咸其拇。六二，咸其腓，凶，居吉。九三，咸其股，执其随，往吝。九四，贞吉悔亡，憧憧往来，朋从尔思。九五，咸其脢，无悔。上六，咸其辅颊舌。"

其大意是：咸卦是艮下兑上，艮为山为少男，兑为泽为少女。山刚健在下，则在上之泽不震荡倾邪，水阴柔在上则在下之山受浸润而不干裂。少男少女亦如是理。故处咸的时间，阴阳上下是感通的。这种感通，利于正道与正位之人，男女婚嫁也是吉利的。初爻时，"咸其拇"者，拇为足之大指，最处低下。故用以喻初爻之感通还浅，开始感通，志在小求而不躁进。二爻时，有如咸升于小腿，小腿内性躁动，以喻二爻与五爻应，以躁动求应，是致凶之道。如果此时能静居不动，亦可免除灾祸。故曰："咸其腓，凶，居吉。"三爻时，阳爻处下卦之极，有如咸升至股（大腿），行止皆随脚而动。以喻人之随人所执。君子之迁就小人，其志亦贱，据此前进结果肯定不好。故曰："咸其股，执其随，往吝。"四爻时，"贞吉悔亡"

者，悔亡，亡悔之倒文，即无悔。谓此爻处上卦之初，应下卦之始。与九三同居中，始与之交感以通其志。凡物始相交感而不及正则招祸。故必贞正方吉而无悔。"憧憧往来，朋从尔思"者，憧憧，怀念貌。谓交感之始，渴望朋友之往来，朋友亦将从你之意而来也。五爻时，"咸其脢，无悔"者，脢，里脊肉。谓交感之大为居中之心神，四居中，而五在四上，犹如咸升至背部里脊肉部分。进虽不能大感，退亦不失有志者，故无悔而已。六爻时，"咸其辅颊舌"者，辅，上颌，即口腔之上部。谓处上卦之终。这时的感通，已远离心实，而是感于口腔，脸颊和齿舌，即唯赖于语言了。非发自心声之言，当然言而无实，结果就是感而无应了。

这一卦的卦爻辞与《周易》其他卦很不相同，卦辞讲亨通，而爻辞多不通，且两者内容似乎无关，难怪许多有名望的学者也对此提出疑问。理解这类卦，也唯有用前面的口诀以及错、综、互、变的道理，才解得清楚而明白。咸卦相错，得山泽履卦。说明一旦向相反方向转化，是很难处的。你看世间男女多如牛毛，但能明白持正感通的原理，正确处理男女关系，即咸卦之本意：柔靠刚扶持，刚靠柔滋润，至男女成夫妻，为夫者领妻不管妻，为妻者助夫不累夫，进而能互敬、互爱、互谅，并相互推动各自人生进步的，亦非随处可见。

我们再看恒卦。恒卦的卦体是巽下震上，巽为木、为风、为长女，有入义。震为雷、为龙、为长男，有动义。从理上说，有上动下入之义，从象上看，有男在女上之象。咸卦是少男少女，恒卦是长男长女；咸卦重感通，恒卦讲秩序。所以，恒卦的卦义恰好与咸卦相反，恒是讲恒久之道。用正确的夫妇之道比喻，是很有意义的。

恒卦的卦爻辞是："䷟恒，亨，无咎，利贞，利有攸往。初六，浚恒，贞凶，无攸利。九二，悔亡。九三，不恒其德，或承之羞，贞吝。九四，田无禽。六五，恒其德，贞，妇人吉，夫子凶。上六，振恒，凶。"

其大意是："恒，亨，无咎"者，谓恒久之道，必须变通，才能无咎。如天地之长久，日月行星之运行和寒暑四季之更替，才是无咎的。"利贞，利有攸往"者，谓以恒为德，有始有终，又不僵化而随时变通，自然是有利于正道并无往而不利的。初爻的时候，"浚恒，贞凶，无攸利"者，浚，深也。谓此爻为恒之始，在卦之最深处，故曰"浚恒"。如恒行仁义，固不厌其深。如探查物情以求正，过正则邪，水太清不藏鱼，当然不会有好结

果，无益也不利。二爻时，"悔亡"者，虽有悔，但可消灭也。谓此以阳爻处阴位，有悔，但得下爻中位，恒得居中，故悔可以消灭。三爻时，"不恒其德，或承之羞，贞吝"者，谓处下卦之极，处于阳爻之中而居非中位，上不全尊，下不全卑，进退乖错，德行无恒，众所不能容，自然可能承羞，而为正直者所不齿。四爻时，"田无禽"者，田同畋，打猎。谓体阳而处巽卦之初始，以阳居阴，恒久而非其位。犹如出去田猎，而没有捕到禽兽，形容劳而无功。五爻时，"恒其德，贞，妇人吉，夫子凶"。谓阴爻居尊位，是柔而中不是刚而中，身为恒主，仅应在二而不及他爻，是能专一坚守恒德，于妇人为夫唱妇随，自然是好事，若男子太过柔顺，于治家教子则无望矣，故有凶事。六爻时，在震之终，上卦之极，凡居处于上者，当守静以制动。今反其道，振动以求应恒道，必招凶事，故曰："振恒，凶。"

这一卦与《周易》其他卦也有很大不同，也是卦辞吉而爻辞多不吉。家庭是组成社会的最小单位，有如人体之细胞。其夫妇之道，本来中正，对于人类的繁衍，道德规范的形成，甚至于世界的进步和人类的文明，都起着基础甚至决定的作用。但落实到每个家庭，在具体时间和具体的事情上，又是多艰难、多冲突、多歧义与歧途的。

所以，掌握咸卦与恒卦，就要将两卦综合起来理解，具体到咸卦，要将兑之德与艮之德合用，要把兑之理与艮之理互融。在恒卦，则要将震之理与巽之理互融，把震之德与巽之德合用。果如是，则男女之道正，家庭之道亦正。

这里，问题又出来了。这就是究竟怎样才能把感之迅速的"咸"与处之久远的"恒"有机地结合起来，并运用于实践呢？这就要说到"方便"与"智慧"了。有"智慧"方有"方便"，有"方便"方显明"智慧"。具体说来，是男人要具备"方便"，女人要具备"智慧"。"方便"与"智慧"，各有其长，各有其短，最终又要讲"方便"与"智慧"的结合。

试想一个家庭中，男人处刚强，至于刚愎自用，唯我独尊，视妇人为己物，事业不顺，便龟缩在家，以妇人儿女作发泄对象；事业通达，则一心外骛，视妇人儿女为累赘。妇人会不会真的敬服你。或妇人自私褊窄，不替男人着想，或望夫成龙之心过切，其夫稍遇挫折就埋怨唠叨，甚至冷言讥讽，男人有何家庭乐趣可言？或只求男欢女爱，卿卿我我，置男人事业于不顾，男人又甘不甘心？或者毫无主见，万事依顺男人，对其德业无劝，过失不规，男人还可不可能与妇人平等交流？

回到主题，男人具备"方便"与女人具备"智慧"，是讲男女之间在已守正道的基础上，应为更和顺的男女之情或夫妇之道增加润滑剂和添加剂，使咸恒之道趋于圆融，深明此道，"方便"与"智慧"便平常而朴实。

# 附录一
# 《周易》与传统智慧
## ——与领导干部谈《周易》

在国学热兴起的宏大背景下，我自 2006 年起在中共四川省委党校、四川行政学院领导干部考试培训中心开设了"《周易》与中国传统智慧"的专题讲座，先后十数次讲授了这个专题。

与领导干部一起讨论研究《周易》既是一件十分有趣的事，也是一件颇有难度的事。这是因为，现今的领导干部一般都比较年轻，而且学理工科出身的同志又大大多于学文史哲专业的同志。除个别情况之外，他们大多对传统文化较为陌生，古文基础也比较差，对于文辞古奥的《周易》原文在阅读理解上自然有一定的困难。特别是有不少同志往往认为《周易》就是算命看相卜卦的书，对它的价值判断存在着一定的误区。当然也有不少同志认为《周易》能够预测前程、预知未来，希望通过学习来掌握预测的方法以运用于实际。但是有一点是共同的，就是他们都对这门课程表现出浓厚的兴趣。

针对上述实际情况，我着重讲了以下五个问题：

1.《周易》是一部什么样的书；

2.《周易》的起源和特点；

3.《周易》的主要内容；

4.《周易》与预测学；

5. 学习《周易》的目的和意义。

我的目的，是力求用现代科学和辩证唯物主义的基本原理来对我们中华民族这部最古老的哲学著作进行分析和解读。我告诉学员：学习《周易》除了要了解我们民族悠久的历史文化之外，主要的意义有两个：一是从中领会如何做人、如何立身处世的道理，以提升自己的人格修养；二是从中学会一套分析问题的思维方式——因为《周易》具有深刻的哲学内涵，充满了辩证思维，学习它可以提高我们分析问题的能力和水平。

当然，我也不回避他们（包括广大群众）所关心的两个问题：即《周易》是否能用于预测，其预测的准确性到底有多大。这两个问题我都放在最后来回答。应当说，这个专题讲座还是取得了较好的结果。因此，特将授课的讲稿加以整理修订，作为此书的附录，以作为读者阅读此书的参考。

各位领导，能有机会和各位对话、交流，我感到非常荣幸。讲课之前，我想先提一个问题：你们中哪位是清华大学毕业的？（我每次开讲之前都要提出这个问题，如有同学举手，我就要问：清华大学的校训是什么？其中也有极少数的学员能够回答：清华大学的校训是"自强不息，厚德载物"。我又问这两句话的出处，就只有更少数的学员能够回答是出自《周易》。）

今天我要讲的，可能是大家都非常感兴趣的一个专题——《周易》。可以说绝大多数中国人都知道《周易》（也称《易经》），许多人都认为它是一部看相算命的书，可以预知未来。现在很多人都相信这个，这是因为现代社会变化太快，每个人的前途命运都存在着许多不确定性和许多变数，前面会发生什么样的事情，谁也弄不清楚。不像我们这些年纪较大的人，前面的路大致看得清楚。比如我，在高校工作，只要自己努力，可以慢慢从讲师、副教授，然后熬到教授……而现在的年轻人则不易看清，因为前面的路径可能性太多，可选择性太多，意外的、自己不可控、不可把握的因素也太多。而人们又迫切希望知道未来，特别是在这个社会转型时期，人们的心理都很浮躁、焦虑，于是人们不得不求助于看相、算命之类的手段，《周易》也就受到人们空前的重视。

然而很多年轻的朋友告诉我，这本书读起来很吃力，读不懂，希望有人能用清晰简练的语言把《周易》的基本内容讲清楚、讲明白，特别是把卜卦的方法教给他们。我的这个讲座就是为了满足人们的这一心理需求。下面我将尽我的努力，把各位关心的、感兴趣的问题尽可能告诉大家。

# 《周易》是一部什么样的书

《周易》是我们中华民族最古老的一本书，也是最难理解的一本书。它之所以难于理解，除了文字古奥之外，还因为它历来与占卜之事相联系。在秦始皇焚书坑儒时，因为它被列入卜筮之书，而逃脱了被大火焚烧的厄运。近代科学研究表明，《周易》中的确隐藏着惊人而合理的朴素辩证法的哲学思想，是我们古代先民建构的一个认识和解释宇宙的模型。而且，它还是我们民族文化的源头，对我们民族精神的某些方面内容作了经典概括。

刚才我问到同学们清华大学的校训，有同学正确地回答了是"自强不息"和"厚德载物"，这两句话就来自《周易》的乾卦和坤卦。对此，张岱年教授曾经有非常明确的阐释，他在《中国传统文化简论》一书中这样说过：

中华民族作为一个延续 5000 余年的伟大民族，必定有一个在历史上起主导作用的基本精神，这个基本精神就是这个民族延续发展的思想基础和内在动力。在西方，古希腊文化表现了希腊精神，法国人民强调法兰西精神，德国人民宣扬日耳曼精神，东方的日本也讲大和精神。中华民族也有一个占主导地位的思想意识，可以称为"中华精神"。中华精神集中表现于《周易大传》中的两个命题上，这就是"天行健，君子以自强不息"；"地势坤，君子以厚德载物"。我们从《周易》中抽出这两句话，把它作为中华精神，这样做是不是具有一种随意性呢？不是的。在古代人看来，中国的传统文化集中地体现在儒家经典《六经》之中，《六经》是由孔子阐述的，因而具有最高的权威。后来的儒者把《周易》列为《六经》之首，认为它"广大悉备"，包罗了天地万物、人伦日用的各种道理。在《周易》中，排在前面的乾、坤两卦是总纲，是统摄其余 62 卦的。"天行健，君子以自强不息"，是由乾卦《象传》提出的；"地势坤，君子以厚德载物"，是由坤卦《象传》提出的……人生在天地之间，是天地的精华，应该"与天地合其德"，体现天地的德性和特点……"自强不息"，就是永远努力向上，绝不停止，这表现了中华民族的奋斗精神，表现了一种不向恶劣环境屈服的顽强生命力。"厚德载物"，就是要有淳厚的德性，要能包容万物，这表现了中华民族的兼容并包精神。一个"自强不息"，一个"厚德载物"，这两点体现了中华民族的精神和气度。[①]

也正是因为有这样的精神和气度，我们的文化和文明才成为世界上四大古文明中唯一没有中断而延续至今还充满活力的文明，我们的科学和文化才能够在世界历史上一度处于领先地位。我们中华民族虽然经历过很多磨难，也遭受过落后挨打的屈辱，但从来都不自暴自弃，甘心落后，而是始终以一种坚韧不拔的精神重新奋起，"自强不息"使自己独立于世界民族之林。

同时，我们这个民族又具有"厚德载物"的品性。中国传统哲学认为，大地的德性就是博大宽厚，它负载万物、生养万物，对天下万物、草木鸟兽都持一种友善的态度，对于人包括其他民族的人，都能宽容友善。中华民族的淳朴善良，兼容并包是举世公认的。综观历史，中华民族不仅是一个古老的充满智慧的民族，也是一个十分厚道的民族。这一点不仅为世人所公认，也赢得了全世界其他民族的尊敬。而《周易》（当然也包括其他传统文化经典）对于塑造我们的民族精神，构建我们民族文化心理的作用，怎么估计都不过分。因此我才说它是我们民族文化的源头。

张立文教授曾这样断言："《周易》是中国文化的活水，是中国文化的根源之一。如果对《周易》不了解，对中国文化就不能透彻了解。《周易》对中国文化、中国社会的影响非常深刻。它是中国历史从蒙昧走向文明的文献遗存，是中国文化从迷信走向科学的逻辑缩影，是中国哲学从巫术神话走向太极和合的符号象征，是中国思维从形象走向理论思辨的历程。"[②]（着重点为笔者所加——下同）

张教授以上的这段话，是他在中央国家机关工委、文化部、中国社会科学院主办、国家图书馆承办的部级领导干部历史文化讲座中讲的。他的讲稿被收入海南出版社出版的《中国高端讲座》一书中，应该说具有一定

---

① 张岱年：《中国文化传统简论》，浙江人民出版社 1989 年版，第 55 页。
② 张立文：《中国高端讲座·〈周易〉对中国社会的影响》，海南出版社 2006 年版，第 170 页。

的权威性。

综上所述，我们可以知道，《周易》是一部民族文化的重要经典，对于我们的民族文化的形成、发展具有十分重大的意义和价值，仅仅将其看做一本算命、看相的书是完全错误的。这是我首先要告诉各位的最重要的一点。

## 《周易》的起源和特点

由于年代的久远，文献记载的缺失，《周易》究竟产生于何时何地，其作者究竟是谁……这些问题都无法得到一个准确的答案了。就连 20 世纪的文化泰斗郭沫若（他是最著名的历史学家、文学家和古文字学家）都曾发出过这样的感叹：

《周易》是一座神秘的殿堂。

因为它自己是一些神秘的砖块——八卦——所砌成，同时又加以后人的三圣四圣的几尊偶像的塑造，于是这座殿堂一直到 20 世纪的现代都还发着神秘的幽光。[1]

尽管如此，从当前流行并且一致认同的看法，郭沫若仍然十分谨慎地表示："《周易》相传是三圣的秘籍，就是伏羲画卦，文王重卦，周公作爻辞。更加上孔子的'十翼'便成为四圣，或者把周公挤掉，仍保存三圣的名目。"[2]

伏羲是神话传说中的人物，缺乏文献的确切证明。至于文王、周公对《周易》所作的贡献，在学术界似乎已达成共识。而孔子对《周易》进行过整理、解读和注释，这却是毫无疑问、世人所公认的。

《周易》最初起源于占卜，这应该是不用怀疑的。在遥远的古代，科学技术不发达，文明发育程度很低，人们在进行一件事（特别是重大的事）时，总想事先知道其吉凶成败，在没有别的方法时，他们只能求天问神

---

[1] 郭沫若：《中国古代社会研究》，科学出版社 1964 年版，第 23 页。
[2] 郭沫若：《中国古代社会研究》，科学出版社 1964 年版，第 23 页。

——这是一种十分普遍的心理。而求天问神的唯一方法就是占卜。正如张立文教授所言："古人为什么要占卜？因为人的心理状态是，在做一件事情之前，总希望知道其结果的吉凶好坏，所以，在当时科技比较落后的情况下，所有的国家大事都只能通过占卜来预测做事的后果。"[①] 因此，《周易》在中国古代之所以出现，同占卜有很大的关系。占卜也就是算卦，即用这样的方法来沟通天地，问难决疑。

《周易》在上古时期对中国的社会政治影响之所以十分巨大，其主要原因就是这一时期国家的所有重大事情都是用占卜的形式来决定的。据《周礼·春官》记载：打仗、封侯、祭祀、婚姻、疾病、灾异以及求雨、牧畜、出行……上自国家大事，下至生产生活，都要占卜，都要运用此种方式来治理国家，统一思想，安定社会，提高凝聚力。

郭沫若在他那部著名的《中国古代社会研究》一书中，仔细分析统计《周易》的卦辞，发现其中所涉及的内容包括渔猎、牧畜、商旅（交通）、耕种、工艺（器用）、家族关系、政治组织、行政事项（祭祀、战争、赏罚）、阶级，以及宗教、艺术和哲学思想。因此可以说，那时的占卜涉及人类社会生活的一切领域，无所不包。

《周易》的本义是什么呢？《说文解字》的作者许慎曾引《秘书》的解释说："日月为易，象阴阳也。"也就是说，"易"字是由"日"、"月"两个字组合而成，"易"是上下结构的字，上部是"日"，下部是"月"，"易"字本身就包括了"日"和"月"，象征着阴阳的对立统一和消长变化，体现着天地运行的法则。所以古代的《易》学是古人研究天地日月变化的学问，是中国古代朴素唯物论和辩证法的集中体现，代表了我们祖先最初的宇宙观和方法论。周代以后，它才构成一门专门的学问。

为什么说日、月就代表着阴、阳的概念呢？因为在遥远的古代，我们的祖先就发现万事万物都是对立统一的，这种对立实际上是宇宙对称性结构的表现形式：有太阳，就有月亮；有白天，就有黑夜；有男人，就有女人；有天，便有地。此外，上下、大小、动物植物、冷热、左右……这些都是人们能够认识的起码常识，人们经过长期的仔细观察，终于认识到宇

---

① 张立文：《中国高端讲座·〈周易〉对中国社会的影响》，海南出版社 2006 年版，第 172 页。

宙间这个最普遍的现象，于是便用高度抽象的"阴"和"阳"这两个概念来加以概括。这无疑是一种极高的哲学思维能力。在几千年前能够做到，不能不令人佩服惊叹！

古代的中国人不仅认识到阴阳的对称性存在和对立统一，还认识到了阴阳对立的此消彼长："一阴一阳之谓道，生生之谓易。"阴阳的对称互变，此消彼长，构成了宇宙间万事万物的发展变化。"阴极生阳，阳极生阴"，事物发展到了顶点就要向相反的方向转化。比如一天到了正午（十二时，午时），是"阳极"之时，就要向夜晚即向阴转化；到了午夜（零时，子时），是"阴极"，就要开始向白天即向阳转化。一个人也是一样，人刚出生时，所谓"纯阳"，可谓"阳极"。但他（她）必然由"纯阳"向"纯阴"转化……这种阴阳消长，构成了宇宙万事万物的动态平衡。

介绍了以上的一些基本常识之后，我想再讲一讲《周易》的两个问题：

第一个问题是《周易》的结构特点。《周易》不像我们读过的一般典籍那样，分章分节——一般的书籍，都是分第一章，以下第一节、第二节……第二章，以下第一节、第二节……但《周易》不是这样的。它首先的一个结构特点是"经传不分"。我们现在读到的《周易》包含了两大部分的内容：其本体部分称为经（所以《周易》又叫《易经》），包括了《周易》六十四卦的卦名、卦辞及三百八十四爻的爻辞（一卦有六爻，六十四卦乘以六，一共就有三百八十四爻）。六十四卦又按一定的顺序和内在的逻辑关系排列组合为上下两经（上经三十卦，下经三十四卦），不论上经、下经，每一卦都有卦名、卦辞，有六爻的爻辞。除经文外，《周易》各卦中，分别有象曰、象曰等字眼，是解释经的文字，都为孔子所作，后人称之为"十翼"，即《周易》的羽翼之意。这些解释《周易》的文字一共十篇，因与经文严密地组合在一起，与经文相互交融，所以也就成为经文的一个有机组成部分，与经文一起阅读了。所以《周易》的结构不是由章、节组成，而是由卦组成，即每一卦便为一个章节，因此，它共有六十四个章节。

其次，与其他古代典籍相比，它还有一个十分显著的特点，就是文字与符号结合，因此《周易》具备了其他古代典籍所不具备的理、气、象、数四大法则与内涵。这一套符号系统，就是六十四卦的图示。每一卦的符号，都标在《周易》每一卦的文字之前。比如：

乾（☰）、兑（☱）、离（☲）、震（☳）、巽（☴）坎（☵）、艮（☶）、

坤（☷）八卦，分代表天、泽、火、雷、风、水、山、地等大自然中的八种物象。当然，这八卦两两相重，便得出了六十四卦，每一卦后面都有卦辞、爻辞的解说。所以说，它是文字和符号相结合的一部典籍。

卦的符号由阴爻（-- ）和阳爻（—）构成，对于阴爻和阳爻象征意义的解释，学者们有不同的看法。各种说法之中，我们还是比较赞同郭沫若的说法："八卦的根柢我们很鲜明地可以看出是古代生殖器崇拜的孑遗。画一以像男根，分而为二以像女阴，所以由此而演出男女、父母、阴阳、刚柔、天地的观念。"生殖器的崇拜是古代任何民族都存在过的一种文化心理，而且也与《周易》中天地、刚柔……的观念完全相通。至于用阴爻和阳爻来重叠成三个爻而形成一个卦象，则是因为：

古人数字观念以三为最多，三为最神秘（三光、三才、三纲、三宝、三元、三品、三官大帝、三身、三世等）。由一阴一阳的一画错综重叠而成三，刚好可以得出八种不同的方式。这和"洛书"的由一、二、三、四、五、六、七、八、九配和而成的魔术方乘一样。这种偶然的发现，而且十二分的凑巧，在古人看来是怎样的神奇，怎样的神秘哟！于是乎"河图"、"洛书"的传说便一样地生了出来。八卦就这样得着二重的秘密：一重是生殖器的秘密；二重是数学的秘密。①

因此我们可以说，《周易》的最大特点不是按章节构成全书，而是按卦象来构成全书。

第二个问题是《周易》的三个基本原则，这就是"变易"、"简易"和"不易"。什么是"变易"呢？《周易·系辞》说："生生之谓易。"意思就是说，我们所生活的世界，无论时间、空间以及时、空中的一切人和事物，都处在不断的变化过程中，没有一样东西是不变的，万事万物都处在不断的变化过程中。以物质世界而论，都由生成、变化到逐渐毁坏而消亡，如建筑，从修建、建成、供人使用，到一定的时间会损坏而维修，最后变成废墟或不能使用而被拆除。人或动物也是一样，从出生、成长、壮大、衰老最后死亡。我们观察宇宙间的万事万物，没有一样不处在变易之中：地球在自

① 郭沫若：《中国古代社会研究》，科学出版社 1964 年版，第 23 页。

199

转，又围绕太阳公转，月亮又围着地球转，它自己也每时每刻都在自转，地球、月亮以及太阳系的一切星球又在宇宙中不停地运行。山在增高（因地壳变化）或降低（因风化作用），河流每时每刻都在流动，树木和一切植物在生长最后死亡，孩子在一天天长大最后走向人生的归宿……这一切的一切，《周易》就用一个"变易"来概括地表述，它说明世间乃至宇宙间的万事万物都在不停地变化过程中——我们的祖先是何等的聪明智慧啊！

什么又是"简易"呢？

孔子说："易简而天下之理得矣。"说的就是"简易"。"简易"是儒家学派的代表孔子提出来的，它很好地概括了《周易》中关于"简易"的概念。"简易"的意思是尽管世界上、宇宙间的万事万物都在不断变化的过程中，但是这个变化的原因是十分简单的，这就是阴阳的对立统一，此消彼长。用我们今天的科学术语来解释，就是事物内部的矛盾在推动、促进事物的发展变化。也就是说，尽管变化（变易）的现象十分复杂，但变化（变易）的道理十分简单。

什么是"不易"呢？

"不易"有两层意思：一是亘古不易；一是随缘不易。世界尽管千变万化，但变出世界万象万物的那个东西是亘古不易的。我们所生存的宇宙是生生不息，变化无穷的，这个道理是亘古不易的。也就是说，宇宙、世界变化的道理、原则或者说规律是亘古不易的。之所以万事万物会不断变化，就是因为有一个使之变化的道理。

什么是随缘不易呢？就是说变化的道理虽然是永远存在、亘古不变的，但具体到事物的每一个变化，却有一个具体的因缘，这个因缘看似偶然，但是其中暗藏着必然。比如一个人因为偶然认识、结识了另一个人，这个人又是具有一定权力、地位的人，他发现此人很有才华、人品也好，就大力推荐、提携此人，此人也因此而改变了自己的命运——这就是因缘所致，所以叫随缘不易。我们常说，人生的成功与否，需要三个必备的条件：天赋、勤奋和机遇。其中除勤奋一条是依靠自己的主观努力，天赋和机遇都不是自己所能把握的。就比如一个嗓子先天嘶哑的人，无论他（她）怎样努力也不可能成为歌唱家；一个先天色盲的人也一样，无论他（她）怎样勤奋也无法成为画家……而机遇，则更具有说不清道不明的神秘性——它确实是一种看似偶然又暗藏必然的外界力量。当然，人的天赋也是具有偶然性即因缘性的：比如先天嗓子嘶哑或先天色盲，也是因为他（她）的父母之中一方具有这方面的遗传缺陷（或者偶然生一场疾病），而他（她）的父母的相识、结婚无疑又是具有很多偶然性，即因缘性的。各位可以回忆一下自己走过的路、自己的命运：你认识谁，不认识谁，与谁成为朋友；干什么，不干什么，能干成什么；到什么地方，不到什么地方，落脚在什么地方……冥冥之中是不是有很多的偶然性即因缘性在起作用呢？世界上的一切事物变与暂时不变都是有一个因缘在其中的。

以上所说，便是《周易》最基本的三个原则。

# 《周易》的主要内容

前面我们已简要地介绍了《周易》是一部什么样的书、《周易》的起源和特点，下面我再介绍一下《周易》的主要内容。

1. 理、气、象、数

学习和理解《周易》的主要内容，首先要弄清理、气、象、数这四个基本概念，它是支撑《周易》的四大柱石，又是构成《周易》的四大框架。

什么是理呢？

理就是事物本身具有的内在规律，就是宇宙间万事万物之所以如此的道理。比如我们面前有一座高山，它之所以成为一座高山，必然先有一个它成为高山的道理。任何已经存在的事物，任何已经发生的事情，都必然有它存在和发生的道理在前面。没有道理的事物在世界上是不存在的。这个理是一个哲学的根本问题。佛教讲因果，认为任何事物都有因果——因是原因，果是原因导致的必然结果。种瓜必然得瓜，种豆必然得豆，不可能种瓜而得到豆。我们可以把这个"因"理解为"理"，但《周易》所讲的"理"比佛教所讲的"因"内涵更为广大，它是主宰宇宙间万事万物的不以人的意志为转移的客观规律。

什么是气呢？

气也是《周易》的基本概念，是中国文化中一个极具特色的重要哲学概念。以《周易》为基本理论构架的中医理论就十分讲究这个气。比如中医讲气血，认为有气才有血，才有血液的流动，才有生命的存在。因此，

气是生命的本源，人一旦没有气，血液也就不再流动，生命也就停止了。所以在中国的词汇中，有气血、气势、气韵、扬眉吐气、霉气、一鼓作气等极具东方文化特色的词汇，气功就是中国所独有的。在中国人看来，气就是生命的本源。上升到哲学的高度来讲，气就是宇宙的本体，是宇宙本体的自然力，是产生天、地、人和一切万物的自然力。它充满了无边无际的虚空，它永恒不息地运动着，无始无终，无边无际，从而使我们生存于其间的世界充满着生气与活力。

什么是象呢？

象是万事万物的表现形态，也可以说是物质存在的显现方式。

天地万物，都以象的方式显现出来，或实象，或虚象，从而让我们感知到它们的存在。象的产生缘于气的运行，气的运行有相对的动、静、凝、散。动之、散之为阳，静之、凝之为阴。动静、凝散的变化，就产生了各式各样的物象。大至宇宙中无数的星系，无量的世界，地球上的山河大地，动物植物，以至一切微生物。无论大小隐显，都是象的范畴。

什么是数呢？

数就是宇宙间万事万物的差别比例和相对关系。因气的运转，大千世界中的一切物象，从大大小小每个星球到星球上的一切物质，乃至众生世界中的每个生命个体，构成每个生命个体中的每个细胞，每个细胞里面最基本的物质微粒……都在虚空浑然的元气中动、静、聚、散、升、降、开、合地运动着。动则生阳，静则生阴；聚则成形，散则化气；升则生长，降则收藏；开则外散，合则内敛。另一方面，这些大大小小、隐隐显显的物体，在动、静、聚、散、升、降、开、合的过程中都体现、遵循着阴阳消长的规律。这些规律中自然会产生动多静少、静多动少、动静相等和聚多散少、散多聚少、聚散相等等等差别，这些差别、比例和相对的关系就叫做"数"。故古人说："形由象生，象由数设。舍其数，则无由见四象所由之宗也。"假若舍弃了数，就无法知道象的来源了。因此，以上所讲的理、气、象、数就是开启《周易》宝库的万能钥匙。太极、五行、河图、洛书等，则是演绎《周易》的万能公式。

2. 太极与太极图

《周易》的符号系统是由太极图、八卦（六十四卦）、阴阳五行以及河图、洛书组成的一个完整体系。太极是《周易》也是中国文化的一个重要概念，它主要是讲阴阳消长变化的道理，这是《周易》的基本理念或理论基础。我们的先民在长期观察自然界和社会生活之后，发现并认识到世间万事万物都处在不断的发展变化之中，而发展变化的原因都可归于阴阳之间对立统一，相互转化，这就是"一阴一阳之谓道，生生之谓易"。阴极生阳，阳极生阴，任何事物都是发展到极点即向相反的方向转化。自然界、国家、社会、人类都无法逃离这个规律。比如说白天与黑夜，白天为阳，黑夜为阴，从凌晨到正午，是阳逐渐发展，阳气越来越重；一过正午，则阳气逐渐转弱，阴气逐渐上升；到了午夜，阴气最盛，但一过了这个时候，阳气又逐渐上升……此消彼长，周而复始。一个人也是一样，出生伊始，十分柔弱，但逐渐成长壮大，是为阳气上升；过了 45 岁或 50 岁达到鼎盛之时后，身体机能逐渐衰退弱化，是为阴气上升直至死亡。

　　至于阴、阳这一对抽象的概念，则具有非常广泛的代表性，只要我们观察一下自然界和人类社会，就知道它是从普遍存在的客观事实中归纳抽象出来的：天与地、男与女、白天与黑夜、雄与雌、冷与热、上与下、动物与植物、太阳与月亮，现代科学中的正数与负数、正电与负电、化合与分解、聚变与裂变，以及哲学上的存在与意识、唯物与唯心……所以阴阳的现象充满了整个宇宙。我们甚至可以说：太极就是宇宙的本源。《易传》说："《易》有太极，是生两仪，两仪生四象，四象生八卦，八卦定吉凶，吉凶成大业。"这就是对太极的概括和定论。

　　在《周易》中，太极用太极图来加以表示：其中黑色为阴鱼，白色为阳鱼，但黑色的阴鱼中有一白点，表示阴中有阳；白色的阳鱼中有一黑点，表示阳中有阴。阴阳的此消彼长，推动了宇宙万事万物的变化。

### 3. 阴阳五行

　　前面我们已经讲清了阴阳的概念，它其实是一个抽象的哲学概念，表达了宇宙对立统一这一基本的规律。现在接着讲五行。所谓五行，是指五种能为人们所认识和利用的元素，它是由阴阳的聚散开合所产生的五种象与形。我们的祖先认为，天地万物都是由金、木、水、火、土五种元素构成的。这五种基本元素的相互作用——交易和变易，相生和相克——从而构成了宇宙万物。

所谓五行不是指具体的五种物质，而是指构成世界的五种基本元素。具体而言：

"金"并不单指金子，它包括现有的全部金属的内容，也包括坚硬的矿物质，属固态。

"木"并不单指树木，它包括现有的全部植物，花、草、苔类、菌类……属等离子态。

"水"，包括现代意义上的水（$H_2O$），也包括一切流动的液体，如血、体液……属液态。

"火"，包括现代一般意义上的火，也表示热能，光和热，人身中的阳气……属气态。

"土"，代表我们脚下全部地球的土质，属综合态。

以上所说的五行和它们之间的相互作用，就构成了我们人类所生存的空间。

五行之间是相生相克的关系。什么是相生呢？相生是指五行中一种元素对另一种元素具有补益、促进的作用。什么是相克呢？相克是指五行中一种元素对另一种元素具有制约、压制的作用。比如木燃烧能生火，这就是木生火；火燃烧之后成为灰烬，这就是火生土；土里面包藏着各种矿藏（通过冶炼能成为金属），这就是土生金；金熔化后成为液体，而且古人发现早晚金属物体上都会凝结水珠，这就是金生水。这样木生火、火生土、土生金、金生水、水生木……就成为五行的相生。

什么又是相克呢？树木的根须深扎于泥土中吸收养料，这就是木克土；所有金属和矿物用火都能将其熔化，这就是火克金；水来土掩，这就是土克水；用金属的刀斧能砍削树木，这就是金克木。这样木克土、土克水、水克火、火克金、金克木……又构成了五行的相克。用一个图来表示：

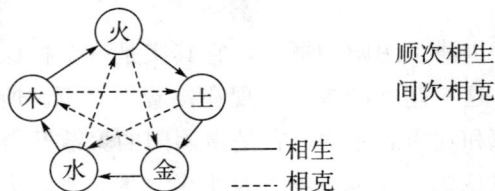

顺次相生
间次相克

—— 相生
---- 相克

世间的万事万物都具有相生相克的关系，这是我们稍微仔细观察一下大千世界便不难发现的。我们的祖先在那么遥远的古代就发现了这一规律，

更是十分难能可贵的。

4. 八卦与六十四卦

前面我们讲到《周易》与其他古代典籍的最大区别是它不由章节组成，而是由卦成书，因此它是一种文字与符号结合而组成的书。卦是一套符号系统，文字是对这套符号系统的解释和说明。这就是六十四卦的图示（符号），其每一卦的符号都有一个固定的名字，并标在文字之前。

八卦是由太极、两仪、四象、八卦组成的。《易传》说："《易》有太极，是生两仪，两仪生四象，四象生八卦，八卦定吉凶，吉凶生大业。"它自身有一套严密的逻辑体系。如用图示来表示，就是：

太极

| 两仪 | 四象 | 八卦 |
|------|------|------|
| ▬ 阳仪 | ⚌ 太阳 | ☰（乾） |
| | ⚏ 少阴 | ☱（兑） |
| | | ☲（离） |
| | | ☳（震） |
| ▬▬ 阴仪 | ⚎ 少阳 | ☴（巽） |
| | ⚍ 太阴 | ☵（坎） |
| | | ☶（艮） |
| | | ☷（坤） |

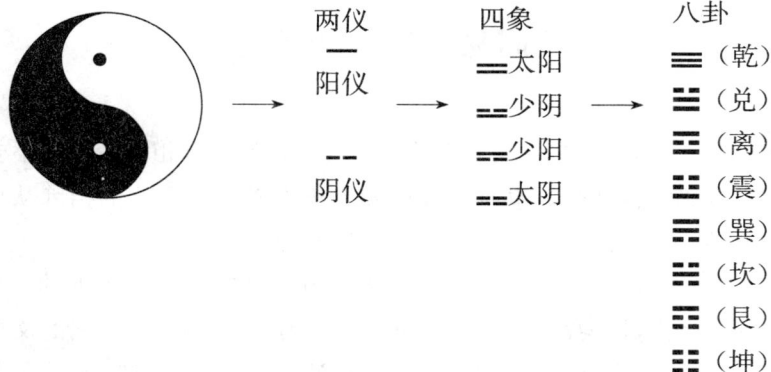

八卦就是这样从一至二至八变化出来的，其最基本的是三爻卦，然后用八个三爻卦两两相重，得出八八六十四卦。

如☰两个乾卦相重，就叫"乾为天"，☷两个坤卦相重，就叫"坤为地"，☰一个乾卦与一个坤卦相重，就叫"天地否"……余依此类推。这个变化十分复杂，但也有规律可循，不过要完全记住也非易事，要花费大量精力。因此古人说"不到四十不学易"，因为人生不到四十岁，阅历有限，思想也不成熟，很难从时间、空间上，从感情心理上来对待人间的人和事，很难把握万事万物错综复杂的变化规律。

这里还需要补充说明一下的是，乾（—）和坤（--），我们在前面介绍了郭沫若先生的看法，即认为是上古"生殖器崇拜的孑遗"——即以（—）代表男性的生殖器，以（--）代表女性的生殖器，但是我们又要指出，（—）即乾还代表一切阳性的事物（如天、太阳、火……），（--）坤还代表一切阴性的事物（如地、月亮、水……）。

每一卦下面都有相应的卦辞，对该卦的总体性质作出判断；每一爻下面又有爻辞，说明每一爻的性质。通过对卦辞和爻辞的解读分析，就可以判断吉凶祸福了。还要指出的是，八卦的卦象本身又分别代表着不同的物象，以顺序讲，就是天、泽、火、雷、风、水、山、地这八种物象。古人认为它们即是构成大千世界的八种基本物象。

八卦之外还有河图、洛书，因为比较晦涩复杂，就不在此多讲了，各位如有兴趣，可找有关的书籍来读。

## 《周易》与预测学

毋庸讳言，《周易》在一般老百姓的心目中，就是看相算命、预卜吉凶祸福的书。的确，在社会上也有不少江湖术士打着《周易》的招牌从事算命看相的活动。对于这个问题到底该怎么看待呢？

我认为，首先，我们必须承认，《周易》在古代就是用来占卜的。这个问题在前面已经讲过，我们没有必要回避。李泽厚先生认为中国的文化思想可以用"'巫史传统'一词统摄之"。他还认为，"中国文明有两个征候特别重要，一是以血缘宗法家族为纽带的氏族体制，一是理性化了的巫史传统。两者紧密相连，结成一体，并长久以各种形态延续至今。"[①] 他还认为，"卜、筮均为预见未来，它不单纯是祈祷，而是向祖先（神）提问，要求回答（并且常常是必须回答，即必有回答），以解决疑惑，决定自己的行动，趋吉避凶。"[②] 由此可知，以卜筮预知未来在中国文化中具有久远的传统，因此它必然深刻地影响着民族的文化心理而延续下来。这一点是不足为

---

① 李泽厚：《己卯五说》，中国电影出版社1999年版，第33页。

② 李泽厚：《己卯五说》，中国电影出版社1999年版，第45页。

怪的。

其次，古代用《周易》进行占卜是由人类自身的思维特点和社会需求所决定的。人类的思维有两个特点：一是迫切地想了解更多的自己所不知道的事物；二是特别希望预先知道未来会怎么样。可以说从古至今，人类都没有放弃这方面的努力，这就为人们去寻求一种预测未来的工具和方法奠定了坚实的社会基础。任何事物的发展变化都有一定的规律，掌握了这个规律，就能大致预知它未来的发展趋向。比如我们现在对某一项工程、某一个产品、某一个方案等进行论证，用时尚的语言来说，就是可行性论证。这个论证的过程实际上就是对其进行一定程度的预测。

既然可以对客观事物进行预测，那么又能否对人类自身进行预测呢？从理论上讲应当说是可能的，只不过难度更大。因为认识客观事物比认识人类自身显然要容易得多。这是因为人有主观意识，有不同的心理结构和性格倾向，其中不可测的因素更多、更复杂。但是人类又有了解自己命运的迫切愿望，因此卜筮的方法就自然出现并保留下来。巫觋就是卜筮活动的操作者，他们乃是沟通人和神、人和天的媒介。他们在长期与天、神对话的过程中，对于"天神"是否存在及是否能告诉他们什么，认识应当说比任何人都清楚，只是不会公开承认而已。这种长期的占卜活动，逐渐使他们锻炼积累出一种能力，就是极善于捕捉事物变化的征兆，并专心一意地搜集事物可能发生变化的前期征兆，也可以说是一种极善于捕捉信息、分析信息的能力。他们与其说是在求告天神，不如说是在捕捉分析信息；他们与其说是在通过占卜问天，不如说是通过用自己的脑筋去推断卜问时与之可能发生的对应程度。

这种看似愚蠢迷信的行为在长期的发展过程中却产生了一个并不愚蠢的后果，这就是他们建立起了一套严格的复验程序。卜史们每次占卜之后都要与后来实际发生的情况相验证，看哪些与后来发生的实际情况相符，哪些不相符，从而进一步寻找其规律。这样，就使卜史们的认识不知不觉地向规律靠近并逐步逼近规律。因此，预测的过程和结果都是在前人千万次实践经验的基础上建立起来的，它自然就有一定的准确性。从这个意义上说，《周易》是可以用于预测的，其预测也是有一定准确性的。

但是我们也必须指出：仅仅建立在经验论和统计学基础上的预测，与现代的预测学是不能等同的。它毕竟缺乏现代科学理论的解释体系，也缺

乏现代科学理论的支撑，因此不能迷信它，更不能用它来代替现代的预测科学。

至于《周易》的预测即起卦、占卜的方法，由于驳杂烦琐，我们就不在这里介绍了。

## 学习《周易》的目的和意义

作为一位领导干部，我们学习《周易》的意义是什么呢？我认为主要有两点：一是从中学习领会如何做人、如何立身处世的道理，这其实就是一个如何继承民族文化优良传统的问题。比如我们前面讲过：清华大学这所著名的高等学府用《周易》的乾卦和坤卦的《象象》："天行健，君子以自强不息"，"地势坤，君子以厚德载物"来作为校训，就是要莘莘学子努力做到"自强不息"、"厚德载物"，养成努力进取，奋斗拼搏，宽厚淳朴，兼容并包的民族精神，去为国家、民族作出更大的贡献。各位都知道，清华这所名校近现代以来为国家造就了大量的栋梁之才，其中担任党和国家领导人的先后就有朱镕基、胡锦涛、吴邦国、吴官正等人。他们不但有很高的文化修养和专业水平，而且有强烈的进取精神、宽广的容人胸怀，敢于承担，不畏困难，清正廉洁，为国家民族作出了很大的贡献，受到广大人民群众的尊敬和爱戴。"清华出领导"这句话人所共知，这难道是偶然的吗？我想这一定与清华大学"自强不息，厚德载物"的校训是密切相关的吧！

1998年，朱镕基同志在担任国务院总理后举行的首次记者招待会上，曾有"不管前面是地雷阵还是万丈深渊，我都要义无反顾，一往无前，鞠躬尽瘁，死而后已"的慷慨承诺。

2003年，温家宝同志在担任国务院总理后举行的首次记者招待会上，又有"我一定殚精竭虑，鞠躬尽瘁，不负众望"的真情表白。他还引用了民族英雄林则徐的诗句："苟利国家生死以，岂因祸福避趋之。"在他们身上，充分体现了"自强不息，厚德载物"的优秀民族精神，让人们为之肃然起敬，为之动容不已。

又如《周易》的"地山谦"卦（䷎），其爻辞是"劳谦，君子有终，吉"。按孔子的解释是为人要谦和恭谨，能克己以柔处下，能处于低下的地位而不怨。这里的"劳"是指的功劳、业绩。谦谦君子，才能建功立业。以谦处世，才能得到人们的敬重。所以又说："谦谦君子，用涉大川。"这样的人，就能够担当大任。作为领导干部，我们位高权重，很容易滋长骄傲自满、刚愎自用的思想作风，最后脱离群众，失去民心。用"谦"卦的思想来警惕自己是很有必要的。《周易》蕴涵着很多道理，实际上也是当时人们经验教训的总结。张立文教授说："《周易》卦爻辞是根据当时现实生活中活生生的材料的积累而整理出来的。现在的甲骨文有15万余片，当时卜筮记录的应该更多，这样总结出来的一些文本，都是人生的至理名言，也是人生经验的凝练。"① 作为当代的领导干部，我们从中吸纳有益的思想养料，以提高自己的人文素养、道德情操及从中总结如何立身处世的道理，无疑是大有裨益的。

　　其次则是学会一套分析问题、判断事物发展趋势的思想方法。《周易》具有深刻的哲学内涵，充满了辩证思维，如阴阳就是讲事物的对立统一，阴和阳本来是两个对立的概念，但它们又处于统一的"太极图"中。阴中有阳，阳中有阴，两者的此消彼长，使得世间万事万物都处在不断发展变化的过程之中，而且这个变化都是向相反的方向变——物极必反，相反相成。如"天地否"（☷☰）和"地天泰"（☰☷）两卦，一个阳在上曰"否"，一个"阴"在上曰"泰"，讲的就是事物的变化——"泰极否来"，"否极泰来"。前者讲乐极生悲，后者讲最困厄之时事物就会向好的方面转化，这就是"否极泰来"。事物发展到极点的时候，必然走向反面。认识到这一点，我们就要知道进退得失——《乾·文言》在解释乾卦上九爻辞"亢龙有悔"时就讲："亢之为言也，知进而不知退，知存而不知亡，知得而不知丧。"就是讲进而不止，必有败退；存而不自警，必遭覆亡；贪得无厌，必生厚丧。所以必须明白进退得失，要掌握好度，任何事情都要适可而止。

　　如何才能把握好这个"度"呢？这就要做到"与时偕极"。"与时偕极"用今天的话来说，就是"与时俱进"。随时分析掌握事物发展变化的现状，从而调整适应自己的行为和对策，这样做就是"与时偕极"。君子终日勤勉

---

① 张立文：《中国高端讲座·〈周易〉对中国社会的影响》，海南出版社 2006 年版，第 176 页。

不懈，就能"与时偕极"（与时俱进）。也就是说要做到："知进退存亡而不失其正者，其唯圣人乎！"知其进退存亡的道理，而不失正道、变通、革新，努力把"物极必反"的态势改变为变通日新，生生不息，这就是"与时偕极"。这样，就能把"物极必反"转变为对你有益的方面，变易生生，成就大业。

总而言之，《周易》就是一部讲变易的书，它启迪我们去探索自然、社会、人生如何变易，为什么变易以及变易的趋势、规律。了解了这些道理，就能提高我们的思辨能力、思维水平，从而做好我们的工作，并使我们在人生之路上不断取得进步。

# 附录二
# 一命二运三风水四积德五读书
## ——与企业家谈《周易》

据我所知，几乎所有的企业家都对《周易》感兴趣。我接触过不少企业界人士，当他们得知我有一些关于《周易》的知识后，都要我对他们的事业（企业发展）和个人命运（包括婚姻、子女的前途……）作出预测。也有不少企业界的朋友要请人为他们的公司、厂房看风水，给他们的公司取一个好的名字。可以说，在我所接触过的企业家中，还没有一个不相信《周易》的。

前不久，我偶然在《三联生活周刊》上读该刊记者访问著名青年企业家丁磊（他是著名企业网易的老总，因在福布斯排行榜上名列前茅而成为青年首富闻名于世）时，记者问他有何信仰，丁磊的回答十分干脆利落："一命二运三风水四积德五读书。"这个回答非常有趣。遗憾的是他没有对自己的这个回答作出详细的阐释，只是对"风水"一词说明"风水"不仅仅是指自然环境，也包括社会环境。

丁磊毕业于著名的电子科技大学，学的是通讯专业。电子科大是国家211重点大学，是培养电子信息方面高级专业人才的工科院校。考入该校的学生都是非常优秀的人才。因为该校的影响、地位及就业前景很好，所以考入该校的学生分数都远远高于"一本"的分数线，在学校学习期间，学生又要受到严格的学术训练，所以该校的毕业生非常抢手。像这样一位学工科的优秀学生居然相信"命运"、"风水"等传统文化观念，不能不引起人们的兴趣。

毫无疑问，"命"、"运"、"风水"乃至"积德"等观念都来自于《周易》，因为《周易》是中国文化的源头。丁磊的例子不过是广大企业家的一个比较典型的代表而已。

为什么企业家们大都对《周易》感兴趣呢？我想主要是因为商场上的竞争非常激烈，市场瞬息万变，投资经营活动中不可预测、无法判断把握的因素太多、太复杂……人们在无法把握自己命运的情况下，不能不寻求一种能预知未来的方法来指导自己的行动，同时给自己以信心和力量。而《周易》在一般人心目中正是卜卦算命、预知祸福的宝典，所以企业家们对其感兴趣也就不足为怪了。

因此，我想就我学习《周易》的心得体会与企业家们作一个交流。我知道企业家们工作都非常繁忙，因此不拟详细介绍《周易》相关的理论。这些方面的内容，大家可以找相关的书籍来阅读即可。我主要从理论与实际相结合的角度来谈谈我学习《周易》的体会。我认为丁磊讲的"一命二运三风水四积德五读书"这个概括很精辟简练，因此我就结合《周易》的基本思想来谈谈我对这五个问题的看法。

# 关于命运

什么是命运？这个问题可能是所有人都关心的问题。命运包括两层意思："命"和"运"。我不知道西方人（西方文化系统）怎样理解"命运"这个词（西方人也相信命运），但在中国文化中，"命"是一个与生俱来的，每个人独具的东西。一个人从出生起，他就具有生命，但是这个生命是独特的，与另一个生命不一样。比如有两个婴儿同时出生，但一个生在富贵之家，另一个生在相对贫穷的家庭；或一个生在北京、上海这样的大城市之中，另一个则生在穷乡僻壤。那么我们就可以说，他俩的"命"是不相同的。又比如说双胞胎，母亲几乎同时生下他（她）俩，生在同样的地域、同样的家庭，那么他（她）俩的"命"是否一样呢？在由《周易》派生出的"命理学家"眼里也是不一样的，因为他（她）俩中必然有一个先生，有一个后生。由于出生的时间不同，他们的"命"也就有了差别。就像世界上没有完全相同的两片树叶一样，世界上也没有完全相同的两个人，因此也就没有完全相同的"命"。我们常见到街上的盲人给人算命，一开始就要问人出生的年、月、日、时，然后排出八个字来推算这个人的"命"是好还是不好（他们往往都往好的方面说，以博得被算命者的欢心）。从这个八字中怎么可以知道一个人的"命"的好坏呢？因为这八个字都有阴阳五行的含义，从其中生、克、制、化的相互关系，就可以推测人的吉、凶、祸、福。阴阳五行的理论是从哪里来的呢？也是从《周易》那里来的。我们在社会上常常听人议论：某人发了财，是他命好；某人升了官，也是他命好。所以我们又可以说，"命"是一个人从先天带来的他本人独有的东西。也可以说就是他个人独有的只属于他本人的生命，而且这个生命是有不同价值、不同状态、不同遭遇、不同特点的。

那么什么又是"运"呢？"运"这个词的含义又要普遍复杂一些。如一个人生下来就是一个好"命"，那么在他（她）的生命历程中，"运"就开始发生作用。他（她）有时走好运，有时又走不太好或不好的"运"。"运"是一个会发生变化的东西。一辈子走好"运"或一辈子都走倒霉的坏"运"这样的情况是不存在的。只不过好"命"的人走好"运"的时候比较多，坏"命"的人走坏"运"的时候比较多而已。我们在日常生活中常常说某人或自己"运气好"，或"运气不好"，指的就是这个意思。因此我们可以说，"命"是一个相对稳定的东西，"运"则是一个随时在发生变化的东西。在命理学家那里，"命"是比"运"重要得多的东西——因为"命"是一个人生命的基本格局，"运"则是这个"命"在不同时段的不同遭遇。一个人的"命"和"运"合起来，我们就叫做一个人的命运。如果要给命运下一个定义，就是一个人生命运动的轨迹或者说是过程。

"命运"这个既稳定又变化的概念，也是从《周易》那里来的。《周易》强调事物的发展变化，强调对立面（阴和阳）的互相转化。《周易·系辞》有云："生生之谓易。"就是告诉我们，我们生活的世界乃至宇宙，所有的时间、空间以及时空中的一切人和事，没有一样是静止不动、不发生变化的，一成不变的事物是不存在的。也就是说，宇宙间的一切事物都处在不断变化的过程之中，这个过程是永远不会止息的。这无疑是一种十分深刻的辩证思想，与当代哲学对世界的看法是完全一致的。

既然如此，人作为宇宙间十分微小的个体存在，他的命运也只能是在不断的变化之中，绝不能在某一时间、某一空间停留下来。因此"命"和

"运"这两个概念就必然要紧密联系，不可分割，说白了命运就是生命的运动过程，如此而已，所以一点都不神秘。但是人在自然界中是万物之灵，与所有的动植物不同的是人有主体意识，知道自己的独立存在并且知道自己与外界的关系。人类是唯一自己知道自己要死亡的生物，因此人特别关心自己的命运。一位研究中国思想史的著名学者说过：宗教相信命运，哲学思考命运，文学表现命运。可以说，凡是人，没有不关心自己（包括家人）命运的。

我们人类虽为万物之灵，有很高的智慧，但是我们在宇宙间还是非常渺小的。由于人类自身的种种局限和科学发展水平的限制，我们无论对自然界还是对我们自身的认识，都还非常有限。可以说，人类尽管能够上天入地，但至今仍不能把握自己的命运，无法准确地预知自己的未来。就以2008年的5·12汶川大地震而言，死亡的近十万同胞都是鲜活的生命，但是他们中又有谁在5·11那一天乃至地震发生的前一刻知道自己会遭遇死亡呢？我们甚至不可能知道明天会发生什么事：开车会不会发生车祸？会不会突然生病？父母妻子会不会碰到高兴或不高兴的事？对于企业家来说，明天的生意是赚还是赔？股票是涨还是跌？是否有新的订单来？售出的产品在市场上的行情如何？……这一切我们都不能预知。

但是人类思维又有一个共同的特点：谁都迫切希望了解未来将会怎样。因为过去的事自己都知道了——那是自己已经经过的。而未来则充满了变数，到底如何，谁心里也没有底。可以说人类从古至今都没有放弃预知未来和寻求预知未来的有关方法的努力。因此对那些能预卜先知的智者充满了敬畏和向往，这就为人们去寻求一种预测未来的方法和工具奠定了坚实的社会基础。

在古代，人们就使用占卜的方法来解决这个问题。为什么要占卜？就是前面我们所说的那个原因——在做一件事情之前，总希望知道其结果的吉凶好坏。人自己无法预知，只有通过占卜这种求告天神并希望天神给予解答的办法。在殷商时期，国家的所有大事都是通过占卜来决定的，如打仗、封侯、筑城、祭祀、婚姻、疾病、灾异、求雨、牧畜、旅行……上自国家大事，下至生活小事，都要靠占卜来决定。运用占卜这种沟通天人的手段来治理国家，达成人们的共识。占卜的成熟发展以及占卜经验的积累，就凝聚在《周易》这部书里。《左传·昭公七年》记载：卫国国君卫襄公死后，有两个儿子，一个叫孟絷，一个叫元，该由谁来继承王位呢？由于大臣们各有看法，就只有用《周易》来决疑。结果卜得"屯卦"（䷂）之"比卦"（䷇），经过对卦辞的一番争论研究后，终于决定立元为国君，这就是卫灵公。由此可见，在当时立国君这样的大事都要靠占卜来决定，所以张立文教授认为在古代，《周易》是"政治决疑的机制"。

既然对所有的事物都可以预测，推而广之，人们逐渐就用这种方法来对人的命运进行预测了。人的命运是否能够预测呢？理论上讲应该是可以的，因为任何事物的发展变化都有一定的规律，掌握了这个规律，就能够大致预知它未来的发展趋向。比如我们现在对某一项工程、某一个产品、某一项投资、某一个方案等等进行论证，用时尚的语言来说，就叫做可行性论证。其论证的过程实际上也就是对其进行一定程度的预测，就是根据主客观各方面的因素进分析判断，对它未来可能取得的效果进行一个事先的估算。

从理论上讲预测人的命运也是可能的，但是难度更大。因为人有主观意识，有不同的心理结构和性格倾向，其中不可预测的变化因素更多、更复杂，因此预测人的命运更加困难。所以我认为我们讲命运，不能过多的依靠预测，因为前面已经说过"命"是与生俱来的，而"运"是不断变化的。从某种意义上讲，命运也就是生命运行的过程，是我们自己所不能把握的：我们出生在什么年代、出生在什么地方、出生在什么样的家庭……所有这些，都不能由我们自己来选择，因为它是既定的。我们相信命运，首先就必须承认、正视这个命运，也就是正视这个客观现实。这样，我们就会有一个好的心态，不会因为自己出生在条件较差的地方或家庭而怨天尤人，不会有自卑或自满的心理，因为这样想是毫无意义的。同时我们也要相信，虽然"命"（即我们的个体生命）无法改变，但"运"是在不断发展变化的过程之中。我们完全可以通过自己的主观努力来争取更好的命运。我们在日常生活中常见到这样的事例：一个出身贫寒的青年（他的"命"应该说是"不好"的），但是通过自己刻苦学习，勤奋不懈地努力工作，终于在某一领域中取得了重大的成就而成为佼佼者。这就是后天努力改变了自己的命运。这样的例子在企业界中尤为普遍，像众所周知的吴仁宝、鲁冠球、史玉柱、刘永行、刘永好等等，可谓不胜枚举。相反，也有出身于富贵之家的青年，从小娇生惯养，因为家中有钱，不努力学习、工作，甚

至沾染上种种恶习，最后一事无成，甚至走上犯罪的道路。这样的例子也是数不胜数的。这就是《周易》中讲的"否极泰来"、"泰极否来"，人的命运永远处在不断的变化过程之中，看你自己怎么去把握。

最能说明这个道理的是吴仁宝和禹作敏的例子：他们两位都出生在相对贫困的农村（华西村、大邱庄），都没有受过较好的文化教育，都在农村中担任过基层党支部书记……应该说他俩的"命"是基本相同的。在中国20世纪80年代开始的改革大潮中，他们两位都勤奋努力，带领乡亲们创业致富，都彻底改变了自己家乡的面貌，但是两人最后的结局却大不相同——一位始终谦虚谨慎、克己奉公、遵纪守法，最后光荣退休，获得了很高的荣誉，得到了人们的敬重；另一位却在取得一定成就之后，头脑发热、骄傲狂妄、独断专行、目无法纪，最后被关进监狱，生病去世。这又说明，他们的"运"是完全不同的。所以从这个意义上讲，人的命运又是由自己掌握的，"定数"也是由自己来改变的。张立文教授归纳得很好："所谓命运是指人的生命与其生存环境在融突中所构成的人的生存和生命状况。人生之路是自己走出来的，命运之理是自己体认出来的。"而在努力改变自己命运的人生之路中，《周易》的乾卦"象传"请大家牢牢记住并作为座右铭（我曾把这句话写给好几位企业家）：

天行健，君子以自强不息。

# 关于风水

企业家们不仅相信命运，也都相信风水。风水也是中国传统文化的重要组成部分，与算命看相一样，是《周易》派生出来的一门学问。也就是说，它的源头也是《周易》。

关于风水的问题，常被人们说得玄而又玄，其实仔细分析，它实质上就是《周易》中的哲学思想在建筑设计和环境选择、布局上的落实，是具有中国特色的建筑设计理论。

相信风水这门学问，港台地区甚于大陆：企业家们投资选址、盖楼造屋，必先请风水先生考察研究，否则决不轻举妄动。如果感到自己的住房、办公楼、厂房……风水不好，还要请风水师加以调整，名曰"调风水"。

风水作为一门学问，作为传统文化的一个组成部分，能够从遥远的古代延续到当今，说明它肯定有一定的道理，有一定的实用价值。凡是经过历史岁月汰洗而保留下来的东西都是有生命力的，不能简单地斥之为"封建迷信"。

风水到底是什么呢？从字面上看是指"风"和"水"这两种自然界中存在的物质现象。在《周易》的卦象中，风就是巽（巽为风），用（☴）这个符号表示；水就是坎（坎为水），用（☵）这个符号表示。风（巽）由两个阳爻（⚌）和一个阴爻（⚋）组成，水（坎）用两个阴爻（⚏）和一个阳爻（⚊）组成。风水是自然界中两个十分普遍的现象，它们一个是空气的流动，一个是液体的流动（完全静止的水是不存在的，即使是"死水"，也有"微澜"），所以两者都有动的含义。不像"艮"（☶）、"兑"（☱）那样，前者表示山，后者表示金，都相对稳定（当然不是绝对不动）。所以我认为风水首先是一个动的概念，不能把它看做一成不变的僵死的东西。有风有水，环境才会生动、流通，才不沉闷。这样的环境，对于人的心情和健康都是有好处的。

在现实生活中，风水主要运用在住房的选址和坐向以及门窗的安排上，更主要的是用在人的住所和周围环境的关系上。北方的房屋大都讲究坐北向南，这样安排的道理是不言自明的：因为门窗朝南，利于采光，也利于空气的流通。北方冬天严寒，常刮北风、西北风，如果坐南向北，冷空气从门窗涌入，肯定对居住的人不利。这也是人们在长期的生活实践中总结出来的。一个理想的建筑（居所），应当是坐北向南，并且是"前朱雀、后玄武、左青龙、右白虎"。民间则往往解释为"前有照，后有靠，左青龙，右白虎，情愿青龙高万丈，不愿白虎抬头望"。意思是建筑的前面应当有水（前有照），后面应当有山（后有靠），左边的山（或建筑）应高于右边的山（或建筑）。前面有水（流动的河流或水塘），不仅方便生活（古代没有自来水），而且空气清新，水边的植物繁茂，对人的心情和健康都大有益处。后面有山（或高大的建筑），便于挡住寒冷的北风。左右建筑物之所以要求左高右低，从科学上似乎不大好解释，但它很可能与民间的习惯有关——因为中国人的心理中以"左"为尊、为大。宴会时主宾也是坐在主人的左边以示尊崇。这仍然是一种文化心理的表现。

现在都市的房屋建筑都有总体的规划，无法按照自己的主观要求来安

排风水，这就需要对具体、局部的风水进行调节。例如公司大楼前面没有河流、水池，怎么办呢？就人工制作喷泉、水池或"风水球"。在办公室里也安装上鱼缸，以创造局部协调的小环境。前面讲了，风和水的特点都具有流动性，流动变化符合《周易》的"生生之谓易"的基本思想。易就是发展变化，只有"生生不易"，不断求新求变，才能永葆青春。从现实世界的角度来观察，城市建筑在河流岸边，不仅可以保证生产、生活的用水，也有利于交通运输（古代船行靠帆，所以风也很重要）。世界上所有的古老文明都产生于有丰富水源的地方：中华文明诞生于黄河流域，印度文明诞生于恒河两岸，埃及文明产生于尼罗河流域，古巴比伦文明出现于两河流域，古希腊文明产生在地中海沿岸。这是因为有了河流、海洋，才便于灌溉、交通。我们观察现代经济发达、文明进步较快的国家和地区，无不临海临大江大河：像美国、日本、英国这些经济发达的国家，都有漫长的海岸线。我国的上海、香港、广州及东南沿海的城市，南京、武汉以及山东半岛、辽东半岛的城市，其经济发展的水平都远高于内陆地区，这一事实不能不说明讲究风水是有一定道理的。所以我们如果从现代科学的角度来观察，风水就是地理环境。好的风水就是有利于人的健康和事业兴旺的好的地理环境。

风水与我们今天讲的生态环境在内涵本质上是相通的，它要求人的居住环境要更加适宜于人的生存和发展。对于企业来说，它的内容和目的就大大超出了人居的范畴。因为企业必须追求赢利，企业家办企业是为了发财、赚钱。日本的大企业家松下幸之助说过：企业不能赢利就是犯罪。为什么呢？一个企业办起来要消耗水、电、大量的原材料和土地以及工人的劳动。也就是说，要消耗大量的自然资源和社会资源。它如果不能创造利润，不能给国家纳税，给员工发放工资，那么它所占用的自然和社会资源全都是浪费，这不是犯罪是什么呢？如果说一家人的居所关系到一家人的命运，那么企业的选址就关系到一个企业成千上万人的命运。因此更加值得重视。企业中的商业企业选址尤为重要，因为商业企业必须吸引广大的消费者，这就叫做要聚集"人气"。"人气"不旺，生意肯定就不好。"人气"也不仅仅是一个"口岸"的问题，同样涉及企业的风水。这里边有很多复杂的因素，就不一一详细介绍了。

由于现代都市的人口集中，又有政府部门的统一规划，要完全按照传统风水学的理论来安排企业的布局事实上很难周全甚至是不可能的。因此除了我们前面所说的调整局部的风水使之形成一个有利的小环境之外，还有一个办法就是将企业老总即企业法人的办公室安排调整到最佳的状态。因为企业的法人代表整个企业，它的居所特别是办公室的"风水"好坏就不仅关系到他一个人，而是关系到整个企业的命运。调整一个人的办公室相对于调整整个企业，就容易得多了。

湖南衡阳师范学院人居环境研究中心刘沛林教授在《风水·中国人的环境观》一文中说："风水是一门环境选择的学问，其根本的目标是追求对人生发展有利的生产生活环境，风水的环境模式实际上表现为一种理想的生态模式。"诚哉斯言。

# 积德与读书

《周易》的乾卦是"天行健，君子以自强不息"。坤卦则是"地势坤，君子以厚德载物"。张岱年先生认为《周易》的乾、坤两卦概括了我们中华民族的整个民族精神。

积德的"德"字，最先就出现在《周易》的坤卦里。这个德指的是道德、德行、品德等等。德是人的行为规范和指导这种行为规范的思想意识。道德是人类文明的产物，是人类独有的思想意识、感情心理和行为方式。以孔子为代表的儒学，既以《周易》的乾卦为首卦，强调刚健有为，自强不息，也十分重视坤卦，追求道德的完善和自身人格的修养。孟子认为凡是人，都有"不忍之心"。他说：

所以谓人皆有不忍之心者，今人乍见孺子将入于井，皆有怵惕恻隐之心，非所以内交于孺子之父母也，非所以要誉于乡党朋友也，非恶其声而然也。由是观之，无恻隐之心，非人也；无羞恶之心，非人也；无辞让之心，非人也；无是非之心，非人也。[①]

---

① 《孟子·公孙丑上》。

也就是说，看见一个小孩将要掉入井里，只要是人，就都有同情、惊恐之心产生。这种心情是出于人的本性，并不是因为他和这小孩的父母是朋友，也不是因为要博得众人的赞誉，而是他作为人的一种本能反应。他进而认为："恻隐之心，仁之端也；羞恶之心，义之端也；辞让之心，礼之端也；是非之心，智之端也。"人因为有恻隐之心，所以他就有仁爱、人道的精神；因为有羞恶之心，就有义（正义、义气）的精神；因为有辞让之心，就有礼节、礼貌的行为；因为有是非之心，就会有智慧。儒家认为人之所以区别于禽兽，就是因为人本能地具有"仁、义、礼、智"（后来扩充为"仁、义、礼、智、信"）这四种内在的道德要求。所以中国文化又是一种道德本体性的文化。

在商品经济大潮汹涌而来的时代，在以追求利润最大化为目的的商业活动中，特别是在企业家的内心世界里，还需不需要道德？道德应当摆在什么位置上？这是每一个企业家都必须回答的问题。的确有不少的企业家以他们的行动正面地回答了这个问题：当我们看到高校校园里邵逸夫、李嘉诚等先生慷慨捐赠的教学楼、图书馆时；当我们看到穷乡僻壤里那些企业家们捐资修建的一所所希望小学时；当汶川大地震发生后，一位名叫陈光标的江苏企业家带领他的驾驶大型工程机械的队伍星夜兼程奔驰来到灾区抢救受难同胞时……我们内心不能不对他们产生崇高的敬意。他们的行为向我们回答了道德和金钱的关系。一位作家说过：金钱杀不死人心，在任何时代，高尚和卑鄙的差别都始终存在。道德的重要内涵就是承认有高于物质利益的原则，就是在任何时候都有除一己私利之外的利他性。因此，有道德操守的企业家永远能赢得社会的尊重和信任。从这个意义上讲，他的企业必定能做大做强。

原中华人民共和国副主席荣毅仁先生就是一位大企业家（资本家），他本人也出身于企业家（资本家）家庭。他的父亲荣德生先生是民国时期上海的大民族资本家，开办过面粉厂、纺织厂等一大批企业。毛泽东曾这样评价："荣家是中国民族资本家的首户，中国在世界上真正称得上是财团的，就只有他们一家。"但是他一辈子行善积德，所捐献的公益事业，在当时数一数二：兴办学校，从小学办到大学；组织编写道德方面的书籍免费赠送；建立图书馆，死后将所藏书籍全部捐出；捐资修桥筑路，开办孤儿院、残疾院、妇女救济院；发起救济苏北水灾……他做的好事不胜枚举。

由于"积德颇深"，所以荣家打破了"富不过三代"的定律：他的儿子荣毅仁后来担任了国家副主席、孙子荣智健一度成为内地首富，在海外的荣氏后代都是政界、商界的佼佼者，拥有较高的社会地位，成为传承荣氏家族商业辉煌的坚实力量。

相反，与荣德生同时代的许多达官贵人、富商巨贾，他们的子孙大多默默无闻，甚至潦倒沦落。积德与不积德，结果是大不一样的。《周易》的乾、坤两卦都提到"君子"。什么是"君子"？"君子"就是有道德的人。几千年来，在中国传统文化中都有义、利之辨。"君子喻于义，小人喻于利"，孔子说："君子义以为上。"这个"义"就是道德原则。但是儒家并不绝对地将"义"和"利"对立起来，孔子主张先富后教，先解决物质生活的问题，然后解决精神生活的问题。既承认物质生活是精神生活的基础，又承认精神生活比物质生活的价值高，应当说是非常深刻的。

在现实生活中，我们也看到缺德的企业、企业家和在企业行为中严重的道德缺失现象：如坑蒙拐骗，不守诚信，假冒伪劣产品层出不穷，企业和企业家的诚信荡然无存等等。震惊全国的"三鹿奶粉"事件，就是一个十分典型的例子。对此，人们的评价是"伤天害理，断子绝孙"。这种严重违背道德原则的行为最终导致了该企业的彻底毁灭，企业家本人也因此而身败名裂。这一事实充分说明了"积德"对于企业家的极端重要性。

应当说，人类对真、善、美的追求是一贯的，诚实守信在任何社会、任何民族中都被视为美德。以儒家文化为本位的中华民族自古就是一个崇尚并提倡诚信的民族，"仁、义、礼、智、信"被儒家作为最重要的道德原则，几千年来在我们民族的精神文化生活中占据着极为重要的地位。在当下的现实生活中，有一些人往往把市场经济与道德对立起来，其实这是完全错误的，因为"经济学认为信任是在重复博弈中，当事人谋求利益最大化的手段。在某种制度下，若博弈会重复发生，则人们会更倾向于互相信任……市场经济与道德信任的关系很密切，因为交易离不开信任；同时交易又推进信任的建设，因为在商业社会里，要得到别人的信任，就要讲信誉"[①]。具体地说，就是因为市场经济中的交易是长期反复进行的，不是做"一锤子买卖"，这就必然要求交易的双方遵守规则，恪守诚信。否则，交

221

---

① 张维迎：《文化·一组人群行为规范的稳定预期和共同信念》，载《读书》2008 年第 8 期。

易就无法进行。因此，那种认为做生意可以不讲道德的想法是极其错误的。

在现实生活中，企业家和该企业的道德形象如何，直接关系到企业的美誉度和广大消费者对该企业的认同度，是该企业巨大的无形资产。所以"积德"对于企业家的重要性，怎么估计都不过分。

最后一个问题就是读书，这个问题很不好谈。

现在的人们（不仅仅是企业家）都很忙碌，没有多少时间来读书。整个社会心理普遍的浮躁和焦虑也使得人们缺乏静下心来读书的那种定力。但是据我所知，所有的企业家，特别是成功的企业家都很重视自己子女的教育问题，要送他们到最好的学校，请最好的教师来教育自己的后代。资产越多、企业越大的，越重视这个问题。不仅在国内请好教师、进好学校，而且送往国外去受教育，不惜花费重金。在这个问题上，他们的投资意识非常强烈。

为什么呢？因为他们知道读书的重要性，所以千方百计要让自己的后代受最好的教育。这里有一个悖论：充分重视自己后代的读书、受教育，对自己读书的问题反而不重视，是什么原因呢？我想除了自己工作繁忙，头绪繁多，没有时间之外，也有内心重视不重视的问题？在这一点上，日本的企业家是值得我们学习的。他们对读书的重视，对新知识的渴求是众所周知的。中国的企业缺少"百年老店"式的企业和品牌，企业家们轮番上阵，"各领风骚三五天"的现象人们已见惯不惊。而在日本，"百年老店"、名牌企业并不鲜见。究其原因，除许多别的因素之外，与日本企业家重视学习、喜欢读书有很大的关系。企业要发展、进步，就像《周易》所讲的那样："日新之谓盛德，生生之谓易。"要"穷则变，变则通，通则久"，要"与时偕极"，不断地求新求变，"自强不息"。要做到这一点，就必须不断地学习，汲取新的理念、新的知识。这就需要读书。如果企业家们把平常应酬的时间缩短一点，把打高尔夫球的时间限制一下，每天抽出一个小时的时间来读读书，我想对他们肯定是大有裨益的。